法隆寺と聖徳太子

法隆寺と聖徳太子

一四〇〇年の史実と信仰

東野治之
Tono Haruyuki

岩波書店

はしがき

日本史上、聖徳太子はもっとも著名な人物の一人であり、二〇二一年、その千四百年忌を契機に種々のメディアで話題となったのは周知のとおりである。また、その創建にかかる法隆寺が、クラウドファンディングで莫大な拠金を集めたのも、太子に関わる知名度の高さに加え、社会にその存在意義が浸透していたためであろう。その法隆寺は、本年(二〇二三年)、日本でのユネスコの世界文化遺産第一号(法隆寺地域の仏教建造物)に登録されてから三〇年を迎えた。しかもその登録に法隆寺や地元の熱心な運動があったというわけではなく、外部からの要請で実現したというのも、よく知られた事実である。聖徳太子と法隆寺を巡るこうしたかずかずの異例ともいえる話題の背景には、近代に付与された偉人としての人物像や文化財としての極めて高い評価があることも確かだが、その源が古代に遡ることもまた事実である。しかしそれにしても、聖徳太子や法隆寺に関しては、あまりにも多くの伝説や推論が積み重ねられてきている。どう考えるかというよりも、何が事実なのかを確かめていくことこそ重要であると思えてならない。

私の法隆寺に対する興味と関心は少年時代に遡るが、聖徳太子については、実証的研究の難しさに恐れをなし、研究対象とするのを長い間避けてきた。しかし法隆寺に伝わった文化財を研究する過程で、この二つは密接に絡まりあった課題であることを実感した。聖徳太子を考えることなしに、法隆寺の研究はできないのではないかということである。そういう認識のもとに、太子の伝記の中でもとりわけ重要な『上宮聖徳法王帝説《じょうぐうしょうとくほうおうていせつ》』の注解に取り組み、太子信仰の根本史料ともいうべき『太子伝《たいしでん》古今目録抄《ここんもくろくしょう》』の自筆本翻刻を進んで引き受けることになった。岩波ジュニア新書で刊行した『聖徳太子――ほんとうの姿を求めて』(二〇一七年)は、この大きな課題を前にして、事実を確かめつつ出した一応の回答である。

一方その過程で、私なりに様々な試行錯誤を行った結果を、個別の論文や歴史叙述として公表してきた。本書に集めた文章は比較的近年の発表にかかる。他の著書に収めたものと同様、多くは個別の関心に発した学術論文であるが、いずれも新事実やそれに基づく新解釈の提示を目的としており、本書の第Ⅰ部では主として法隆寺が形成された過程やその歴史的価値を明らかにし、第Ⅱ部では主として聖徳太子の人物像が展開、流布していった状況を探っている。他の文化側面との接点を考えた第Ⅲ部と併せ、法隆寺や聖徳太子を理解するための原点となることを狙ってはいるが、その目的がどこまで達成できたであろうか。ともあれ各文章の執筆意図は、その標題の次に記しておいたので、参考にしていただければと思う。

なお、いうまでもなく「聖徳太子」は諡号《しごう》であって、「厩戸王《うまやと》」とするのが正確かも知れないが、史料上は見えず、「厩戸皇子」も同時代の名とはいえない。諡号にもそれなりの意味があるので、本書では前著同様、天皇名も含め諡号を用いることとした。

さて本文に入るに先立ち、各文章の原拠を示しておく。いずれも収録に当たって、執筆後気づいた史料や先行研究により加筆、補正を行ったが、施した改変についての言及は、大きな場合にとどめた。

第Ⅰ部　法隆寺の創建・復興とその時代

第一章　飛鳥時代の法隆寺――創建から焼失、復興まで

原題「斑鳩の寺院と仏教文化」(斑鳩町史編さん委員会編『新修　斑鳩町史』上巻〈古代編　第一章第六節〉、二〇二二年)＊法隆寺以外の寺院についての記述を節略。

第二章　法隆寺資財帳をどう読むか

原題「『法隆寺資財帳』の史料的性格」(斑鳩町教育委員会・斑鳩文化財活用センター編『斑鳩文化財センター年報』一〇号、二〇二一年)

第三章　金堂壁画――外国文化の受容と画師たち

原題「法隆寺金堂壁画の文化史的背景」(「法隆寺金堂壁画」刊行会編『法隆寺金堂壁画　ガラス乾板から甦った白鳳の美』岩波書店、二〇一一年)

第四章　白鳳文化と亡命百済人

(『聖徳』二三七号、聖徳宗教学部、二〇一八年)

第五章　古代天皇の諡号をめぐって

原題「史料と史実――天皇の和風諡号を例に」(『岩波講座　日本歴史』2月報、二〇一四年)

第Ⅱ部　聖徳太子信仰の展開

第一章　奈良時代の法隆寺と太子信仰

(『新修　斑鳩町史』上巻〈古代編　第二章第二節〉、二〇二二年)

第二章　磯長墓——太子はどこに葬られたのか
原題「聖徳太子と磯長墓」（『斑鳩文化財センター年報』一一号、二〇二二年）
第三章「南無仏舎利」伝承の成立
原題「聖徳太子南無仏舎利伝承の成立」（研究代表者加島勝編『仁寿舎利塔の信仰と荘厳に関する総合的調査研究』科学研究費補助金成果報告書、二〇一六年）
第四章　東院舎利殿の障子絵の主題をめぐって
原題「法隆寺舎利殿障子絵の主題」（東京国立博物館編『文王呂尚・商山四皓図屏風』2、法隆寺献納宝物特別調査概報 XL、二〇二〇年）
第五章『天王寺秘決』を読む——四天王寺と法隆寺
原題「法隆寺と『天王寺秘決』」（『令和四年七月　第七十二回　法隆寺夏季大学』二〇二二年）
第六章『太子伝古今目録抄』からみた撰者顕真の人物像
原題「『古今目録抄』解説」（東京国立博物館編『古今目録抄』4、法隆寺献納宝物特別調査概報 XXXVIII、二〇一八年）＊人物像に重点を置いて改稿。
第七章　幕末の法隆寺とその紙幣
原題「幕末に発行された法隆寺の紙幣」（『聖徳』二二三号、聖徳宗教学部、二〇一五年）
第八章　聖徳太子の人物像と千三百年御忌
（『日本学士院紀要』七七—一、二〇二二年）

第Ⅲ部　法隆寺研究の周辺

第一章　壁画撮影の先駆者・田中松太郎
原題「法隆寺壁画の模写と写真撮影——先駆者桜井香雲と田中松太郎」（東京国立博物館編『特別展　法隆寺金堂壁画と百済観音』朝日新聞社、二〇二〇年）＊前半の模写に関する部分を削除。
第二章　正木直彦が贈った百済の石燈籠
原題「正木直彦が法隆寺に贈った百済の石燈籠」（『聖徳』二一六号、聖徳宗教学部、二〇一三年）
第三章　古代寺院の僧房と僧侶の持戒生活
（律宗戒学院編『唐招提寺の伝統と戒律』法藏館、二〇一九年）
第四章　片岡王寺と百済系氏族
原題「聖徳太子伝承と斑鳩」（『新修　斑鳩町史』上巻〈古代編　第二章第三節〉、二〇二二年）＊片岡王寺と西安寺に関する叙述を中心に改稿。

なお文末になったが、本書の構成について有益な示唆をいただき、助言を惜しまれなかった岩波書店編集部の入江仰氏に、感謝の意を表したいと思う。

東野治之

目次

第Ⅲ部　法隆寺研究の周辺

第Ⅰ部　法隆寺の創建・復興とその時代

第一章　飛鳥時代の法隆寺——創建から焼失、復興まで

法隆寺の創建から、火災後の復興に至る歴史について、様々なこれまでの説を再検討して描き直す試みである。

一　法隆寺の創建

斑鳩は、飛鳥地域とともに、日本の仏教文化が初めて開花した土地である。しかも、飛鳥とその周辺に作られた諸寺院が、ほとんどその姿を留めないのに対し、斑鳩には法隆寺を始め、法起寺《ほうきじ》、法輪寺《ほうりんじ》、中宮寺《ちゅうぐうじ》など、伽藍堂塔や古仏を残す寺々が少なくなく、飛鳥文化といえば、むしろその名とは裏腹に、斑鳩の諸寺で代表させるのが当然のようになっている。ここでそれらの寺院が体現する仏教文化について、おもに文献史料や伝世した文化財から、概観してみよう。

なんといっても重要な存在が法隆寺であることは、いまさら事新しく述べるまでもない。法隆寺は、聖徳太子創建の寺院として、初期の寺院の中でもとくに有名であるが、その建立事情を伝えるのが、金堂の薬師如来像の光背に刻まれた銘文であり、つぎのような内容を持つ。

池辺の大宮に天下治《しらしめ》しし天皇、大御身労《いたず》き賜いし時、歳《ほし》は

丙午に次《やど》る年、大王天皇と太子を召して誓願し賜わく、「我が大御病、太平ならんと欲り坐《ほま》す。故《かれ》寺を造り薬師の像を作りて仕え奉らん」と詔《の》る。然るに当時崩《かむさ》り賜いて造るに堪えざれば、小治田《おはりだ》大宮に天下治しし大王天皇及び東宮聖王、大命を受け賜わりて、歳は丁卯に次る年に仕え奉りき。

池辺大宮治天下天皇大御身労賜時歳
次丙午年召於大王天皇与太子而誓願賜我大
御病太平欲坐故将造寺薬師像作仕奉詔然
当時崩賜造不堪者小治田大宮治天下大王天
皇及東宮聖王大命受賜而歳次丁卯年仕奉

ここに説かれている法隆寺の始まりは、以下のとおりである。池辺の大宮に天の下治しし天皇(用明天皇)が、丙午年(五八六、用明元)に病にかかった時、天皇は大王天皇(のちの推古天皇)と聖徳太子を呼び寄せ、病気平癒のため、薬師如来を本尊に寺院を造ろうと誓いを立てた。しかし、その時は亡くなってしまったので、推古天皇とその皇太子である聖徳太子は、丁卯年(六〇七、推古十五)にそれを実現したという。この銘文は、それを光背に刻まれた如来像がその薬師仏であることを、言外に語っている。この銘文の内容は、六〇七年のものとして長らく疑われず、薬師像もこれを安置する法隆寺金堂とともに、その時完成したままと考えられてきた。

しかし、昭和戦前期に疑問を呈する説があらわれる。その疑問はつぎのようなものである(1)。

1 「治天下天皇」という称号は、亡くなった過去の天皇に対するものである。

2 聖徳太子を指す「東宮聖王」という称は、太子没後の尊称であろう。

3 病気平癒を薬師仏に祈願する信仰は、七世紀後半以降にならないと現れない。

4 天皇という称号は、やはり七世紀後半以降のものである。

これらの疑問はもっともに感じられるところもあるが、いずれも確定的とはいえない。むしろこの疑いをきっかけに、仏像彫刻としての見直しが盛んになり、とくに六二三年ごろの完成とみられる、同じ金堂の釈迦三尊像との比較から、薬師像の様式的な新しさが指摘されるようになった。現在では、薬師像や光背は六〇七年より下った七世紀後半の作とする判断が定着しているといってよい。鋳造技法の上から釈迦三尊像と比べても、薬師像の方が進んでいて、薬師像の方がのちの制作と考えられる。(2)

実は銘文だけをとっても、さきの四つの疑問はさておき、像を造った時の銘文とは異質な面が目立つ。仏像の制作年次や造立の動機などを記した文を、像本体や光背に入れることは、中国や朝鮮に例があり、日本古代の造像銘はその影響を受けて行われた。これにには大体定まった形式や内容があり、すべてが盛り込まれるわけではないが、造像の趣旨、目的、時日、奉納者、制作者などが記される。薬師像の銘文もこれに当てはまっているようにみえるが、造像の趣旨、目的、奉納者が記されているものの、これらのことがらが時系列で述べられているだけで、当事者がこれを造ることで得られる功徳《く どく》を願う語句などが、全く記されていない。文が作られた日付などが書かれていないこととあわせ、この銘文は、第三者の視点に立って、薬師像と寺の由来を述べた縁起文に他ならないことを示すものであろう。造像銘では、関係者の発言を直接引用することはないが、この銘では、用明天皇の言葉が引用されているのも特徴的で、それもこの文が縁起であることを物語っている。これはあとからさかのぼって書かれた法隆寺の歴史であって、薬師像は、のちに取り上げる法隆寺の再建の過程で、寺の由緒を語る本来の本尊として、用意されたと見るのが妥当であろう。(3)

　しかし銘文が、後代の作であるからといって、内容まで否定されるのかといえば、そうではない。瓦の文様の研究から、法隆寺の創建瓦は七世紀初頭ごろのものとみてよいことが明らかにされている。用明天皇の発願《ほつがん》であったのか、本来の本尊が薬師像であったのか、確かめられないにしても、創建年代がその頃であったことは、認めてよさそうである。それはちょうど、太子が斑鳩宮に移ってしばらくした時期で、宮に併設して寺が設けられたことになる。宮に並べて寺院を造るという発想は、それまでになかったもので、仏教中心の政治を目指す聖徳太子の理念を具象化したといえるであろう。宮と寺を並立させる構想は、その後、舒明天皇の百済宮《くだらのみや》と百済大寺《くだらのおおでら》にみられるくらいで、あとには受け継がれていない。その百済大寺の伽藍配置が、後で述べるとおり、再建法隆寺のモデルとなったのも、単なる偶然とはいえないであろう。斑鳩宮の西に営まれた法隆寺は、所在地の地名をとって、斑鳩寺とも呼ばれた。発掘調査によって、この寺は、金堂の前に塔を置く、四天王寺《してんのうじ》式の伽藍配置を持っており、伽藍の中軸線は、斑鳩宮とほぼ同じく、真北より西に約二〇度傾いていたことがわかっている。金堂や塔の建物の規模は、今の法隆寺とほとんど変わらないが、寺域は現在の西院《さいいん》伽藍と東院《とういん》(上宮王院)の中間、やや南寄りにあった。子院の普門院《ふもんいん》の庭にある大きな礎石は、塔の心礎である。後世、この地は若草《わかくさ》伽藍跡と呼ばれるようになり、いまでは創建の法隆寺を、若草伽藍ということも珍しくない。

皇極二年(六四三)に、聖徳太子のあとを受けて斑鳩宮にいた太子の長子、山背大兄《やましろのおおえ》王が、蘇我入鹿《そがのいるか》の差し向けた巨勢徳太《こせのとこた》、土師娑婆猪手《はじのさばのいて》らの軍勢に攻められ、結局、斑鳩宮でその親族とともに自殺する事件が起きた。この時、宮は焼け落ちたが、法隆寺は無事であったとみられる。かつて皇極二年に法隆寺が焼失したという説も現れたことがあるが、この時火災にあったことを示す史料はない。この二年後、皇極四年(六四五)、蝦夷《えみし》、入鹿をはじめ蘇我氏の主流は中大兄《なかのおおえ》や中臣鎌足《なかとみのかまたり》らに滅ぼされ、大化の新政が始まった。『法隆寺伽藍縁起并流記《がらんえんぎならびにるき》資財帳』(天平十九年、七四七)によると、大化三年(六四七)、戊申の年、許世徳陀高が天皇の命を受けて食封《じきふ》三百戸を寄進した。許世徳陀高は、皇極二年に斑鳩宮襲撃の指揮を執った巨勢徳太と同一人であり、すでに推測されているとおり、追悼の意を込めての施策であったろう。食封は、指定した戸から納められる租税負担のすべて、あるいは一定の割合を特定の社寺、貴族などに与える制度である。ただ、資財帳にいう「大化三年」の干支は丁未であって、戊申ではない。また資財帳は、大化三年を「小治田天皇」すなわち推古天皇の治世とする。干支の誤りは単なる不注意ともとれるが、「小治田天皇」のほうは、あるいはことさら法隆寺に縁の深い推古天皇と結びつけたのではあるまいか。これが単純なまちがいでないことは、資財帳の縁起部分でこの出来事を記す際、前後の記事がいずれも推古朝のものであることから、推測できよう。資財帳は、作成時点での財産を書き上げて官に申告した公文書であるが、この食封は、資財帳自身が記すように、天武八年(六七九)に停止されていて、本来ここに挙げるまでもない財産である。推古天皇の加護を強調する意味合いから出た、故意の誤りであった可能性がないとはいえない。[4]

二　法隆寺の火災

聖徳太子の死から五〇年余りを経た天智九年(六七〇)、法隆寺は大規模な火災に遭った。このことは、『日本書紀』同年四月の条につぎのように出ている。

夏四月、癸卯の朔の壬申、夜半の後、法隆寺に災す。一屋も余すこと無し。大いに雨ふり、雷震う。

夏四月癸卯朔壬申、夜半之後、災法隆寺、一屋無余、大雨雷震

「災」は火災の意である。「大雨雷震」とあるから、この火災は落雷によるとみていいであろう。ところで、同じ『日本書紀』の前年の記事に、つぎのような斑鳩寺の火災がみえる。

是の冬、高安城を修め、畿内の田税を収む。時に斑鳩寺に災あり。

是冬、修高安城、収畿内之田税、于時災斑鳩寺

かつてはこの火災と、さきの天智九年の火災は別件とする意見が出たこともあったが、これは『日本書紀』の天智紀に特徴的な、重出記事とみられる。高安城修築のことも、九年二月の条にみえてい

るし、斑鳩寺が法隆寺の別名であることも、さきに述べたとおりである。

この法隆寺の火災記事をどうみるかをめぐって、学界では明治三十年代(一九世紀終りごろ)から、研究者の間に激しい論争が起きた。それが有名な法隆寺再建非再建論争である。天智紀の記事を根拠として、聖徳太子建立の法隆寺は六七〇年に焼失し、その後再建されたとする喜田貞吉《きたさだきち》(日本史)と、天智紀にいう火災は、あったとしても小規模なもので、現存の西院伽藍は、太子建立のままであるとする関野貞《せきのただし》(建築史)や平子鐸嶺《ひらこたくれい》(美術史)を中心に、多方面の分野の研究者が関わった議論は、大正から昭和戦前期にわたって繰り広げられ、なかなか決着を見なかった。非再建論の平子鐸嶺は、早く明治末年に亡くなり、関野貞も昭和初頭に没したが、新進の足立康《あだちこう》(建築史)が加わったことで、喜田は更新された非再建論に立ち向かうことになる。しかし、さしもの大論争も、一九三九年(昭和十四)に行われた若草伽藍跡の発掘調査で、四天王寺式伽藍配置を持つ創建法隆寺の跡が確認されたことにより、ほぼ大勢は決したといえる。ただ、その後も現在に至るまで、研究者の意見が完全に一致しているわけではない。創建の伽藍が焼失したことは確かでも、それが何年のことであったのか、また現西院伽藍の前身建物が、火災前から造営されていたのではないか、といったことが、今日でも話題となる。

この二つの問題の内、火災の年代については、天智八年ではなく、九年のことであったことが、文献史料の上から裏付けられる。(5) それは以下に述べるような理由からである。法隆寺の火災を伝える史料は、『日本書紀』だけではない。聖徳太子の伝記で、平安時代の初期にできた『上宮聖徳太子伝補闕記《ほけつき》』にも、太子四七歳の庚午年の条に、つぎのような記載がある。

庚午年四月三十日夜半、斑鳩寺に災有り。

庚午年四月卅日夜半、有災斑鳩寺

『補闕記』は、序文によると、奈良時代までの伝記に漏れた太子の事績を、調使《つきのおみ》氏と膳《かしわで》氏の家に伝わった記録で補ったという書物である。ただそれらの記録から記事を取り出すに当たって、錯誤も生じたらしい。この条の庚午年に、太子は四七歳ではなく、四七歳は庚辰年でなければならない。この火災記事のすぐ前には、片岡での飢人伝承が記され、それは太子が四六歳の己卯年の出来事となっている。そこには太子の舎人の調使麻呂《つきのおみまろ》が登場していて、調使氏の記録から採られた記述に間違いない。『補闕記』の作者は、これを取り込んで記事を立てるに当たり、それに続いていた庚午年の記事も、「己」から「庚」への十干《じっかん》のつながりに目を引かれ、連続するものとして、そのまま載せてしまったのであろう。それではこの庚午年の記事は、本来何年の記事として書かれていたのであろうか。

それを解く手がかりは、『補闕記』の終わり近くに出てくるつぎの記述である。

斑鳩寺被災の後、衆人寺地を定むるを得ず。故に百済の入師、衆人を率い、葛野《かどの》の蜂岡寺《はちおかでら》を造らしめ、川内《かわち》の高井寺を造らしむ。百済の聞師・円明師・下氷君雑物等三人、合せて三井寺《みいでら》を造る。家人《けにん》の馬手(人名九人略)等、並びに奴と為す。婢の黒女、連麻呂争論す。麻呂の弟、万須《ますら》等、寺の法頭に仕え奉り、家人、奴婢等の根本を、妙教寺に白し定めしむ。

斑鳩寺被災之後、衆人不得定寺地、故百済入師、率衆人、令造葛野蜂岡寺、令造川内高井寺、百済聞師・円明師・下氷君雑物等三人、合造三井寺、家人馬手(人名九人略)等、並為奴婢、黒女・連麻呂争論、麻呂弟万須等、仕奉寺法頭、家人奴婢等根本、妙教寺令白定

この記事は『聖徳太子伝暦』にも引用されており、それによって訂正できる箇所もあるが、細かいことになるので、ここではふれないでおく。伝暦の記事もあわせ考えると、要は、法隆寺が火災に遭って、再建の寺地も定まらない中、百済の入師に率いられた大衆(僧たち)は山背国の葛野にあった蜂岡寺(広隆寺)や河内国の高井寺(高井田寺)の造営に参加した。また百済の聞師、円明師、下氷君雑物ら三人は、三井寺(法輪寺)の造営を助けた。法隆寺に使われていた家人たちが、同じ賤民ではあるが一段低い奴とされ、婢や奴の中で身分を争い訴えるものがあったが、法隆寺の法頭《ほうず》として仕えていた麻呂(調使麻呂)の弟の万須等は、この争いを妙教寺で裁定した、というのである。『補闕記』の火災記事は、その前段の片岡飢人伝承と一連で、調使氏の記録から来ていると述べたが、ここでも調使麻呂の弟が火災後の紛争処理に活躍している。『補闕記』の著者は二つに分断してしまったが、これはもと火災記事から続く一連の記録だったと判断される。そうなると、この記事の中に、年代を示唆する要素が含まれていることを見逃すべきではない。すなわち賤民の身分確定を、火災後の寺地も決まらない段階で、他の寺で行っている点である。

それについて見逃せないのは、『日本書紀』の火災記事の直前に、つぎのような記事があることであろう。

二月、戸籍を造り、盗賊と浮浪を断つ。

二月、造戸籍、断盗賊与浮浪

これは、いわゆる庚午年籍《こうごねんじゃく》の作成開始を告げる記事である。この戸籍は最初の全国的な戸籍として有名であるが、その造籍作業を通じて一般公民と賤民の身分を確定した台帳としても知られる。通常、律令制下の戸籍は六年で廃棄される定めであったが、この庚午年籍は、令制前の作成であるにもかかわらず、身分の根本台帳として、永久保存することが定められていた(戸令二二条)。造籍に当たり、家人や奴婢などの賤民を所有する貴族や寺社などには、当然、賤民の籍も提出するよう命が下ったに相違ない。法隆寺の場合も、これに応えなければならず、火災後の混乱した時期ではあったが、賤民の確定がなされたと考えられる。このようにみてくると、法隆寺の火災が起きたのは、天智九年の庚午しかありえないことがはっきりするであろう。

なお、天平十九年(七四七)の『法隆寺伽藍縁起并流記資財帳』には、資財部分はもちろん、その縁起部分にも火災のことがまったく言及されていない。縁起というのは寺の由来を語るものとすれば、そこに火災のことがみえないのを不審とする見方も出てくるであろう。しかし、縁起は寺史とは異なり、歴史的な事件を正確に反映するとはいえない。とくに『法隆寺伽藍縁起并流記資財帳』の縁起部分は、その内容をみれば明らかなように、最初に寺の始まりを記した後は、所領寄進にまつわる伝えを記して、その永続を主張する以外、寺史的な記載はなされていない。火災記事がないのは、この史料の性格に基づくことで、事実の有無とは無関係である(6)。

法隆寺の火災に関しては、もう一つ、現在の西院伽藍の地で、火災前から堂宇の建設があったのではないかという問題もあるが、それは再建の過程を見る中で、ふれることにする。

三　法隆寺の再建

天智九年(六七〇)の火災後、法隆寺がどのように再建されたのかは、よくわかっていない。資財帳から、奈良時代初頭、和銅四年(七一一)に五重塔の初層にある塑像《そぞう》群や、中門の仁王像のできたことが知られるので、このころに今の西院伽藍が完成したと見るのが通説である。そこに至るまでの過程に関する史料はきわめて限られていて、資財帳から、持統七年(六九三)十月に、天皇からの寄進を受けて、仁王会《にんのうえ》が行われたことが明らかな程度である。天皇からの寄進という点では、翌年に金光明《こんこうみょう》経《きょう》が納められているが、『日本書紀』の記事と対応させてみると、仁王会は朝廷や諸国で行われた法会の一環であり、金光明経も五月に全国に送られたものの一端であったことがわかる(『日本書紀』持統紀)。したがって、わずかな史料ではあるが、どちらも法隆寺が、官寺として朝廷の命ずる法会に、最小限対応できる寺容を、すでに整えていたことを示すであろう。法隆寺蔵の観世音菩薩造像記銅板の銘文に、「鵤《いかるが》大寺」とあるのも、「甲午年」(持統八年)当時の法隆寺の姿をうかがわせる表現である。このようなことを総合して、一般には、火災後まず金堂が造営されて持統朝にはできあがり、ついで塔、中門などに及んだと考えられている。

しかし、西院伽藍の成立については、再建非再建論争の過程でも、早くから二寺説という形で、別の筋道が考えられてきた。論争の初期にあった、法隆寺と斑鳩寺は別個の寺院とする説は問題外とはいえ、創建の法隆寺とは別に、七世紀半ば以降、現西院伽藍の地に堂宇が営まれたのではないかという考え方は、それなりの根拠を持つ考え方であって、今日でも主張する研究者がある。(7) このような意見が出てくる背景には、同じ飛鳥時代の様式であるといっても、金堂の細部の様式が、五重塔や中門に比べ、著しく古風であるという、建築史研究者からの指摘がある。また五重塔の解体修理の結果、柱に相当な風食がみられ、柱が建てられてから完成までの間に、長期間風雨にさらされていたとしなければならず、金堂と五重塔の年代には、かなりの隔たりを考えるべきであるともいう。古くからあった西院伽藍先行説にとって、傍証となる事実が、近年明らかになった。西院伽藍の建築部材の年輪年代を測定した結果、六七〇年をさかのぼる部材が出てきたのである。(8) 年輪年代測定というのは、ヒノキなどの年輪が、毎年異なる気象条件に応じて広狭の差を生じる事実を利用し、年輪幅による年代表を作り、それを尺度にして、部材に使われた木材の伐採年代を推定する方法である。この方法で金堂、五重塔、中門などの部材を計った結果、金堂の天井板では六五〇年から六六九年頃の伐採、五重塔の部材では、六六〇年から六七三年の伐採、中門の部材では、六九九年の伐採という結果となった。すなわち金堂の場合、天智九年の火災以前に伐採されたヒノキが、天井板に加工されて使われていることになる。ただ、年輪年代でわかるのは、あくまで伐採年代である。伐採後一定期間保存されていた材が使用されることも考えられ、これをもって金堂が火災以前に存在した証拠にはできないものの、金堂が火災に先立って造営され始めていたとする説には、好都合な結果といえる。

また、同じく年輪年代測定が実施された五重塔の心柱に関しては、別の興味深い結果が判明した。

心柱の伐採は五九四年という。これは推古二年に相当し、法隆寺が創建されるはるか以前である。これを受けて、法隆寺の五重塔には、そのころ造営の始まった飛鳥寺の塔に使われていた材が転用されたという突飛な臆説も出たが[9]、飛鳥寺の塔は鎌倉時代初めまで現地に存在していて、転用できるはずもなく、この説は問題にならない。むしろ二寺説との関係では、早くから西院伽藍の地に、心柱だけの特殊な塔が建てられていたとする説の出たことが注意されよう[10]。心柱だけの塔は、相輪樘《そうりんとう》と呼ばれ、日本でも平安時代初めには存在したが、五重塔の心柱が、この相輪樘として、最初、西院伽藍の地に建てられていたとするのは疑問である。五重塔の心柱は、その一部が解体修理の際に切断されて保存されており、それを使って年輪年代測定も行われた。一般に年輪年代の測定には、その材が皮を剝がれたあと、辺材を残す状態で残っていることが条件になるが、この心柱はそれに当てはまるきわめて保存状態の良いものである。相輪樘として、一定期間屋外に立てられていたとすれば、当然風雨にも遭うはずで、このように残りが良いままとは考えられない。五重塔心柱の五九四年伐採という測定結果は、建築用材が、古代において、伐採後どれほどの間保存されることがあったかを示す事例として、貴重なものというべきである。

以上のように、相輪樘説は成立困難であるが、金堂が先行して造営された可能性は、いかがであろうか。これにもやはり二つの大きな問題点が指摘できる。第一は、方位の違いである。創建の法隆寺は、若草伽藍跡の発掘で、中軸線の方位が西に約二〇度偏っていたことがわかった。この傾きは、法隆寺東院の地下発掘調査で知られた斑鳩宮の方位と、ほぼ同じである。この方位は、現在も地割として、西院伽藍の東に沿う南北道や、東院の西側の南北道にたどることができる。ところが、西院伽藍は、西に偏らず、大体真北を指す方位によって造営されている。もし創建の法隆寺が存在する段階で建てられたなら、それと同じ方位が選ばれて不思議はないし、むしろそうなるのが自然であろう。西院伽藍は、自然の谷筋などを埋め立てる大規模な整地工事をした上で建設されたことがわかっているが、それならば、方位は自由に選択できたはずである。西に約二〇度傾く方位は、斑鳩地域の古い条里と合致するもので、真北を指す方位の採用される前に行われていたことはまちがいない。西院伽藍の地に、金堂に当たる堂宇が建てられたのは、創建の法隆寺や斑鳩宮が焼失したのちであったとみるのが理にかなう。

第二の疑問は、かりに火災前から、金堂相当の建物が作られたとして、その規模が大きすぎるのではないかということである。この堂の建設目的は、聖徳太子夫妻の病に際して発願され、その没後に完成した釈迦三尊像を安置するためであったとするのが、以前から提出されている推測である。古くは足立康が「釈迦堂」と表現し、その言い方が今日でも使われることがある。しかし、この金堂は、創建の法隆寺の金堂よりごくわずか小さいだけにすぎず、飛鳥寺の中金堂に匹敵する堂々たる建物である。釈迦三尊像を安置する目的の、いわば別院の堂宇として、大きすぎることは否めないように思われる。理由はのちにふれるとして、『補闕記』に「寺地を定むるを得ず」といわれたほどの被害を受け、新たに場所を西北に移し、西院伽藍が造営されたと考えられる。

なお、金堂の解体修理の時、その礎石は、一度火災を被った石の再使用であった可能性が指摘されている。(11) 発掘して確認されなかったのが惜しまれるが、これも金堂が火災後の建物である傍証とはなるであろう。

四　法隆寺の復興

以上のように、法隆寺の再建は、火災の後に新しい場所で始まったと考えられる。しかし、これを単純に「再建」と呼ぶのは、正しくないであろう。通常、当然のように「再建」といわれているし、その言葉をこれまで使用してきたが、これには検討の余地がある。なぜなら「再建」という用語から想起されるのは、被災した寺が、元の地に同じ規格で立て直されることであろうが、法隆寺の「再建」は、明らかにそうではないからである。「再建」と呼ぶのがためらわれる主な点は、つぎの三つに集約される。

1　寺地が変更されていること
2　本尊が異なること
3　伽藍配置が異なること

1に関しては先にも述べたが、付け加えておきたいのは、「寺地を定むるを得ず」(『補闕記』)というような事態がなぜ起きたかである。おそらくこれは、火災の後片づけが容易ではなかったからであろう。『日本書紀』の記事からすれば、被害はほぼ全焼に近いものであったとみられるが、あとには基壇を持つ礎石建ちの建物もあれば、周辺の掘立柱建物もあったであろう。これらの残材を処理し整地するのは簡単ではなく、多大な時間と労力を必要としたはずである。たとえばこれより先、すぐ東隣の斑鳩宮は、焼き討ちにあって焼亡しているが、奈良時代に入って八世紀前半に東院の造営が企てられるまで、造営の経過を語る「皇太子御斎会奏文」(法隆寺献納宝物)や、それをもとにした『法隆寺東院縁起』によると、宮跡は廃墟として残っていたようである。(12) また、天武天皇の朱鳥元年(六八六)に焼失した難波宮は、奈良時代初めになって、同じ場所に再建されたが、新たな殿舎配置は、焼けた宮殿の建物を避けるように設定されており、これは元の宮殿の建物が、焼け跡のまま残っていたためであろうと推定されている。(13) わずかな事例ではあるが、七世紀においては、火災跡の処理が困難であったことを物語るとみてよい。したがって「再建」のためには、新たな寺地を開く必要があった。寺地を定めるのに時間を要し、結局、寺地を変更して西院伽藍が営まれた事情は、このようなものであったと考えられる。

2は、法隆寺の性格に関わる重大な変更といえよう。前に述べたように、創建の法隆寺は、用明天皇発願、推古天皇と聖徳太子造立にかかるという薬師如来像が、本尊であった。「再建」後の本尊は、聖徳太子とその妃のために、没後完成された釈迦三尊像である。この釈迦三尊像にも、造立事情を詳しく述べた光背銘がある。それはつぎのようなものである。

法興元三十一年、歳《ほし》は辛巳に次《やど》る十二月、鬼前太后崩ず。明年正月二十二日、上宮法皇、病に枕し悆《ず》から弗。干食《かしわで》王后、仍《よ》りて以て労疾、並びて床に著く。時に王后王子等、及び諸臣と、深く愁毒を懐き、共に相発願すらく、「仰ぎて三宝に依り、当《まさ》に釈像の尺寸王身なるを造るべし。此の願力を蒙り、病を転じて寿を延べ、世間に安住せむ。若《も》し是《こ》れ定業《じょうごう》にして、以て世に背《そむ》かば、往きて浄土に登り、早く妙果に昇らむことを」と。二月二十一日癸酉、王后即世、翌日法王登遐す。癸未年三月中、願の如く敬みて釈迦尊像并せて侠侍、及び荘厳具《しょうごんぐ》を造り竟《おわ》んぬ。斯《こ》の微福に乗じ、道を信じる知識、現在安隠に、生を出でて死に入らば、三主に随奉し、三宝を紹隆し、遂に彼岸を共にせん。六道に普遍せる、法界の含識、苦縁を脱するを得、同じく菩提に趣かむことを。司馬鞍首止利《しばのくらのおびととり》仏師をして造らしむ。

法興元卅一年歳次辛巳十二月鬼
前太后崩明年正月廿二日上宮法
皇枕病弗悆干食王后仍以労疾並
著於床時王后王子等及与諸臣深
懐愁毒共相発願仰依三宝当造釈
像尺寸王身蒙此願力転病延寿安
住世間若是定業以背世者往登浄
土早昇妙果二月廿一日癸酉王后
即世翌日法王登遐癸未年三月中
如願敬造釈迦尊像并侠侍及荘厳
具竟乗斯微福信道知識現在安隠
出生入死随奉三主紹隆三宝遂共
彼岸普遍六道法界含識得脱苦縁
同趣菩提使司馬鞍首止利仏師造

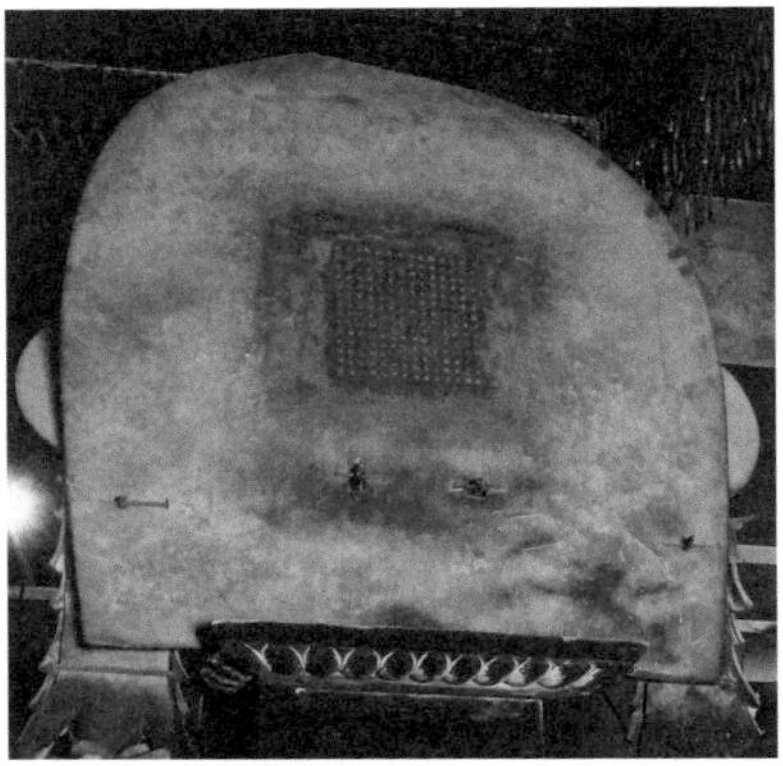

図1　法隆寺金堂釈迦三尊像光背裏

この銘文に述べるところでは、辛巳年（推古二十九年、六二一）十二月に、「鬼前太后」（聖徳太子の母）が亡くなり、翌年二月、太子とその妃「干食王后」（膳《かしわでの》菩《ほ》岐《き》々《き》美郎女《みのいらつめ》）が病に倒れた。王后自身もその子供たちも、太子の快復を願って、太子の身の丈と同じ釈迦像の造立を思い立ったが、成し遂げないうちに二人とも亡くなったので、あくる年、癸未年（推古三十一年、六二三）にこれを完成した。仏師は司馬鞍首止利である、という。この銘文には、像の発願から完成までの年月、発願者とその動機、それによって期待する功徳などが細かく記されており、さきの薬師如来像の場合とは異なって、造像銘として疑いない内容を備える。しかし、この銘に関しても、はたして記載どおりの時期に記されたものかどうかを疑問視する説も根強かった。像ができたあとに、後から入れられた銘ではないかという疑いである。ただ、以下に述べるように、その懸念には及ばない[14]。

この銘は、釈迦三尊像の背後にある大きな舟形光背の裏面中央に、刻み込まれている（図1）。銘文は総字数が一九六字にもなる長文であるが、これが一行一四字、全一四行で、正方形になるよう構成されている。しかも刻まれた様子を観察すると、銘文の正方形の範囲から、周囲一七センチメートルほどが、その外側より格段に平らに整えられていて、光背が、あらかじめ銘文を入れる予定で作られていることがわかる。この釈迦三尊像は光背も含め、銅製で金メッキされたものであるが、鋳造方法としては、粘土で大まかに作った原型の表面に蠟を貼り、そこに細かい彫刻を施したうえで、再び粘土を置き、これが固まった段階で、蠟の部分に溶けた銅を注ぎ入れる仕方で作られている。いわゆる蠟型鋳造という方法である。右に述べた平らな面は、この蠟でできた原型の段階で、整えられた可能性が高い。注目されるのは、銘文のあるその平坦面に、光背表面の金メッキに使われた金が、点々と付着していることである。これは平坦な面が、光背の完成前に造られていたことを示す証拠と言ってよい。こういう平らな部分が、銘文を刻むため以外に用意されるとは考えられず、銘文が光背、ひいては像自体と同時の作であることは疑う余地がないであろう。問題は、薬師如来像のように、像本体も含め、時代が下る制作ではないかということであるが、像の様式からは、薬師像に先立つ古様な厳しさのあることが指摘されているし、像の内部の調査からは、薬師像の内部の仕上がりがきわめて整然としているのに対し、釈迦三尊像では荒々しさが残されていて、釈迦三尊像の制作年代の先行することが認められている(15)。銘文が追刻された心配は排除してよい。かつては像本体と光背とは本来別のもので、多少の工作をしたうえで、取り合わされたというような説を出した人もあったが、像はともかく、このように大きな光背が、ほとんど完全に単独で残っていたとは到底考えられず、それはありえない想像といってよいであろう。

以上、やや回り道をしたが、このようにみてくると、釈迦三尊像の由緒は銘文のとおり信じてよく、「再建」の法隆寺は、太子没後にできた像を本尊にしたことがわかる。ここに寺の性格の大きな変化があったことは明らかであろう。簡単にいうなら、法隆寺は、同じ名称ではあっても、聖徳太子の建てた寺から、聖徳太子のための寺に変化したのである。釈迦三尊像は、その光背銘にあるとおり、太子と等身に造られているから、太子を祀る寺になったともいえよう。

五 「再建」法隆寺の性格

法隆寺の性格が変わったことを、もっとも端的に示すのが、さきに3として挙げた伽藍配置の変更である。当初は、塔の背後に金堂を置く四天王寺式伽藍配置であったが、火災後の西院伽藍は、金堂と塔を東西に並置する、いわゆる法隆寺式の配置となっている。再建非再建論争が盛んな頃、非再建論では、法隆寺式の配置を聖徳太子の独創として賛美されたこともあった。しかし、法隆寺式伽藍配置は、七世紀末のものであることが確定したばかりでなく、いまや法隆寺に先立って、この配置を採用した寺のあったこともわかってきた。それは奈良県桜井市でみつかった吉備池廃寺《きびいけはいじ》の伽藍配置である。(16) この飛鳥時代の寺院跡は、発掘調査の進展につれて、その規模の大きさが話題を呼び、各種の傍証から、七世紀半ばに舒明天皇によって建てられ始めた百済大寺の跡と推定されるに至った。この寺は、舒明天皇の百済宮と並んで造営されたが、大和川を遡上して飛鳥に入る外国使節を迎えた玄関口の近くに立地し、九重塔とみられる塔を備えたその大伽藍は、対外関係上も大きな意義を発揮するよう意図されていたとみるべきである。法隆寺が、この百済大寺と同じ伽藍配置で復興されたのは、おそらく偶然ではない。百済大寺は、その前身が熊凝精舎《くまごりしょうじゃ》であったという伝えを持ち、天武朝には飛鳥に移されて高市《たけち》大寺となり、さらに藤原京内に移転、大官大寺となった寺である。平城遷都後は、新京に移って大安寺と称した。この大安寺の由緒を記す『大安寺伽藍縁起并流記資財帳』(天平十九年、七四七)では、聖徳太子が亡くなる時、熊凝精舎の後事を田村皇子、すなわちのちの舒明天皇に託したという。聖徳太子を追善する新しい法隆寺のために、太子ゆかりで、当時最大の寺院であった百済大寺の伽藍配置が取り入れられるのは、不思議ではない。創建の法隆寺で使われた型押しのパルメット文様を持つ軒平瓦《のきひら》が、熊凝精舎の後身とされる額安寺(17)と百済大寺跡から出土し、百済大寺では創建時の軒平瓦となっているのも、これら三つの寺を結ぶ因縁を示唆して興味深い。法隆寺における百済大寺式伽藍配置の採用は、法隆寺が聖徳太子創建という縁起は継承しつつも、新たな太子記念の寺として復活したことを示すものであったといえるであろう。

この観点に立つと、法隆寺の五重塔に、五九四年伐採のヒノキ材が使われたことも、解釈が可能となるかもしれない。この年は推古二年に当たり、『日本書紀』によると、二月には天皇が、聖徳太子と蘇我馬子に命じて、三宝を興隆させたという。年月まで含め事実とするのはためらわれるが、『上宮聖徳法王帝説』の古く成立した部分にも、推古朝に同様なことがあったことは記されているから、推古朝に入って、このような気運がいっそう盛んになったことは肯定できよう。当時は、頻繁な宮室の造替に備え、用材備蓄の環境があっておかしくない。そこに寺院用材の需要が加わったことになる。太子もかかわった仏教興隆の時代を追憶する意味で、そのころから蓄えられていた材が、法隆寺の再興に一役買ったのではないか。

聖徳太子を記念する新しい寺として、建設が始まった法隆寺は、前に述べたような経過を経て、八世紀初頭に完成する。かつては火災後の法隆寺を支えるべき上宮王家は、すでに滅んでおり、周辺の地方豪族の力では思うように建設が進まなかったと考える研究者も少なくなかった。とくに、前述した大化三年(六四八)寄進の食封が、天武八年(六七九)に停止されたのは、工事の進捗を妨げたとみる人も多かった。また、近年進んだ法隆寺献納宝物の幡《ばん》の調査で、墨書銘を持つ幡がかなりみつかり、仏事のため幡を寄進した人々の出身氏族がわかってきたが、その顔触れは、法隆寺のある平群《へぐり》郡一帯にいた中小の氏族で構成され、とても彼らが、有力な経済的支援を提供できたとは思えない。ただ、上宮王家が、皇極朝に全滅したたように言われるのは、後代に発展した伝説である。太子の伝記の中で、亡くなった親族の人数が、時代を下るにつれ、増大してゆくことからも、それは明らかである。また、天武八年の食封停止は、法隆寺の食封だけを対象としたものではなく、これ以前に寄進されていた食封全体を停止するもので、朝廷の寺院政策の一環として発令されたものである。資財帳を見てもわかるように、法隆寺には、この食封のほかにも、多くの動産、不動産があった。さらに、天皇の寺である百済大寺の伽藍配置を採用したり、国家的な法会を行ったりするなど、朝廷との緊密な関係がうかがわれ、造営には当然、官からの相当な援助があったと想定できる。むしろ法隆寺の復興は、朝廷の主導のもとに行われたと考えるべきであろう。

そのことは、資財帳の記載からもうかがえる。資財帳にはさまざまな寄進物が載せられているが、記載の仕方には大きく二つの特徴がある(18)。一つは寄進者の名が明示される品は、俗人に関しては天皇、皇后、女王など、皇族に限られることである。もう一つは、寄進の年月、寄進者が知られる品で、天智朝の火災をさかのぼるものは、推古天皇と聖徳太子の発願とされる薬師像、太子追善のための釈迦三尊像を除き、見いだせないことである。ただ、この二件の仏像に特殊な事情のあることは、前に述べたとおりである。天智朝の火災で、それ以前の仏像や什具は失われたのであろう。寄進者の名前の偏りについては、この資財帳の記載方針としてよいが、寄進物が火災後に限られることは、事実を伝えている可能性が極めて高い。その中で、寄進物中、もっとも古いと考えられる品がつぎの二つであることは、注意されなければならない。

1　合わせて法分の灌頂幡《かんじょうばん》、一十四具(中略)
　金渥《こんでい》の銅の灌頂壱具
　　右、片岡御祖命《かたおかのみおやのみこと》、納め賜う。納むる時を知らず。
合法分灌頂幡壱拾肆具(中略)
　金渥銅灌頂壱具
　　右、片岡御祖命納賜、不知納時

2　合わせて通分の繡帳二張〈其の帯二十二条、鈴三百九十三〉
　右、納め賜うは、浄御原宮御宇　天皇なり。
合通分繡帳弐張〈其帯廿二条、鈴三百九十三〉
　右、納賜浄御原宮御宇　天皇者

1の片岡御祖命は、資財帳で「王」などが付かない、ただ一人の俗人であるが、別に詳しく論じた

図2　金銅灌頂幡
(法隆寺献納宝物.
東京国立博物館蔵)

とおり[19]、聖徳太子の娘、片岡女王である。前にもふれたが、太子の子孫が、皇極二年(六四三)にことごとく自決したとするのは、後世に発展した伝説で、実際はそうではないから、法隆寺の再建期まで生存していた人物もあっておかしくない。御祖命という尊称は年長の婦人にふさわしく、片岡女王が、いわば上宮王家の末裔を代表して、金銅製の幡を寄進したのであろう。年次が不明というのは、それが造営の早い段階であったことを物語っている。このような人物が、再建に当たって寄進を行うのは十分納得できよう。この幡は、法隆寺に伝わり現在法隆寺献納宝物となっている金銅製の大幡に比定されており(図2)、落慶の法会などに際し、屋外を飾るにふさわしい壮麗な仏具である。

それに対して、浄御原宮御宇天皇、すなわち天武天皇からの寄進は、別の意味で意義深い。この天皇名は、持統天皇(飛鳥浄御原宮御宇天皇)と紛らわしいが、天武天皇の最晩年に付加された「飛鳥」が冠されていないので、天武天皇と限定できる[20]。これ以後、持統天皇や元正天皇などの寄進が続くが、造営のもっとも初期に、天武天皇が行っているのは、法隆寺の再建が、朝廷主導で行われたことを裏付ける出来事である。ここで合わせて考えておくべきは、時の天皇が、再建造営の初期にあって、わざわざ施入した品には、それに見合う大きな意味があったのではないかということである。施入された繡帳については、かねてから、いま断片となって伝わる天寿国繡帳（図3）であろうと推測する意見があった。二張あること、鈴が付いていることは、天寿国繡帳が完全であった鎌倉時代の記録と合致している。刺繡した帳という特殊な作品であること、天寿国繡帳が、本来伝わったのは今の中宮寺ではなく、法隆寺であったことを併せ考えると、この推定には捨てがたいものがある。天寿国繡帳は、太子の妃の橘大女郎《たちばなのおおいらつめ》が、太子の没後、推古天皇に願い出て作らせたという帳《とばり》で、太子が浄土に往生した様子を、羅の台裂に、彩り豊かな刺繡で表し、その間には銘文の入った、一〇〇個にのぼる亀甲形をちりばめている。その銘文四〇〇字中には、太子の「世間虚仮、唯仏是真」という言葉がみえ、飛鳥仏教を考える重要史料とされてきた。天武天皇が、再建造営の早いころに、わざわざ寄進した品が、通り一遍のものであったとは考えがたい。寄進物が、この重要な太子関係品とすれば、それはまことに自然なことである。従来、この寄進者と寄進時期について、十分な考慮が払われてきたといえず、あらためてその可能性を評価するべきであろう。天寿国繡帳については、それが銘文にいうような推古朝の作品かどうかをめぐって異論もあるが、資財帳の簡潔な記載からすれば、旧物を探し出しての寄進ではなく、古い作品をもとに、あらたに制作されたとみるのが妥当であろう。おそらく銘文に見るような由緒を

図3　天寿国繡帳残欠（部分．中宮寺蔵）

持つ、もっと素朴な繡帳をもとに、物語的要素を加えて新たに制作されたのであろう。広い面積となる刺繡の台裂に、惜しげもなく高度な織技を要する羅を使用している点[21]や、銘文が造像銘というより、典型的な縁起文であることも[22]、これを傍証すると思われる。図中の人物の服装も、天武朝ごろのものとして不都合はない。法隆寺の再建に籠めた天武天皇の意気込みを表した品といえるのではなかろうか。

なお、念のため付け加えると、資財帳の寄進記事は、「者」の解釈次第では、「右、納め賜うは、浄御原宮御宇天皇といえり」と読めないこともない。「者」がこのように伝聞を表すとすれば、天皇の寄進という事実自体が、揺らぐことも考えられる。しかし、この資財帳では、まったく同じ構文で、つぎのような記載も多数みつかる。

右、養老六年歳次壬戌、十二月四日、納賜平城宮御宇　天皇者

このような場合、元正天皇の寄進であることは明白で、先の例を含め、「者」を伝聞の意味で解するのは正しくないであろう。「者」は漢文での助字として、この場合「なり」と読んでおくのが妥当であろう。

法隆寺が、復興まで約三〇年かかったという歳月は、長いようにみえるが、このころの寺院造営の期間としては、普通の長さである。ただ、この造営の背景を考える上に重要と思われる事実が、近年、明らかになってきた。それは、法隆寺の主要堂塔に、いわば規格化された建築部材が用いられているという事実である[23]。調査結果によれば、金堂や五重塔の部材は、各種のものが、同一の寸法に揃えら

れた部材を加工する形で使われているという。材の質は、建立年代の古い金堂のものが、五重塔よりも劣るとのことである。報告書では、規格材が使用された理由として、造営が急がれたか、あるいは経済的な事情で、使える材に制約があったかとしている。法隆寺復興の詳細を語る史料がない以上、その原因を決めることは困難であろうが、先にも述べたように、この事業が財政的に苦しい中で進められたといえる条件はない。そうとすれば、完成をあまり遅らせたくない事情があったと考えるのが妥当であろう。

前にもふれた、資財帳からうかがわれる七世紀末の状況からは、確かに造営の急がれた様子が見て取れる。天武朝に一回、持統朝には二回の寄進があったが、とくに持統朝の二回は、それぞれ仁王会の調度類と金光明経であって、仏像やその台座など、法会に必須のものは、すでに備わった上での寄進と知られる。これらの寄進があった癸巳年(六九三)や甲午年(六九四)といえば、法隆寺では五重塔はもちろん、中門もまだ建設途上であったとみられる。それにもかかわらず、法隆寺には国家の主要な法会に参加することが、期待されていたわけである。早期の完成が待たれていたことはまちがいない。この状況は、天武朝に発願され、天武天皇の死によって、持統天皇に受け継がれた薬師寺の造営過程と、類似するところがある。薬師寺の完成には、『続日本紀』(大宝元年六月・七月条)から、八世紀の初頭までかかったことがわかるが、『日本書紀』(持統二年正月条)によって、すでに持統朝の初年から、国家的な仏事が執り行われてきたことがわかる。天武天皇発願の大寺と比較するのは妥当でなく、条件に違いはあったであろうが、法隆寺の復興が、朝廷の援助のもとになされたことは、先にも論じたとおりで、持統天皇の治世の内に、完成までこぎつけることが目指されていたとしてもおかしくないであろう。結果的に、薬師寺には一〇年余り遅れ、和銅四年(七一一)ごろ、法隆寺の復興は成し遂げられたのであった。

ところで、これまで述べた復興の経過をみると、和銅四年ごろというのは、たまたまその年になったというに過ぎないかもしれないが、反面、あるいは期するところがあって選ばれた可能性も、全くは否定できないと思われる。なぜなら和銅四年は、『日本書紀』の記載に従うなら、聖徳太子没後九〇年という、切りのよい年に当たるからである。推古三十年を没年としても、翌和銅五年が九〇年となる。このような何年忌ということが意識されるのは時代が遅れるとする考え方もあるが、必ずしもそうとは言い切れないであろう。たとえば中国南北朝時代、天台宗の高僧で、死後、聖徳太子に生まれ変わったとされた慧思《えし》や、その弟子の智顗《ちぎ》(天台大師)の忌日は、少なくとも隋代から、毎年、大勢の人が集まる行事となっていたことが、鑑真とともに来日した法進の『梵網経註《ぼんもうきょう》』や『異本上宮太子伝』(通称『七代記』)からわかる(24)。一般人はともかく、高僧や地位の高い人物については、日本でも早くから同様なことがあったであろう。天皇の忌日《きにち》が「国忌《こき》」として指定され、その日に法会が営まれるようになるのは、持統天皇による天武天皇の国忌の制定が始まりで、国忌の制度そのものは、おそくとも養老の儀制令に規定されていた。聖徳太子の忌日が、当時の人の意識に上ることは、当然あったはずである。

その直接の証拠を挙げることはむずかしいが、法隆寺献納宝物の染織品中からみつかった、つぎのような墨書銘を持つ幡などは、傍証とできるかもしれない。

壬午年二月、飽波評《あくなみこおり》君の女子、入れ奉る者田《はた》(幡)なり。
壬午年二月、飽波評君女子入奉者田也

のちに平群郡に併合された飽波評が、独立して存在していたころ、その長官の娘が、幡を寄進した時の銘文である。聖徳太子は、壬午年(推古三十、六二二)二月になくなっている。評制下の銘文である以上、この壬午年は、六八二年のものにまちがいない。いずれにせよ、年だけでなく月まで同じなのは、偶然にしてはできすぎの感があり、やはりこれは太子の忌日と関連する遺品であろう。『法隆寺伽藍縁起并流記資財帳』には、天平八年(七三六)二月二十二日に寄進された品々が記載されているが、それらも太子の忌日を念頭に置いての施入であるのは、衆目の一致しているところで、この幡の銘文を考えるにも参考になる。このように太子の忌日が意識されていたとすれば、年回忌という発想はなくても、何年目に当たるという観念は形成されていて不思議はない。そう考えると、資財帳に出てくる以下の寄進も、年忌を契機とした寄進であったことを、むげに否定はできないであろう。すなわち、天平四年(七三二)は太子の一一〇年忌、同十四年は、干支が二巡して一二〇年忌に当たるが、天平四年には、聖武天皇から仏画の寄進があった。『法隆寺東院資財帳』によれば、同十四年には、太子ゆかりの細字法華経(第II部第一章「奈良時代の法隆寺と太子信仰」参照)に対し、橘夫人(古那可智《こなかち》)宅から、経櫃とその台、そのほか机、韓櫃など、計四件の寄進がなされている。これらについても、同様な可能性を考えておくべきである。なお、養老六年(七二二)十二月四日の元正天皇による金属、顔料、銭、種々の仏具等の寄進は、あたかも太子没後一〇〇年に当たるが、『続日本紀』同年十一月の詔によると、これは前年に崩じた元明太上天皇の一周忌のための寄進で、太子の年忌に結び付ける説[25]は誤りである。

六　法隆寺と飛鳥文化

法隆寺は飛鳥時代美術の殿堂として知られ、飛鳥文化を代表する寺院というのが、一般の通念であろう。大きくいえば、それはまちがいではないが、このような理解が形成されたのは、まだ古代の遺跡などの調査が盛んになる以前のことであり、今日では見直さなければならない点も多い。また、古代の文化には、外国文化の影響が大きかったが、かつて予想もしなかったような遺跡や遺物が、中国や朝鮮半島でみつかるようになった。法隆寺にみられる飛鳥文化が、どのような性格を持つかを、あらためて検証してみることとしよう。

まず、全体にかかわることとして、飛鳥時代という用語の問題がある。日本史や美術史で、時代区分名称として古くから使われてきたものであるが、かならずしもその指すところが決まっているわけではない[26]。日本史では、飛鳥地域に天皇の宮や都が営まれた時代ということで、推古天皇が小治田宮で即位した五九三年から、都が平城京に移された和銅三年(七一〇)までを指すことが多い。いっぽう美術史で飛鳥時代といえば、多くは欽明朝の仏教伝来(五三八年ないし五五二年)から、大化改新(六四五年)または七世紀後半の天智朝あたりまでを指す。美術史での使い方がまちまちなのは、この時代をどう位置付けるかで意見が分かれるからである。美術史では、飛鳥時代は中国の南北朝時代の影響が、直接間接に強い時代ととらえているが、それが唐からの影響と、いつ交代するかが問題となる。それを早くみて政治の動向と関連付ければ、画期は大化改新となり、より実際の作品に結び付けて考えると、やや遅れて七世紀後半となるわけである。どちらにしても、美術史では、七世紀後半を唐文化の影響が出始める時代とし、それを白鳳時代と呼んだり、唐の影響が本格化する奈良時代に対し、それに先立つ時代として、奈良時代前期と呼んだりすることが多かった。

法隆寺が飛鳥時代の文化を代表するというとき、かつて非再建論が盛んであった時代には、それは推古朝の文化というのと同じことを意味した。造形美術の面では、中国の雲崗や龍門の石窟にある北魏時代の仏像と、金堂や夢殿の仏像が類似するとして、北魏の影響が強調された。しかし、天智朝の火災による焼失が確かになった今日では、それとは別の意味を考えてみなければならない。文化史の区分としては、飛鳥時代と白鳳時代に分けるのがわかりやすいであろうが、法隆寺自体は、明らかに白鳳時代の寺院になる。これに先立つ七世紀の半ば過ぎには、唐風の蓮華文瓦で知られる川原寺(弘福寺)が、飛鳥地域に造営されており、法隆寺と並行して藤原京の薬師寺(本薬師寺)も作られてゆく。これらの白鳳寺院に比べて法隆寺が特異なのは、本尊の釈迦三尊像が真正の飛鳥仏であるだけでなく、建築様式においても、藤原京の薬師寺を踏襲した現存する薬師寺東塔などとは、全く異なる点である。中国南北朝時代の様式が基本になっていると考えてよい。それなら、法隆寺の仏像や建築が、すべて白鳳的でないのかといえば、金堂の旧壁画や五重塔の壁画は、完全な唐様式で描かれている。新旧両様の様式が混合して存在するところに、法隆寺の文化財の顕著な特色があるといえよう。ちなみに、かつての美術史では、釈迦三尊像のような様式の源を、中国六世紀の北魏に求める説が行われたが、現在ではこの時代の美術に明確な南朝北朝の差があったとする見方は認められなくなってきている。[27]

さて、先の新旧二つの要素は、より具体的にはつぎのように指摘できる。すなわち飛鳥時代の主な彫刻、工芸品としては、金堂の釈迦三尊像と四天王像、東院夢殿の救世観音像、百済観音像、玉虫厨子などがあり、白鳳時代から奈良時代初頭にわたる作例としては、五重塔初層の塑像群、中門の仁王像、金堂と五重塔の壁画、金堂中の間と西の間の木造天蓋、橘夫人厨子などを挙げることができる。法隆寺では、金堂という建物一つをとっても、これらの作例のいくつかが、まったく融合した形で安置されており、制作年代で分離することは不可能である。法隆寺を簡単に飛鳥美術の殿堂といえないのは、明らかといわねばならない。問題は、なぜこのように特異な現象が生じたかである。その解明の鍵となるのが、金堂の薬師如来像といえよう。この像が、光背銘にいうような推古朝のものでなく、法隆寺の再興に際して、寺の由緒を示す意味で新造されたと推定されることは前に述べた。しかし、細部の形式まで釈迦三尊像の中尊に類似する点で、これは一種の擬古作といってよい。この擬古という精神は、西院伽藍の全体を貫く基本理念であったとするべきであろう。すなわち建物はことさら当時流行の様式を追わず、仏像等は飛鳥時代の作例が集められ、失われた仏像や天蓋は、古い様式にのっとって新たに作られた。しかし全体が全くの擬古ではなく、金堂では最新の様式で壁画が描かれたし、五重塔では金堂壁画の型紙を借りた壁画と、唐風の写実的な塑像群が用意され、中門にはこれも唐風の仁王像が安置された。仏像などの擬古作は、後世になると稀ではないが、七世紀にさかのぼる法隆寺の例は、きわめて古く珍しいといわねばならない。

このような現象は、どう解釈されるのであろうか。これもまた、法隆寺復興の理念と密接に関係するとみるべきであろう。聖徳太子を記念する寺院として、できる限り太子在世時の状況を再現するとともに、新時代にふさわしい要素を盛り込むという精神である。結果として法隆寺は、きわめて特殊な宗教空間を持つこととなった。金堂一つにしても、そこには推古朝から持統朝に至る、ほぼ一〇〇年の文化要素が混然として融合されている。推古朝の美術は、おもに朝鮮半島経由で受容されたこともあって、大陸の中央の様式から一〇〇年近く遅れたものであったが、その後流入した初唐様式は、新しい仏教文化として急速に国内に定着した。

図４　法隆寺金堂内部

太子の菩提を弔う太子等身の釈迦像を中心に、その本尊の頭上から周囲の壁面まで、初唐様式の壁画が飾る金堂内部の姿は(図４)、朝廷の人々に、倭国における仏教興隆の歴史を実感させたのではなかろうか。なお、金堂の釈迦三尊像は、光背銘にもあったように、膳氏一族の後援で作られたとみられるが、当初の安置場所は明らかになっていない。斑鳩宮内の仏堂にあったとする論者もあるが、膳菩岐々美郎女は山背大兄王の母ではなく、山背大兄王の住んだ斑鳩宮との縁は薄いとみるべきである。むしろ、当初は、法輪寺にあったという説(28)が、捨てがたいであろう。

七 聖徳太子の聖蹟としての斑鳩

斑鳩では、法隆寺の創建から火災による焼失、さらに復興へと進むなかで、三つの寺が造営されていた。中宮寺、法輪寺、法起寺がそれである。この三寺は、いずれもその始まりを七世紀半ばに求めることができ、中宮寺は太子の母間人《はしひと》皇后、法輪寺は太子の妃膳菩岐々美郎女、法起寺は太子の息山背大兄王というように、聖徳太子と関わる由緒を持っているが、この限られた地域に、四つの太子ゆかりの寺が並立するのは、偶然であろうか。斑鳩は、斑鳩宮が営まれて推古十二年(六〇四)に、聖徳太子が移り住んで以来、その一族が集住するようになったとみられ、そのそれぞれが、法隆寺を見習って、寺を造営したのも不思議ではない。しかし、法起寺、法輪寺、中宮寺が別々に建立されたにもかかわらず、七世紀末になって、法隆寺西院伽藍で使われたと同じ系統の瓦を葺くに至ったことは、見逃すことができない。すなわちこれら三寺は、軒丸瓦では複弁八葉蓮華文、軒平瓦では均整パルメット唐草文を飾った瓦で、屋根瓦の文様が統一された(29)。法隆寺以外で古い建造物を伝えてきたのが、法起寺と法輪寺だけで、それも三重塔のみであることから、建物自身の比較は難しいが、法隆寺復興に当たって導入された、雲斗《くもと》・雲肘木《くもひじき》を使用する古風な様式が、これらの寺々でも採用されたことは、二つの塔の様式から推定することが許されるであろう。法隆寺の建築様式が、聖徳太子の時代に復古する意味で、ことさら古いものが導入されたらしいことは、前に述べたが、それが三寺でも見て取れるとすれば、そこに同じ理念の存在を読み取っても誤りではあるまい。七世紀の末に出現した四つの塔は、この斑鳩という地域が、仏教を根付かせた聖徳太子ゆかりの記念すべき地であることを、広く天下に示す意味があったと考えられる。斑鳩が、藤原京や平城京に入る外国使節の経過点であったことを思うと、それは外国向けに設定された聖地でもあった。

（1）福山敏男「法隆寺の金石文に関する二三の問題」（『夢殿』一三号、一九三五年）。

（2）西川杏太郎「法隆寺金堂釈迦・薬師二像と献納金銅仏の鋳造技法」（『日本彫刻史論叢』中央公論美術出版、二〇〇〇年）。なお、初出稿を執筆後、この薬師像について三田覚之「法隆寺金堂薬師如来像台座画の想定復元について」（『MUSEUM』六九三号、二〇二一年）が異説を提起している。この像は、七世紀半ばに山背大兄王追善のため造立された弥勒如来像であって、法隆寺の再建過程で薬師如来とされたという説である。二重台座の下座の図様を、丹念に追跡した結果に基づく魅力的な説であるが、確証はなく、傍証として特に重要と思われる、菩提樹に絡みつく龍かとされた図様も、樹木に纏いつく蔓状の植物とも解せられる。そうした描写は、東大寺戒壇院厨子扉絵などに例を見る。また、山背大兄王追善という由緒ある仏像を、尊名を改変してまで、なぜ転用したのか、さらに詳細な説明が必要であろう。したがってこの像については、通説に従っておく。

このほか薬師像の光背銘については、かつて麻木脩平氏が、一行一八字、全五行となるよう撰文されているると指摘された（「再び野中寺弥勒像台座銘文を論ず」『佛教藝術』二六四号、二〇〇二年）。実際の刻入に当って、この規格は守られていないが、和風漢文による銘文としては他に例を見ず、おそらく釈迦三尊像光背銘の厳格な規格に倣おうとして撰文されたのであろう。

（3）東野治之「法隆寺金堂薬師像の光背銘と天寿国繡帳の銘文——その史料的性格をめぐって」（『史料学遍

歴』雄山閣、二〇一七年)。
(4) 本書第Ⅰ部第二章「法隆寺資財帳をどう読むか」参照。
(5) 東野治之「文献史料からみた法隆寺の火災年代」(『日本古代史料学』岩波書店、二〇〇五年)。
(6) 本書第Ⅰ部第二章「法隆寺資財帳をどう読むか」参照。
(7) 鈴木嘉吉「法隆寺新再建論」(『文化財論叢』Ⅱ、奈良国立文化財研究所、一九九五年)。
(8) 光谷拓実「法隆寺」『古年輪』(奈良文化財研究所飛鳥資料館、二〇〇三年)。
(9) 梅原猛「隠された「法隆寺・五重塔心柱」の謎」(『新潮45』二二八号、二〇〇一年)。
(10) 松浦正昭「飛鳥白鳳の仏像」(至文堂『日本の美術』四五五号、二〇〇四年)。
(11) 清水昭博「「適材適所」――西院伽藍の「転用」礎石について」(奈良県立橿原考古学研究所附属博物館編『聖徳太子の遺跡』二〇〇一年)。
(12) 東野治之「法隆寺献納宝物　皇太子御斎会奏文の基礎的考察」(『大和古寺の研究』塙書房、二〇一一年)。
(13) 李陽浩「中期難波宮をめぐって――朱鳥火災後の整理作業と後期難波宮の造営過程」(『ヒストリア』二五六号、二〇一六年)。
(14) 東野治之「法隆寺金堂釈迦三尊像の光背銘」(『日本古代金石文の研究』岩波書店、二〇〇四年)。
(15) 西川杏太郎「法隆寺金堂釈迦・薬師二像と献納金銅仏の鋳造技法」(注2前掲)。
(16) 小澤毅他編『吉備池廃寺発掘調査報告――百済大寺跡の調査』(奈良文化財研究所、二〇〇三年)。
(17) 前園実知雄「額安寺旧境内発掘調査概報」(橿原考古学研究所編『奈良県遺跡調査概報一九七八年度』一九七九年)。
(18) 本書第Ⅰ部第二章「法隆寺資財帳をどう読むか」参照。
(19) 本書第Ⅲ部第四章「片岡王寺と百済系氏族」参照。
(20) 本書第Ⅰ部第二章「法隆寺資財帳をどう読むか」参照。
(21) 東野治之「天寿国繡帳の図様と銘文」(『日本古代金石文の研究』岩波書店、二〇〇四年)。

(22) 東野治之「法隆寺金堂薬師像の光背銘と天寿国繡帳の銘文――その史料的性格をめぐって」(注3前掲)。
(23) 清水重敦「部材からみた法隆寺西院伽藍各建造物の建設年代」(奈良文化財研究所編『法隆寺若草伽藍跡発掘調査報告』二〇〇七年)。
(24) 東野治之「唐僧法進撰『梵網経註』の史料的意義」(『大和古寺の研究』塙書房、二〇一一年)。
(25) 富貴原章信執筆「聖霊会の由来」(法相宗勧学院同窓会大野泰治編『法隆寺聖霊会』朝日新聞社、一九四三年)。
(26) 東野治之「白鳳時代論」(『史料学遍歴』雄山閣、二〇一七年)。
(27) 吉村怜『天人誕生図の研究――東アジア仏教美術史論集』(東方書店、一九九九年)、石松日奈子「三国・晋・南北朝前期の仏教美術」(曾布川寛・岡田健編『世界美術大全集　東洋編』3、小学館、二〇〇〇年)など。
(28) 北康宏「法隆寺金堂釈迦三尊像光背銘文再読」(『博物館学年報』二七号、一九九五年)。
(29) 森郁夫「中宮寺・法起寺・法輪寺と法隆寺」(法隆寺編『法隆寺史』上、思文閣出版、二〇一八年)。

第二章　法隆寺資財帳をどう読むか

法隆寺資財帳は法隆寺の古代を考える基礎史料であるが、どのような性質を持ち、そこから何が読み取られるかを明らかにする。

はじめに

法隆寺には、天平十九年(七四七)に作られた『法隆寺伽藍縁起并流記資財帳』(ここでは「法隆寺資財帳」ないし単に「資財帳」と略称する)が伝存している。法隆寺の縁起と、その時点における動産、不動産を書き上げた記録・帳簿であり、法隆寺だけでなく、飛鳥、奈良時代の寺院や仏教文化を考える上になくてはならない史料として、多くの研究者によって利用、参照されてきたことは、事新しく述べるにも及ばないであろう。もっとも、法隆寺現存の写本は江戸時代、一八世紀末の新しいものであり、他に寺の内外を問わず、写本は知られていないから、その価値に疑問を呈した研究者も無くはなかった(1)。のちにも触れるが、確かにこの史料にも誤りとみられるものが含まれるが、大筋で信頼できることは、石上英一氏の周到な論文によって証明されており(2)、疑いを容れる余地は存在しないといってよい。

ただこの資財帳に対する研究者の接近は、関心に応じて記事の一部を利用する形が多く、全体に対する論及は極めて少ない。日頃利用する中で気づいたことを、ここに記しておくのも無駄ではなかろうと思う。

一　縁起部分の性格

冒頭の縁起を読んで、だれしも思うのは、なぜ天智九年(六七〇)の火災に触れるところがないのであろうかという点である。縁起には、A 丁卯年(六〇七)に小治田大宮御宇天皇(推古)と東宮上宮聖徳法王(聖徳太子)が、池辺大宮御宇天皇(用明)のために、法隆寺と四天王寺、中宮尼寺、橘尼寺、蜂丘寺、池後尼寺《いけじり》、葛城尼寺を造ったことがまず記され、その後にB 大化三年(六四七)食封《じきふ》三百戸の施入、C 戊午年(五九八)四月の太子による講経に対する播磨国佐西《させ》の地五十万代の賜与が語られている。Cの播磨国佐西の地五十万代に関しては、伊河留我寺《いかるが》(法隆寺)、中宮尼寺、片岡僧寺の各々に三分して与えられたものであり、法隆寺の分について、太子がその用途を分けて指定したとある。天智九年の火災だけでなく、これ以外に寺史に関わることは記されていない。

このように見直してみれば、縁起が寺史であるかのように考えること自体、問題であることがわかる。この資財帳と同年に作成された『大安寺伽藍縁起并流記資財帳』(以下では「大安寺資財帳」と略称)では、草創以来の寺の歴史が、やや詳しくたどられているので、縁起部分は寺史と受け取られやすいが、本来、縁起は、寺史に深くかかわるとしても、正確に寺史を記述するものではなく、あくまで寺の由緒を語るものと理解すべきであろう。法隆寺資財帳が火災に言及しないのは、その事実がなかったとか、隠蔽したというのではなく、寺の由緒として重要ではないと判断した結果に他なるまいと思われる。

法隆寺資財帳において重要と考えられたのは、食封(封戸《ふこ》)や水田の由緒であったのであろう。その結果として、寺の草創以外の記事は、その関係のみで終わることになった。しかもこれらの記載は、寺が推古天皇と聖徳太子によって始められたことを主張する意味があったと考えられる。そのよい例が次のBの記事である。

　また小治田天皇(推古)の大化三年、歳は戊申に次る、九月二十一日、許世徳陁高臣、宣命して、食封三百烟を入れ賜いき。

　亦小治田天皇大化三年、歳次戊申、九月廿一日、許世徳陁高臣、宣命為而、食封三百烟入賜岐

この記事は、実年代からすればCの後に来るべきものであり、資財帳の誤りとされることが多いが、丁未とあるべき干支が「戊申」とあるのはとにかく、「大化三年」の前に「小治田天皇」が冠せられているのは、単なる不注意から来た誤りとは考えにくい。資財帳の筆者は、この施入を推古天皇によるものと主張したかったのである。かつて福山敏男氏が、縁起の封戸施入部分の「小治田天皇」が、本願天皇の勅旨による封戸の寄進であったことを主張するため、意図的に挿入された可能性があると述べられたのは全く正しい(3)。この時施入された食封は、資財の部にもあるように、己卯年(六七九、天武八)に停止されたが、それをわざわざ載せたのも、同様な理由からであろう。このように見ると、

縁起では、寺の草創と財源が、推古天皇と聖徳太子に負っていることが述べられているわけで、それがこの部分の本来的な意味であったと理解される。資財帳の縁起には、なお現状以上に多くの記述が本来あったはずというような想定も、ありえないわけではあるまいが、このBの記事の存在は、縁起部分が書かれた趣旨を明らかに示すもので、現状が縁起部分の当初の姿を伝えていると考えて誤りなかろう。

二　資財帳の体例——「合」と「右」

次に資財部分が、どのような原則に則って記されているかを見ておく。個別の項目が注意されがちな帳簿部分であるが、その排列に一定の原則があることを確かめておくのは、各項目を参照する場合にも、欠くことのできない用意である。

同年の大安寺資財帳にも通じることであるが、この資財帳の資財部では、大きく仏・法・僧の三類にわけて物品や人間を挙げ、その後に、これら仏・法・僧に供すべき物品、不動産などを列挙する。これを資財帳の行数でいうと、(4) 32行目「合仏像弐拾壱具」から63行目の金剛力士の説明までが仏、64行目「合舎利伍粒」から92行目の智度論の説明までが法、93行目「合見前僧弐佰陸拾参口」が僧、次の94行目「合金壱両壱分」以降が、様々な資財となる。そこには物品の他、寺地、堂塔、賤民、田地、荘園、食封、米穀等、多様な項目が並ぶ。

ところで、その各項の冒頭に「合」の字が置かれるのが記載上の特色である。これはいうまでもなく総計の意であって、次行以下はその内訳となる。この記載法は、318行目「法分花香具陸具」の冒頭に「合」を脱しているらしいことを除き、全体に徹底しており、これを手掛かりとして、元々この資財帳に存した、仏部の内訳としての菩薩、天部などの項が逸失していると推定できる。それは、かつて別に論じたとおりである。(5)

「合」字を冠した項目に続き、その内訳が来ることは前述したが、その内訳には「右」字を付した説明の文の続くことが珍しくない。一例を挙げれば、次のとおりである(250行目)。

合せて法分の灌頂幡一十四具、十二具は人々の奉納なり
　秘錦の灌頂一具
　右、養老六年、歳は壬戌に次る、十二月四日、納め賜うは平城宮御宇天皇なり。
金涅の銅の灌頂一具
右、片岡御祖命納め賜う。納むる時を知らず。
合法分灌頂幡壱拾肆具十二具人々奉納者
　秘錦灌頂壱具
　右、養老六年、歳次壬戌、十二月四日、納賜平城宮御宇　天皇者
金涅銅灌頂壱具
右、片岡御祖命納賜、不知納時

ここでは灌頂幡が全部で十四具ある内、十二具は「人々」(この語のことは後述)が奉納したものであることが、まず細注で提示され、次にそれ以外の二具に関し各々別項を立て、「右」以下で由緒が述べられている。この箇所には、資財帳にしばしば見える「者」字があるので、ついでにふれておくが、この場合「者」は意味の軽い助字で、「トイフもの、ナルもの」の意と考えられ、簡単に「ナリ」と読んで差し支えない。(6)

さて資財帳の「右」を付した説明は、上記のように意味の明確なものばかりではなく、時にそれがどこまで係るのか不明確な場合もなしとしない。たとえば次のような例である(215行目)。

合せて褥三十六床
法分の雑色一十一床〈細注略〉
通三宝一床〈同右〉
通分一十九床〈同右〉
塔分四床〈同右〉
阿弥陀仏分一床〈同右〉
右、天平五年、歳は癸酉に次る、納め賜うは平城宮皇后宮なり。
合褥参拾陸床
法分雑色壱拾壱床〈細注略〉
通三宝壱床〈同右〉

通分壱拾玖床〈同右〉
塔分肆床〈同右〉
阿弥陀仏分壱床〈同右〉
右、天平五年、歳次癸酉、納賜平城宮　皇后宮者

こうした「右」の用法に関しては、二つの可能性が考えられる。一つは「右」がその直前の項目だけに係る場合、もう一つは、その前の複数の項目に係る場合である。通常、古文書学的な原則からすれば、「右」はその直前の物や人を受け、それに対して「以上」が、前に並んだ複数の物や人を受ける。しかし実際の文書では、この原則は常に厳守されるわけではなく、しばしば「右」が「以上」と同様な意味で用いられる。しかも、この資財帳では「以上」の用例がない。その点からすれば、この例では、「右」が「阿弥陀仏分」にのみ係るのか、その前まで及ぶのかは、にわかに断じられないということになろう。しかし「右」のかかる範囲が不明瞭では、帳簿として完全とは言えない。そこに何らかの原則があったと考えるべきである。

この曖昧さを解消する一つの方法は、すでに先の灌頂幡の記載に現れている。細注と連動させて内訳を記すやり方である。もう一つの方法は、次のような例ではなかろうか(138行目)。

合せて多羅十九口
丈六分の銀の多羅二口〈細注略〉

右、天平八年、歳は丙子に次る、二月二十二日、納め賜うは平城宮皇后宮なり。
仏分の白銅二口〈同右〉
聖僧分の白銅二口〈同右〉
塔分の白銅三口〈同右〉
通分の白銅一十口〈同右〉
合多羅拾玖口
丈六分銀多羅弐口〈細注略〉
右、天平八年、歳次丙子、二月廿二日、納賜平城宮　皇后宮者
仏分白銅弐口〈同右〉
聖僧分白銅弐口〈同右〉
塔分白銅参口〈同右〉
通分白銅壱拾口〈同右〉

即ちここでは、総計に次いで、内訳の冒頭に由緒の説明を要するものが挙げられ、その必要がないものは、「右」云々の終わった後に列挙されている。これを逆に解釈すれば、「右」を付した文章で終わる項目では、その説明が前の品物全てに係るとみるべきではあるまいか。このように想定して、明らかに矛盾を来す例は他に見当たらない。この資財帳では、「右」は複数の物件を受けることもあるという前提で、用いられていると理解される。

先に挙げた215行目の褥の場合、天平五年(七三三)に「平城宮皇后宮」(光明皇后)が寄進したのは、前行の阿弥陀仏分の褥だけと理解するのが一般的で、その阿弥陀仏は橘夫人念持仏厨子の本尊に当てられてきた。(7) しかし、これまでの考察に大過なければ、この時の施入物は、長さ四尺から八尺に及ぶ褥、三十六床を数えたこととなろう。別項の記載では、この時に阿弥陀仏の宝頂も寄進されたことがわかる(262行目)。天平五年は、皇后の母、橘三千代が病没した年であり、この施入状況からすれば、平癒を祈って、かなり大規模な法会などが行われた可能性も推測されよう。「右」がどの品にまで及ぶかは、帳簿の正確な理解のみならず、その背景にある情勢を考える上でも、ゆるがせにできないと思われる。

三　施入者

法隆寺資財帳には、様々な資財を寄進した人物の名が現れる。それら個々の人物については、多くの研究者が言及してきたが、記載に何らかの基準があったのかどうかに関しては、まとまった研究は見られないようである。しかし全体を通覧すれば明らかなように、寄進者で個別に人名が記されているのは、天皇、皇后、女王、王妃など、皇族に限られると見てよい。この点でも、福山敏男氏が、資財の施入者が明記されるのは、天皇または皇族の場合に限られるとされたのが当たっている。(8) 唯一例外となるのは、智度論(大智度論)を知識によって書写、寄進した「法蔵」であるが(91行目)、これはその項に次のように記される。

智度論一部一百巻

右、天朝の奉為《おおんた》めに、天平二年、歳は庚午に次る、法蔵、知識もて敬しみ造るなり。

智度論壱部一百巻

右、奉為　天朝、天平二年、歳次庚午、法蔵知識敬造者

写経事業の主導者は法蔵としても、その発願動機が「天朝の奉為め」であった故に、その名が残されたのであろう。福山敏男氏は、法蔵は僧名ではなく経蔵をさすとされたが[9]、経蔵の維持を目的とする「法蔵知識」の存在は想定しにくく、人名で理解すべきである。

なお、資財帳の天皇名は、漢風諡《し》号《ごう》が制定される以前であるため、宮名で記されているが、そのそれぞれが誰に当たるかは、おおむね明らかで、それを一覧にすれば以下のとおりである。

1　浄《きよみ》御原《はら》宮御宇天皇―天武

2　飛鳥浄御原宮御宇天皇または飛鳥宮御宇天皇―持統

3　平城宮御宇天皇―元正及び聖武

2は一人の天皇が違う名で書かれ、3は二人の天皇が同一名で書かれているが、いずれも干支年が付随しているため、比定に間違いはない。問題は1と2の区別である。持統天皇が浄御原宮の宮号で呼ばれたことは他にも例証があり[10]、1もまた持統天皇という可能性も全くは否定できないであろう。ただ、1と2では、「飛鳥」が冠されているかいないかに差が認められる。浄御原宮に「飛鳥」の称

が加わるのは、天武朝最末期の朱鳥元年(六八六)七月であり[11]、持統天皇の宮を「飛鳥浄御原宮」「飛鳥宮」とする2は、その意味で肯ける。「飛鳥」を冠さない1の称は、この点から考えて、天武天皇を指すと判断すべきであろう。

寄進者名が皇族のみ表示されていることに関連して注意されるのは、寄進者が「人々」とあっても、それが必ずしも一般豪族などに限られない可能性である。たとえば光明皇后の母、橘三千代は、かねてから聖徳太子への信仰を持ち、法隆寺と関りがあったと推定されるが、寄進物があっても、表面には出なかったはずである。先にふれた橘夫人念持仏厨子は、資財帳に載せる「宮殿像弐具」の内の一つに当てる説が有力である。

宮殿像弐具〈一具金埿押出千仏像／一具金埿銅像〉

即ちこの「金埿銅像」である。そこに施入者の情報は見えないが、資財帳ではその三行後に「右、人人請坐者」(右、人々請い坐すなり)とあり、これは宮殿像を含む「金埿銅像捌具」以下の全ての項目にかかると見てよい。この「人人」には、皇族でなかった橘三千代が含まれていてもおかしくなく、「人々請坐」とある資財の中には、こうした高位の人物によるものが少なくないと考えるべきであろう[12]。これは僧侶についてもいえることで、檀像(47行目)や舎利(64行目)の場合は、その可能性がある。

檀像一具

右、養老三年、歳は己未に次る、唐より請い坐すなり。

檀像壱具

右、養老三年、歳次己未、従唐請坐者

合せて舎利五粒、金堂に請い坐す。

右、養老三年、歳は己未に次る、唐より請い坐すなり。

合舎利伍粒請坐金堂

右、養老三年、歳次己未、従唐請坐者

この二件は、その前年の養老二年(七一八)、留学を終えて唐から帰国した道慈が、三論宗徒として関係の深い法隆寺に入れた可能性が唱えられているが、資財帳に道慈の名が記されていないことをもって、それを否定できないことは、右の検討から明らかであろう。

さらに寄進者の全体的傾向として見逃せないのは、たとえその範囲が限られるとはいえ、推古天皇と聖徳太子を除くと、天武天皇以降の人物にほぼ収まることである。この事実は早くから注目されてきたところでもあって[13]、天智九年(六七〇)以前の品々が火災で失われた結果とみなすべきであろう。『日本書紀』は火災について、「一屋無余」という表現を添えているが、その根拠がいかなるものであったかはわからず、これだけでは書紀の誇張した表現とも解せないことはない。しかしこの事件について貴重な事実を伝えた『上宮聖徳太子伝補闕記』では、火災後、「衆人」(僧徒)が「寺地を定むるを得ず」とし、直後の賤民の訴訟が、寺外の妙教寺という寺で裁定されたと記す。[14] 書紀の編者も、おそらくこうした記録を見ていて、それを「一屋無余」と表現したのであろう。全焼した法隆寺には、それ以前の資財はほとんど残されていなかったと判断される。

そうなると、再建法隆寺のもっとも古い段階で寄進を行ったのが天武天皇であったことは重要である。通常、法隆寺の再建は、支援勢力も乏しいまま細々と行われたように言われがちであるが、再建ごく初期における天武天皇と、それに続く持統天皇の寄進を考慮すれば、その認識は妥当とは思えず、当初から朝廷の支援の下に進行したと考えるべきである。

それに加えてさらに注目すべきは、天武天皇の寄進物が、「繡帳弐張」(265行目)であったことである。この繡帳をめぐっては、現在断片となって残る天寿国繡帳とみる見解が古くからあった。それに関する私見は前章でも述べたので、深入りすることは避けるが、[15] 結論的に言って、この繡帳が天寿国繡帳である可能性は少なくないと考える。法隆寺再建のごく初期に、天皇から寄進された繡帳が、通り一遍の品であったとは考えにくい。金堂の薬師像や釈迦三尊像の場合と異なり、由緒に全く触れない資財帳の記載からすると、天武天皇が古い繡帳に基づき新調させて施入したと解すべきように思う。繡帳の由緒をドラマティックな縁起として語るその銘文も、古い銘文を改作したとすれば納得できよう。

おわりに

このように見てくると、法隆寺資財帳の記載は、その作成趣旨、書式体例を踏まえて、さらに詳細に検討してゆく余地を多分に残している。あるいは読者諸兄姉に自明のことを書き連ねたのではないかとも恐れるが、この小文が、今後のそうした研究に、幾分かでも資するところがあれば、これに過ぎる幸いはない。

（1） 岡田芳朗「法隆寺再建・非再建論争」（岡田芳朗他『日本古代史の諸問題』福村出版株式会社、一九六八年）。
（2） 石上英一「『法隆寺伽藍縁起幷流記資財帳』の伝来」（井上光貞博士還暦記念会編『古代史論叢』中、吉川弘文館、一九七八年）。
（3） 福山敏男「法隆寺流記資財帳の研究」（『夢殿』十二冊、一九三四年）。
（4） 資財帳の行数は、松田和晃編著『索引対照　古代資財帳集成　奈良期』（すずさわ書店、二〇〇一年）に従う。
（5） 東野治之「古代における法隆寺金堂の安置仏像」（『大和古寺の研究』塙書房、二〇一一年）。
（6） 小川環樹他編『角川　新字源』助字解説（角川書店、一九六八年）。
（7） 秋山光和『玉虫厨子と橘夫人厨子』（「奈良の寺」6　岩波書店、一九七五年）。
（8） 福山敏男「法隆寺流記資財帳の研究」（注3前掲）。
（9） 同右。
（10） 片岡直樹『長谷寺銅板法華説相図の研究』（中央公論美術出版、二〇一二年）。
（11） 今泉隆雄「「飛鳥浄御原宮」の宮号命名の意義」（『古代宮都の研究』吉川弘文館、一九九三年）。
（12） もう一つの宮殿像については、顕真の『太子伝古今目録抄』に「推古天皇御厨子也」の伝承がある玉虫厨子に当てられているが、「人人」という記載からすると、少なくとも天皇直接の施入とは考えられない。
（13） 田中重久「法隆寺資財帳年代表」（『考古学』一〇巻九号、一九三九年）。

(14)　東野治之「文献史料からみた法隆寺の火災年代」(『日本古代史料学』岩波書店、二〇〇五年)。

(15)　東野治之「天寿国繡帳の図様と銘文」(『日本古代金石文の研究』岩波書店、二〇〇四年)、同「法隆寺金堂薬師像の光背銘と天寿国繡帳の銘文——その史料的性格をめぐって」(『史料学遍歴』雄山閣、二〇一七年)、同『聖徳太子　ほんとうの姿を求めて』(岩波ジュニア新書、二〇一七年)、本書第Ⅰ部第五章「古代天皇の諡号をめぐって」など。

第三章　金堂壁画——外国文化の受容と画師たち

金堂に採り入れられた最新の文化要素である壁画に、同時代の外国文化がいかに反映されたか、また受容に関わったのはどのような人々であったかを論ずる。

はじめに

世界的な至宝と讃えられた法隆寺金堂壁画は、昭和二十四年(一九四九)の火災でみる影もなく損傷してしまったが、比較的よく残った第一号壁の釈迦説法図や、第一二号壁の十一面観音像などは、被災後も力強い描線をとどめ、往時の素晴らしさを語って余蘊《よ うん》がない。この稀代の名作が、いつ、どのような画家によって描かれたかについては、すでに多くの先学の言及があるが、ここではこのような作品が生み出された時代背景を、唐文化受容という視点から検討し、画家について若干の臆測を記すこととする。

検討にあたって重点を置くのは、次の二点である。第一は、唐文化の受容一般というよりも、初唐に盛んとなったインド文化の影響に注目する。後述のとおり、法隆寺壁画には、インド風美術が顕著に影を落としているが、その流行は唐でいかにして形成され、いかなる経路で日本にもたらされたかを跡づけてみたい。第二は、日本での受容と定着に、どのような人々がかかわったのかという問題である。二つの問題は密接に関連するところもあるが、ひとまず分離して検討する。

一　初唐文化とインド

法隆寺壁画の画風にインド的な要素が少なくないことは、過去の研究の中でも常に注目されてきた。いまさら具体的な事実を挙げるまでもないと思われるが、一、二、例を示すと、身体に密着した衣服や、菩薩像の脚部などにいちじるしい、透過した裳《も》の表現がある。総じて厚手の衣服をまとった飛鳥時代[1]の仏菩薩像の表現とはまったく異なっている。概括的に言って、飛鳥彫刻の表現が中国南北朝時代のそれを受けているのに対し、上記のような表現が、より新しい隋唐の影響下にあることは疑いないであろう。本章では、彫刻・絵画を問わず看取されるこうした表現を、俗に用いられる言い方で「インド風」と称しておく。

仏教美術がインドに起源をもつ以上、その伝播経路はともかく、時代を問わず大なり小なりインド的要素を備えていることは当然であるが、白鳳時代以降におけるインド的要素は、その前後に例をみないほど顕著で、この時期の流行と称してよいであろう。法隆寺壁画も、そうした流行の反映した例であることは間違いなく、その形成と伝播がどうであったかを検証してみなければならない。

まず確認しておきたいのは、壁画の表現にみられるような著しいインド風が、中国でいつ頃からあらわれるかということである。五胡十六国時代の仏像に、ガンダーラ様式の影響があり、それが徐々に中国化して南北朝時代の様式を形作ることは周知のとおりであるが、飛鳥仏に反映しているのは、そうした中国化した様式であった。白鳳仏への影響はそれとは異なり、全く新たなインド風が、中国に及んだことを示している。これには、隋唐以降に展開した西域やインドとの交流が、背景をなしているとみるべきであろう。

ここでその情勢をふり返ってみると、長い歴史をもつ中国とインドとの関係も、隋の統一を迎えて新しい段階に入った。二代皇帝の煬帝は、インドとの中継地として大きな意義をもつ西域や東南アジアに使者を派遣し、新たな交流を開こうとしている。中央アジアに派遣された裴矩《はいく》、中央アジアからインドに使いした韋節と杜行満、ササン朝ペルシアに遣わされた李昱《りいく》らがその代表であり、韋節や杜行満は、インド・西域の珍しい文物を持ち帰った。しかし、隋は王朝として短命に終わったため、一層の交流は、隋のあとを襲った唐に受け継がれることとなる。

唐では国の基礎が固まった第二代の太宗朝以後、積極的な対外政策が展開される。まず西域方面では、トルファンにあって隋に朝貢した高昌国を滅亡させた。高昌国は漢人が支配する王国で、五世紀以来、東西交易の要衝にあって栄えたが、太宗は貞観十四年(六四〇)、これを滅ぼして西州とし(州治は今のトルファン)、ここに民政と軍政を併せ掌る安西都護府を置いた。これを足場として、その後も西域の支配は進められ、高宗期には、拡大した領土の西端に近い亀茲《きじ》(今のクチャ)に安西都護府が移される。顕慶三年(六五八)のことである。

隋から初唐にかけてのこうした動勢は、中国とインドとの文化交流に新たな頁を開くことになるが、その代表例が、よく知られた玄奘《げんじょう》や王玄策の活動である。玄奘は、貞観二年(六二八)に長安を出発、当時まだ勢威を誇っていた高昌国王の全面的な援助も受け、中央アジアからカシュミールを経てインドに赴き、ナーランダ寺で学び、貞観十九年(六四五)に長安に帰着した。出発した時は密出国であったが、帰国時は朝野をあげての歓迎となった。インドから請来した仏典の原典、中でも『瑜伽師地論《ゆがしじろん》』一〇〇巻、『大般若経』六〇〇巻などを翻訳したことは有名であるが、各種の仏像(栴檀《せんだん》仏、金銅仏、泥仏《でいぶつ》)などを請来したことも忘れてはならない(2)。玄奘がもたらしたインド直伝の文化は、新しいインド憧憬の気運を高めるのに充分であった。

一方、王玄策は、唐の外交使節として知られる。北インド、マガダ国の戒日王(ハルシャ・ヴァルダナ)の使節を送って、貞観十五年(六四一)、李義表とともに遣わされ、王から受けた珍物を献じた。その後、同二十一年、蔣師仁を伴ってマガダ国を再訪するが、戒日王はすでに亡く、入国を拒まれたため、吐蕃(チベット)や泥波羅(ネパール)の兵を集め、簒奪者の阿羅那順を捕えて凱旋した。顕慶三年(六五八)には、三たびインドに遣わされている。王玄策の文化史上における役割として注目されてきたのは、玄奘も訪れた釈迦成道《じょうどう》の地、ブッダガヤを訪れ、弥勒菩薩の作という触地印《しょくちいん》の釈迦成道像を、工人宋法智に模させて請来させたこと、マガダ国の初転法輪の地を訪ね、仏足跡を転写して持ち帰ったことである(3)。さきの玄奘の影響と相まって、王玄策関係の請来品や図像も、唐の造形美術にインド風を取り入れさせる大きな契機となったのは疑いない。この後インドに旅した僧として義浄の存在も大きいが、その入竺は、咸亨二年(六七一)から証聖元年(六九五)にわたるもので、美術への寄与はさほど顕著でもなく、日本の白鳳・奈良初期への影響を考える場合は、副次的な評価にとどまるであろう。ともあれ、かくて隋唐以来輸入されたインド風は、大陸でどのように広がり、七世紀の倭国にいかに受容されたであろうか。

二　インド風の影響と受容

大陸に流入したインド風の問題を造形面中心にながめてみると、早い頃の史料で注目されるのが、初唐の学僧、道宣の『四分律刪繁補闕行事鈔《しぶんりつさんぱんほけつぎょうじしょう》』にみえる次の一節である。

今、世末に随いて、人、情巧を務とす。得るは福敬に在り、失うは法式に在り。但尺寸の短長を問いて、耳目の全具を論ぜず。或いは価の利鈍を争い、供えの厚薄を計る。酒肉もって飼遣し、貪婬俗務にして、身に潔浄なく、心は唯利に拶る。尊像をして樹てしむと雖も、復《また》威霊なからしむるを致す。菩薩の立形は譬えば婬女の像に類し、金剛の顕貌は等しく妬婦《とふ》の儀に逾《こ》えんや。

（巻下三、僧像致敬篇）

右の一節にみえる「婬女」のような菩薩像というのは、薄い着衣の肉感的なインド風の造形を想起させる。道宣の『四分律刪繁補闕行事鈔』が最終的に現在の形となったのは、貞観十年（六三六）のことであったらしいが[4]、遅くともこの頃には、五世紀以来、インドに行われたグプタ朝的な造形が唐の仏像制作に影響を及ぼし始めていたと考えるべきであろう。道宣は末世となった近頃の状況を歎いているのであり、そのような流行は比較的新しく拡大したと判断できる。インド風とはいっても、七世紀初めから顕著となるそれは、具体的にはグプタ朝風と称して差支えないであろう。その後実現した玄奘の帰朝などによって、この風潮はますます加速したと考えてよい。

玄奘が与えた影響の大きさという点では、塼仏《せんぶつ》の意義を見逃すことができない。すでに美術史研究者によって注目されているとおり(5)、玄奘は中央アジアやインドで多数の塼仏を制作供養する信仰に接し、その実物ともども唐に持ち帰った。塼仏の特色は、型によって一時に多数を作り得るところにあり、しかもその型は、塼仏の実物から容易に踏み返して得ることができる。玄奘の請来した塼仏はその原型として用いられ、ほどなく長安における多数の塼仏造立へとつながっていった。これらの塼仏には、下記のような陽出の銘文をもつものがある。

(1) 印度仏像、大唐蘇常侍普同等共作

(2) 大唐善業、埿圧得真、如妙色身(大唐善業、埿、圧して真を得、妙色身の如し)

その図様は三尊仏の形式を備え、特に(1)と(2)の一部は、中尊の如来が触地印を示す。これは成道時の釈迦をあらわすもので、その源は前述のブッダガヤの釈迦像にほかならない。また、原初的な形態をとどめる(1)において顕著であるが、(2)においてもなお、グプタ朝様式の影響が明白に看取される。(1)の銘文に「印度仏像」とあることといい、玄奘のもたらした塼仏が、その根本にあることは従来説かれているとおりであろう。実際玄奘は貞観二十三年(六四九)から顕慶三年(六五八)の間に、長安の大慈恩寺で一千万(十倶胝)体に及ぶ大量の塼仏制作を行わせたらしい。なお(2)の塼仏は、銘文の字句から「大唐善業泥」と呼ぶことが一般化しているが、銘文は前掲のように句切って読むべきであり、むしろ「大唐善業泥仏」などと称するのがよいであろう。

このように、貞観から顕慶ごろのインド風受容はきわめて目覚ましいものがあったが、この状況は、塼仏を介して直ちに倭での造形に関係してくる。倭では七世紀後半に塼仏制作の隆盛期が訪れるが、それが上記のような動向の波及したものであったことは、川原寺、橘寺などから出土する塼仏の図様が、前記(2)のタイプと酷似することから明らかである。ただ、これまでの研究で指摘されているとおり、相互の間に影響関係のあることは確かでも、触地印の如来像が見られないのは唐との明瞭な差異である。その影響が間接的であったことを示していよう。

しかし、より注意されるのは、たとえ触地印の如来がみられないにせよ、倭の塼仏はまぎれもなくインドグプタ風につながる様式をみせ、七世紀後半の彫刻に共通する要素を備えていることである。図様の面でも、倭で展開した三尊塼仏は、同じく型による造像である押出仏とともに、法隆寺壁画と類同する特色を備える。

では、こうした影響が、倭においていつから見出せるのかといえば、いまのところ確実なのは、川原寺裏山出土の三尊塼仏からとなろう。川原寺の裏山からは、塑像の断片などとともに、多数の三尊塼仏の破片が出土し、中には稀に完形のものもあるが、これらは主要堂宇が被災した結果、その堂内の像や荘厳も被害を受け、一括して廃棄されたと推定されており、制作は川原寺が創建された天智朝頃まで遡ると考えられている(6)。川原寺の造営過程は不明であるから、塼仏の年代を確定することには問題が残るとしても、七世紀の第3四半期頃には、そのようなインド風を加味した造形が行われ始めたとみてよかろう。

その後、インド風の受容は本格化し、彫刻・絵画に例が珍しくなくなってゆく。七世紀末か八世紀初頭頃の制作としてはほぼ異論のない、橘夫人念持仏と伝える阿弥陀三尊と厨子(法隆寺蔵)は、その

図５　奈良県二光寺廃寺塼仏実測復原図

例である。三尊とも童子形の造形ではあるが、たとえば中尊の着衣はぴったりと身に沿い、しかも通肩となっている。このような通肩の阿弥陀像は、壁画第六号大壁の中尊と共通し、インド風受容の標識例ともされている(7)。また厨子絵の画風が壁画に類似することも諸家の説いてきたところであった。その他、造立年代に異論が並立するものの、薬師寺金堂本尊の薬師三尊像や、同じく東院堂の聖観音像に、同様なインド風の影響があることは、周知の事実となっている。筆者は文献的にみて、これらは七世紀末の作としてよいと考えるが(8)、遺物の方からこれを支証するとみられるのが、三重県の夏見廃寺跡や奈良県の二光寺廃寺跡から出土している大型の三尊塼仏(図5)である。このタイプの塼仏は、かねてからいくつかの断片として知られていたが、両遺跡出土の断片を加え、その全体がほぼ推定できるようになった(9)。中央の樹下に説法印を結んだ通肩の如来像を置き、脇侍菩薩や僧侶、神将像、異国風の護法神等を配する大がかりな構成をもつ。見逃せないのは、下端に連なる区画の両端に、銘文が陽出で表されていることで、両遺跡出土の断片を比較検討すると、下記のように釈読できる(10)。

甲午□《(年カ)》
五月中(向かって右端)
百済□
明首作(同左端)

この銘は明らかに制作にかかわるもので、それが型に刻まれていることからしても、塼仏の制作年紀と制作者を示すためのものであろう。干支の「甲午」は、この場合、六三四年、六九四年、七五四年などを候補とできるものの、玄奘関連の塼仏と比較すれば、それを遡るとは考えられず、六三四年は除外してよい。また七五四年が遅すぎることは、天平期の彫刻・工芸と対比すれば明らかであろう。したがって、この塼仏の年代は六九四年(持統八)に限定できるわけで、こうした図様が倭で行われた時期も、自から七世紀の第3、第4四半期に求めるべきことがわかる。法隆寺壁画は大規模な本格絵画であるのに対し、この塼仏は大型とはいえ、工芸的な作例にすぎないから、直接の比較はできないが、その図様や作風の類似は蔽い難く、壁画もまた白鳳のものと考えるのが妥当のように思われる。塼仏には例がないが、壁画の第一号壁、第六号壁、第一〇号壁や薬師寺金堂中尊などに手足の輪相が表現されるのも、八世紀以降に比して目立つ表現で、インド風の流行と無関係ではなかろう。

なお、壁画の年代のことが出たついでに付け加えると、金堂や五重塔の初層にある裳階《もこし》にも注目する必要がある。五重塔の解体修理で、裳階は五重塔の外装が施される以前に完成していた証拠が見つかり、二次的な付加でないことが明らかにされている。[11]後世の改変で明証はなくなっているが、五重塔の様相からみて、金堂の裳階も後代の付加物でないとみてよいであろう。[12]すでに早くから推測されていたとおり、[13]裳階は壁画の描かれた初層の外壁を保護すべく取付けられているのであり、金堂壁画は金堂の建築年代といちじるしくは離れていないと考えるのが妥当である。

ただ、先のような作風の流行を七世紀後半に求める場合、唐での新様が具体的にどのように受容されたのかを確かめる必要があろう。たとえば塼仏では、型や現物の移動が容易で、新様がすぐさま直接に受容されても不思議はない。[14]しかし本格的な絵画・彫刻となれば、制作者の事情を含め、より広い観点から検討してみる必要がある。とりわけ七世紀後半という時代については、それが重要であろう。すでに周知のところであるが、七世紀後半の東アジアでは、朝鮮半島をめぐって大きな国際紛争が起こり、唐・新羅と百済・高句麗の対立、倭の百済救援軍派遣、朝鮮半島での唐・新羅対倭・百済の軍事衝突、倭の敗退、百済・高句麗の滅亡、残った新羅の唐に対する抵抗と独立、といった大事件が次々と起こった。文化的な交流も、その影響を受けずにはおかなかったとみられる。現に唐との交流のパイプともいうべき遣唐使も、この紛争の余波で天智八年(六六九)を最後に、三〇年余りも派遣されていない。すでにみたようなインド風の受容は、まさにこの期間と重なるわけで、もしそれがあったとすれば、可能とした条件が問われねばならない。次に節を改めて、この問題を検討してみよう。

三　遣唐使中絶期間中の対外交流

二〇〇年に及ぶ遣唐使派遣の歴史を顧みても、三〇年余りの中断は特異である。長さの点で匹敵するのは、平安時代の延暦の遣唐使(八〇四年出発)と承和の遣唐使(八三八年出発)の間であるが、この時期ともなれば、遣唐使派遣の目的や重要度も変化を遂げており、むしろ遣唐使派遣の停止に向かう前段階と位置づけてよい。遣唐使が外交的にも文化的にも、ほとんど唯一の接点であった時代と同一に論じることはできないであろう。

しかしこの時期にも、唐との交流経路がまったく絶たれていたわけではない。しばしば注目されるのが、朝鮮半島を通じての間接的な交渉である。倭が対唐・新羅戦に破れてのちも、半島との交流は盛んであった。特に六六八年の高句麗滅亡後、半島で唯一の王朝となった新羅は、半島を直轄支配しようとする唐と対立するようになっていく。高句麗が滅んだ後も、その使者が来日しているのは、新羅が唐との対抗上、その遺民を援助したからであり、朝鮮半島の彼方にある倭が、新羅にとって一定の政治的意味を持っていたからにほかならない。このような事情のもと、天武朝以降、新羅使節の来朝は頻繁となり、倭からの遣使も少なくなかった。新羅が倭に対する朝貢の姿勢を明確に示したのも、この時期の特徴である。この蜜月状態ともいうべきものは、新羅が唐の軍隊を撤退させ、半島の大部分を支配下に入れる六七八年頃まで継続し、その余波は八世紀前半に及んだ。この新羅との親密な関係に早くから着目したのは関晃氏であって、関氏は、この日羅関係が、唐との直接交渉が絶えた後の唐文化輸入ルートとして用いられたとし、この間における遣新羅留学生の存在を高く評価した(15)。

たとえば山田史御方《やまだのふびとみかた》(三方とも)の場合は、その適例である。御方は持統六年(六九二)十月、務広肆(大宝令制の従七位下にほぼ相当)に叙せられた人物として、はじめて史上にあらわれる(『日本書紀』)。そこに、先に僧として新羅に留学し学問したことが記されているから、彼が新羅留学の経験者であったことがわかる。慶雲四年(七〇七)四月には、正六位下の位にあり、学士であることを賞して物を賜わった。その後、位階は従五位上まで昇り、周防守に任ぜられ、養老五年(七二一)正月には、退朝ののち、東宮(のちの聖武天皇)に侍することとなる。皇太子の勉学仲間として、これを指導する立場となったわけである。同月には、学業に優れ、師範の資格充分として、後進を励ます意味で種々の賜物を受けてもいる。この翌年、周防守在任中、管理下の財物を地位を利用して盗んだとして罰せられかかるが、家が貧窮であり学士として優秀な人物であるとして、特に罪を許された。その有能ぶりを示すとともに、このような人材がいかに貴重であったかも物語るエピソードといえよう。以上は正史にみえる事績であるが、『家伝』下(藤原武智麻呂伝)には、神亀五年(七二八)頃、文雅をもって聞こえていたことがみえる。没年は不明であるが、『懐風藻』には詩序と漢詩二首が載せられており、長屋王の時代には大学頭にも任ぜられていたらしい。

これは新羅への留学者が、文化面に貢献した典型的な場合といえよう。御方が登場する持統六年(六九二)十月十一日から一月足らず、翌月八日に新羅使朝貢のことが記されているが、これは中央でのことであろうから、御方もこの使いに送られて帰国し、いち早く叙位に与《あずか》ったのかもしれない。関晃氏が指摘されたとおり、他にも数人の新羅留学僧が知られ、帰国後、御方と同様、還俗して官人となった者もある。彼らは新羅の文化を学ぶというよりも、新羅で唐の文化を学ぶことを目的としたとみられるが、それを象徴的に裏づけるのが、文武四年(七〇〇)の遣新羅使である。佐伯宿祢麻呂を大使とするこの使いは、帰国時に孔雀その他の珍物を献上している。孔雀は熱帯産の珍鳥であり、新羅でもこれを尊んで人工的に飼育していたようである。(16) 広い意味での唐文化に両国が憧れ、倭も新羅を介してその一端に浴そうとしたのであった。

このように、遣唐使中絶期の唐文化受容が、新羅への留学者や日羅の外交使節によって担われたことは間違いないが、八世紀初めに至るまで、終始同じような関係であったかといえば、疑いを抱かせる要素がなくもない。それは天武八年（六七九）から持統四年（六九〇）まで、新羅の使者が入京せず、大宰府から帰国している事実が指摘されているからである。(17) このことは、抵抗の末、新羅が唐軍を旧百済・高句麗の領域から駆逐したことに関連すると解されている。倭は新羅に警戒感を持ち、初の中国風宮都である藤原宮が整備され、威信を示すことができるようになるまで、新羅使の入京を許さなかったのではないかというわけである。そうなると、この状況が両国の文化交流に何らかの影響をもたらした可能性も考えられる。

ただ、結論的にいえば、この状勢は文化的な往来を妨げるものとはならなかった、新羅使は、この間もしばしば豪華で珍しい品々を朝貢したことが『日本書紀』で知られるし、倭もそれらを受納しているからである。また新羅ないし新羅経由の帰朝者にも、特に変化があった徴候は見られない。交流のチャンネルは終始維持されたと考えるべきである。

新羅を通しての唐文化受容という事実は、関晃氏の提言によって広く注目されるようになり、もはや定説となっているが、同じ関氏がいわれたもう一つのルートも注目されてよい。(18) それは、百済滅亡に伴う亡命者の渡来と定住である。倭の百済救援は失敗したが、その経過の中で、貴族はもちろん、兵卒や一般民衆に至る多くの百済・高句麗人が、斉明朝から天智朝にかけて渡日した（表2　渡来者一覧参照)。彼らの中には、兵法、儒学、陰陽、医薬、書など、各種の分野の専門家と呼べる人々が含まれ、中には天智の皇太子、大友皇子に賓客として侍した人物や、官職を得て仕えた者も少なくない。さらに興味深いのは、百済軍に捕えられた唐人が、倭に献じられていることである。斉明七年(六六一)に来日、持統五年(六九一)と六年に音博士として賞賜された続守言はそのような人物である。持統朝の賞賜に際し、この続守言と並んで賞賜された唐人の音博士薩弘恪は、捕虜であった明証はないものの、おそらく同じ経歴の人物とみて大きな誤りではあるまい。音博士は、のちの大宝令制では、大学寮に学ぶ学生に素読を教授する教官であり、それ以前にあっても、同様な役割を果たす官であったろう。漢字の発音に通達していることが求められる以上、唐人が任ぜられるのが望ましいことはいうまでもない。二人が果たしてどのような教育を受けたかは全く不明で、単なる一般人であったかもしれないが、それがこのように登用されたところに、この時期、朝鮮半島との交流が担った意義の大きさをうかがうことができよう。まして薩弘恪の場合、大宝律令撰定者の一人ともなっていることは、さらにその感を深くさせる。現在、百済から亡命した人々や唐人捕虜の役割に対する評価は、新羅との人的交流に比して高くないが、これを再評価すべきことは、かつて拙著でも指摘し[19]、次章でも論じた。史上で確認される以外にも、さまざまな分野で影響があったことは容易に推測でき、唐人の来日も先の二人に限定することは適切でないと考えられる。平時には厳しい法的規制で抑えられていた唐からの出国も、戦時には十分機能しなかった可能性は高く、優れた工人・画師などが来日する機会も、この時期ならばこそ、かえってあり得たといわねばならない。

以上見てきたとおり、遣唐使の中絶期間にも、朝鮮半島を介して唐文化の受容があったことは十分に肯定できるが、それに加え、さらに注意しておきたいと思うのは、唐との直接交渉も決して途絶えはしなかった事実である。なるほど使節の往来は絶えたが、天智八年（六六九）の使節までの時点で唐に渡り、なお帰国していなかった人々も少なくなかったはずである。それらの人々が、七世紀末から八世紀初めにかけて、朝鮮半島を経由する形で五月雨的に帰朝する。先に半島経由の唐文化受容を概観したが、そこで主として取上げたのは、物の面での交流と、唐や朝鮮の人々の来日、あるいは半島への留学といった側面であった。しかしそれだけでなく、朝鮮半島が渡唐者帰国の回廊としても機能したことは見逃されるべきではない。この点についてはまとまった史料もなく、分散しての帰国であったため、見過ごされやすいが、**表1**（渡航者一覧）の中に、天智朝末年以降も、遣唐使によらない帰朝者が散見するのは何よりの証拠である。その内、天武十三年（六八四）帰国の土師甥《はじのおい》・白猪宝然《しらいのほね》や、持統元年（六八七）帰国の僧智隆は、新羅を経て帰ったことが史上に明記されている。また白雉四年（六五三）の遣唐使に従って留学した僧道光は、『三国仏法伝通縁起』によると、天武七年（六七八）に帰国し、『四分律』に依り撰録した文一巻を奉ったという。この記事は、撰者の凝然《ぎょうねん》が、鎌倉時代当時、手にし得た道光の著作そのものに基づいて記したと見られ[20]、信憑性は高い。そうなると道光は、この年に来日した新羅使一行に送られてきた可能性が考えられるであろう。

そこで注意を要するのは、帰国の年時が明らかでない場合でも、それをおおよそ推測できる例があることである。古くから取り上げられてきたのは、遣唐使として渡航した黄文連《きぶみのむらじ》本実の場合であろう。黄文本実の事績は史料に乏しいが、薬師寺蔵の仏足石記が残っていることにより、彼が遣唐使として渡唐したこと、王玄策の請来した仏足跡の図を長安の普光寺で写し、持ち帰ったことなどが判明する。仏足石記をいち早く研究対象とした江戸時代の考証学者、狩谷棭斎《えきさい》は、これらの事実を踏まえ、『日本書紀』天智十年(六七一)三月条に、黄書造本実が水臬《みずはかり》を献じた(水臬は水準器)とあるのは彼の帰朝と関係することで、新しく請来した品を奉ったのであろうとしている(『古京遺文』仏足石記条)。これは炯眼であり、従うべき推定であろう。対外派遣の使節やその随行者が、帰国して間もなくその収穫を献ずることは、古代に珍しくない。先の道光の場合も、その一例である。黄文本実は、同年正月の高句麗使(実際には新羅の傀儡政権の使い)か二月の百済使(唐の熊津都督府の使い)に従って帰国したとみられよう。これらを敷衍すると、史料には単に賞賜を受けたとしかみえない場合でも、その人物が新帰朝者であった可能性を考えておく必要もあることになる。

このように七世紀の第4四半期には、遣唐使の中絶期間であるにもかかわらず、唐との間に文化受容のルートが開けていた。法隆寺壁画のような場合、技術を十分に修得した画工の存在が必須であることは前述したが、そうした画工が複数来日する、この時期ならではの機会もあったと考えてよいし、逆に長期の留学で修業を積んだ画工が帰朝することも、決して無理な環境ではなかったといって差支えないであろう。

なお、ことが文化交流全体に関係するので付言するが、近時都城制の研究では、宮を都城域の中央に置く『周礼《しゅらい》』型の藤原京から、宮を都城の北寄り中央に配した平城京への変化を、遣唐使の中断に結びつけて解釈する説が優勢である(21)。これは中断後に再開された八世紀初頭の遣唐使によって、唐の長安城のプランが日本に知られ、古い『周礼』型の藤原京を捨て、長安城型の新都を営む必要があると認識されたと解するところから来ている。この伝でいけば、七世紀の第4四半期に、本格的な唐文化の導入があってはおかしいことになろう。しかし、こうした解釈が誤りであることは、大宝律令の撰定が、まさに遣唐使中絶期に進められていることをみても明白である。再開後第一回となる大宝の遣唐使は、大宝律令の完成した大宝元年(七〇一)に任命され、その翌年に発遣された。しかもその律令撰定には、唐人捕虜とみられる薩弘恪や、新羅経由で天武十三年(六八四)に帰国した遣唐留学生の白猪宝然が参画していた。でき上がった大宝律令が、完全に唐の永徽律令を模範として踏まえていることからしても、唐文化の輸入が、遣唐使の中断期間中に十分に行われていたことは疑いない(22)。国家機密に属するであろう都城プランの詳細などは、どの時期であってもたやすくは開示されなかったであろう。

従来、この時期の帰朝者があまり注目されてこなかったのは、情報の途絶を思わせる事実が他方にあったからであろう。たとえば大宝の遣唐使が、則天皇帝による周朝の樹立を知らずに渡航していたこと(『続日本紀』慶雲元年〔七〇四〕七月朔条)はよく知られているし、長寿三年(六九四)書写の細字法華経が、聖徳太子所持の宝物として天平九年(七三七)に法隆寺に施入されていることも、則天時代の年号が長く知られていなかった証しである(23)。ただ、やや後のことであるが、安禄山の乱の情報が渤海経由で日本に伝えられたのは、乱勃発の四年後である(『続日本紀』天平宝字三年〔七五九〕十月十八日条)。唐の情報がリアルタイムで伝わらなかったのは、多少とも遣唐使派遣期を通じて常につきまとったことであり、その中絶期間に限った現象ではなかった。帰朝者や書物を通じたマクロの文化受容は、それとは別に行われていたというべきである。

四　壁画の画師

以上、法隆寺壁画にみられるようなインド風の造形が初唐に盛んとなり、七世紀第4四半期には倭に及んだとみて不自然でないことを述べてきたが、最後にこれまで研究者によってあげられてきた制作者をめぐる説に言及して結びとしたい。

従来、壁画の筆者に関係して言及されてきた人物は、次の三人であろう。

（1）黄文連本実
（2）倭画師《やまとのえし》音檮《おとかし》
（3）倭画師忍勝《おしかつ》

（1）は、すでにみたとおり、遣唐使として入唐し、唐から仏足跡の図様を請来した人物で、天智十年（六七一）ごろの帰朝とみられる。本実は早く小野玄妙氏が壁画の筆者に擬し[24]、その後も壁画に関連して、しばしば論究されてきた[25]。本実の出た黄文造（天武十二年〔六八三〕に連姓）という氏族は、推古十二年（六〇四）九月に定められた黄書画師《きぶみのえし》（『日本書紀』）を統率する伴造《とものみやつこ》であるから、それ自身、直接画師の家系ではない。しかし、仏足跡図の請来に当たって、本実が「転写搭」（敷き写して転写した）とあるからには（薬師寺仏足石記）、彼自身画技に長じていたことは間違いなかろう。また一族の黄文造大伴などは壬申の乱の武功で名をなしてはいるが、勅をうけて、飛鳥寺に集まった三〇〇人の大徳らに、袈裟一領ずつを施すというようなことに関与している（『日本書紀』持統元年〔六八七〕八月）。このことからすれば染織等の工芸分野にも無関係であったとはいえない。画工が工芸品の意匠などにかかわることは、古代では珍しくなかった。黄文本実のような人物が関与したとして不自然ではないであろう[26]。

次に順序を入れ換え、(3)を取上げよう。(3)の倭画師忍勝を壁画に関連づけて論究したのは亀田孜氏であった[27]。亀田氏は、壁画の様式的検討もさることながら、この種の絵画制作には、少なくとも主だった画師四人を中心とする「組織的な協同作業」が不可欠であるとの視点から、それが可能となるのは、大宝令による画工司の成立を待ってのことと考え、法隆寺壁画の成立を大宝―和銅頃に求めた。その場合、『続日本紀』霊亀元年(七一五)五月二十五日条に、

従六位下画師忍勝、姓を改めて倭画師と為す。

とあるこの人物は、当時の指導的画師であったに相違ないとして、あるいは法隆寺壁画と関わる人物かとの着想を示したのである。この改姓は何らかの功に対する褒賞の意味があるかもしれないが、背景は不明であり、亀田氏が留保したとおり、壁画と積極的に結びつく手がかりもない。ただ、画師のように官人としても低い地位にある人物が、正史に記載されるのは、よほどのことがあってであると考えられるから、もし壁画の年代を八世紀初頭とするなら、亀田氏の着想も理由のないことではないといえよう。

ただ、亀田氏が述べたように、画師の共業体制が大宝令制を待たなければ整わなかったかどうかは、今となっては疑問である。そもそも大宝令制の画工司は、画技を専門とする技術官僚の画師四人と、その指導のもとに分業制作に当たる画部《えかきべ》六〇人を主体とし、その上に正、佑、令史の事務担当官を頂

く組織になっている。このうち、画部はほかの現業官司にも共通する、いわば実動部隊であったが、こうした伴部は律令制成立前のヤマト朝廷に類似の職掌がある場合も多く、実態としては、伴造《とものみやつこ》の統率下にあった部民や技術者を衣がえして、令制官司内に位置づけた場合が多かった。たとえば宮内省造酒司所属の酒部、同じく大膳職所属の膳部《かしわで》等はそれであり、ヤマト朝廷の時代以来、伴造に率いられて世襲的に出仕してきた部民の後身にほかならない。画工司の画師・画部の場合、渡来の技術が中心で、しかも職能集団としての歴史は、先にふれた推古十二年(六〇四)を遡らないので、部民の後身とは異なるものの、すでに律令制整備以前から、実態としては黄文造ら伴造に率いられる形で存在していた。従って大宝令制の前身組織が、少なくとも浄御原令の時代(天武・持統朝)には機能していたとみるべきであろう。現に大膳職の膳部の前身としての「膳部」は、持統元年(六八七)正月にすでにみえている(『日本書紀』)。このことから類推すれば、大宝令制の画工司に似た共同制作のための組織も、七世紀末、浄御原令制では成立していたと考えて、一向に差支えはないであろう。

こうしてみてくると、(2)の倭画師音檮の存在も見逃せなくなる。音檮についての史料も零細で、わずかに『日本書紀』天武六年(六七七)五月三日条に下記のようにみえるだけである。

是日(甲子)、倭画師音檮、小山下の位を授く。乃《すなわ》ち二十戸を封す。

亀田孜氏は、かつて壁画の年代を白鳳期と考えていたことがあり、そのころ、「画師授位では初見で、このとき勅願の画事に関しての恩賞であるが、法隆寺金堂壁画製作の大事業は、ほぼこのころに着手されたかと想像される」と述べたことがあった。[28]「勅願の画事」云々はともかく、確かに『続日本紀』より、記事の密度が一層低い『日本書紀』にその名がみえ、しかも小山下（大宝令制の従七位下にほぼ相当）の位階と封戸二〇戸を賜与されているのは、音檮が画技をきわめて高く評価されていた証拠である。封戸の支給額も、この時期としては決して少なくない。当時の指導的地位にあった画師と認めるべきであろう。この賞賜が何に起因するかはわからないが、何らかの大規模な制作の開始か完成、また遣唐留学からの帰国といった想定が思い浮かぶ。遣唐留学からの帰国を持ち出すのは唐突かもしれないが、黄文本実でみたとおり、必ずしも派遣や帰朝の年次が明記されない例もあることからすれば、一つの候補とはなり得るであろう。

倭画師という氏族については、もう一つ注目すべき記事が『新撰姓氏録』（左京諸蕃、大崗忌寸条）にある。

大崗忌寸《おおおかのいみき》

魏の文帝の後、安貴公より出ずる也。大泊瀬幼武天皇〈諡雄略〉の御世、四部衆を率いて化に帰す。男の龍〈一名辰貴〉は絵工を善くす。小泊瀬稚鷦鷯天皇〈諡武烈〉、其の能を美し、姓首を賜う。五世の孫、勤大壱の恵尊も、亦絵の才に工なり。天命開別天皇〈諡天智〉の御世、姓を倭画師と賜う。（下略）

出自魏文帝之後、安貴公也。大泊瀬幼武天皇〈諡雄略〉御世、率四部衆帰化。男龍〈一名辰貴〉、善絵工。小泊瀬稚鷦鷯天皇〈諡武烈〉、美其能、賜姓首。五世孫勤大壱恵尊、亦工絵才。天命

天智朝の画師、恵尊は雄略朝における渡来人の子孫で、「絵の才に工」であったところから倭画師姓を賜わったが、時に位が勤大壱であったという。勤大壱は、ほぼ大宝令制の正六位上に相当し、天武十四年(六八五)施行の浄御原令制位階の一つである。従ってこれは恵尊の極位をあらわし、恵尊が天智朝から持統朝頃に活躍した画師であったことを語るものと思う。大宝令制の画工司の長官、画工正は正六位上相当の官職であるから、恵尊は後の画工司長官に相当するような立場に昇ったのではあるまいか。

倭画師一族に連なるこれら二人の画師が、法隆寺壁画にかかわった徴証はもちろん存在しない。しかし冒頭にも示したように、専門外の筆者にも金堂壁画の完成度の高さは明らかにうかがい知れ、並大抵の画師がよくするところでないことは、よく了解できる。そこでもし当代の史料に即して名を挙げるなら、先学に倣って黄文本実と、天智朝から持統朝にかけて活躍し、珍しくも記録に残った上記の二名に指を屈さざるを得ない。そしてなお付け加えるなら、やや制作年代の下る五重塔壁画については、倭画師忍勝を挙げるべきではあるまいか。何ら確かな根拠のないことは十分に承知しているが、文献史料に残るこれらの人々の事績や評価を捨てがたいままに、改めて記して後考に備えたいと思う。

(1) 本章では仏教公伝から斉明朝頃までを指す時代区分として、天智朝以降、平城遷都にいたる白鳳時代と対照的に用いる。時代区分としての飛鳥、白鳳については、東野治之「白鳳時代論」(『史料学遍歴』雄山閣、二〇一七年)参照。
(2) 主な請来品は、彦悰『大慈恩寺三蔵法師伝』巻六(『大正新脩大蔵経』五〇、二五二頁)にみえる。
(3) 小野玄妙『極東の三大芸術』(丙午出版社、一九二四年)。
(4) 藤善真澄『道宣伝の研究』(京都大学学術出版会、二〇〇二年)第4章。
(5) 肥田路美「唐蘇常侍所造の「印度仏像」塼仏について」(『美術史研究』二二冊、一九八五年)、萩原哉「玄奘発願「十倶胝像」考——「善業泥」塼仏をめぐって」(『佛教藝術』二六一号、二〇〇二年)。
(6) 奈良国立博物館編『飛鳥の塼仏と塑像』(一九七六年)。
(7) 岡田健「初唐期の転法輪印阿弥陀図像についての研究」(『美術研究』三七三号、二〇〇〇年)、中野聡「飛鳥・白鳳時代における阿弥陀如来図像の受容について」(『奈良美術研究』八号、二〇〇九年)。
(8) 東野治之「文献史料からみた薬師寺」(白鳳文化研究会編『大和古寺の研究』塙書房、二〇一一年。二〇〇八年初出)。
(9) 廣岡孝信「二光寺廃寺」(奈良県立橿原考古学研究所編『奈良県遺跡調査概報 二〇〇五年』第二分冊、二〇〇六年)。
(10) 東野治之「七世紀以前の金石文」(『大和古寺の研究』塙書房、二〇一一年。二〇〇六年初出)、本書第I部第四章「白鳳文化と亡命百済人」。
(11) 法隆寺国宝保存委員会編『国宝法隆寺五重塔修理工事報告』(一九五五年)。
(12) 奈良六大寺大観刊行会編『奈良六大寺大観』(第一巻 法隆寺一、岩波書店、一九七二年)の「金堂」の解説では、金堂の裳階の釘に古代のものが残っているかのような記述がなされているが(解説の注22、井上正氏執筆)、金堂の修理工事報告書をみても、そのような事実は記載されておらず、何かの誤解に基づくと考えられる。
(13) 田中重久『日本壁画の研究』(東華社書房、一九四四年)二三頁。ただ、田中氏が壁画の制作期間を著しく長く見積り、完成を奈良時代半ばとするのには従えない。田中氏は、当時行われていた剝落模写の進捗状況を参考に、制作は長期を要したとするが、全く新たに描かれた壁画の制作期間を、入念な作業を伴う剝落模写の進度から推し測るのは誤りであろう。

(14) 浅井和春「型押の仏像――塼と銅板」(町田市立国際版画美術館編『名品でたどる――版と型の日本美術』一九九七年)。

(15) 関晃「遣新羅使の文化史的意義」(『山梨大学学芸学部研究報告』六号、一九五五年。『関晃著作集』三巻、吉川弘文館、一九九六年に再録)。

(16) 東野治之「朝霞錦考」(『遣唐使と正倉院』岩波書店、一九九二年)。

(17) 直木孝次郎「天武朝の国際関係と難波宮」(『日本古代の氏族と国家』吉川弘文館、二〇〇五年)。

(18) 関晃『帰化人』(至文堂、一九五六年)一三八頁以下(『関晃著作集』三巻に再録、一九九六年、吉川弘文館)。

(19) 東野治之『遣唐使』(岩波新書、二〇〇七年)一八四頁以下。

(20) 凝然『三国仏法伝通縁起』巻下(律宗)に、道光の著書の序と奥題を引用している。

(21) 井上和人『日本古代都城制の研究』(吉川弘文館、二〇〇八年)、千田稔『平城京遷都』(中公新書、二〇〇八年)など。井上和人「平城京へのみちのり――平城京造営の歴史的意義」(『月刊文化財』五五六号、二〇一〇年)は批判に配慮して、大宝の遣唐使が公式な使節であった点を強調するが、それは以前の使節にも当てはまることであり、大宝の使いが決定的な役割を果たしたという根拠は、依然示されていない。

(22) 都城プラン変更の問題は、遣唐使の派遣年次とは別次元で論じられるべきであるが、本章の主題とは関係がないので、東野治之「唐へのまなざし――日本と渤海」(上田正昭監修『古代日本と渤海』大巧社、二〇〇五年)、同「藤原不比等伝再考」(『史料学探訪』岩波書店、二〇一五年)に譲って省略する。

(23) 東野治之「初期の太子信仰と上宮王院」(『大和古寺の研究』注10前掲)。

(24) 小野玄妙『極東の三大芸術』(注3前掲)。

(25) 最近のものでは、小野説への言及はないが、梶谷亮治「法隆寺金堂壁画の世界」(奈良国立博物館・法隆寺・朝日新聞社編『国宝法隆寺金堂展』二〇〇八年)が、黄文本実筆者説を提唱している。
(26) なお宮川伴子「道昭と黄文連本実——仏跡図を巡る人々」(佐藤宗諄先生退官記念論文集刊行会編『『親信卿記』の研究』思文閣出版、二〇〇五年)は、飛鳥池遺跡の発掘成果を踏まえ、壁画には言及しないものの、黄文本実の役割をめぐって興味深く蓋然性に富む推測を展開している。
(27) 亀田孜「法隆寺金堂の壁画」(朝日新聞社編『法隆寺　壁画と金堂』朝日新聞社、一九六八年)。
(28) 亀田孜「古代の絵画」(下中弥三郎編『世界美術全集』9、日本1、平凡社、一九五二年)七一頁。この論説に気づく機縁を間接的に与えられた松田真平氏に感謝する。

表１　渡航者一覧

	人　名	渡航先	出　発	帰　国	備　考
1	吉士長丹	遣唐使	653・白雉4	654・白雉5	多数の文書・宝物を請来.
2	坂合部石積	唐	同上	665・天智4以前	38参照.
3	定恵	唐	同上	665・天智4	中臣鎌足の息.
4	恵施	唐	同上	685・天武13以前	法起寺塔を造営，僧正.
5	道昭	唐	同上	655・斉明元	玄奘に学ぶ．法相宗第一伝，禅院を創建.
6	道観	唐	同上	不明	粟田真人と同一人か.
7	道光	唐	同上	678・天武7	『四分律』関係書を撰す.
8	智弁(知弁)	唐	同上	664・天智3以前	
9	妙位	唐	同上	668・天智7	
10	法勝	唐	同上	654・白雉5	
11	義徳	唐→新羅	同上	690・持統4	
12	氷連老人ほか3名	唐	同上	668・天智7	
13	高黄金	唐	同上	668・天智7	
14	韓智興	唐	同上	668・天智7	
15	河辺臣麻呂	遣唐使	654・白雉5	655・斉明元	
16	置始連大伯	遣唐使	同上	655・斉明元	
17	難波吉士国勝	遣百済使	不明	656・斉明2	
18	佐伯連栲縄	同上	不明	656・斉明2	鸚鵡を献上.
19	膳臣葉積ほか	遣高句麗使	656・斉明2	不明	
20	坂合部磐鍬	遣高句麗使	656・斉明2	不明	
21	行善	高句麗→唐	斉明朝	718・養老2	膳臣葉積に同行か.
22	阿曇臣頰垂・津臣傴僂	遣百済使	不明	657・斉明3	駱駝・驢馬を献上.
23	智通	新羅→唐	658・斉明4	673・天武2以前	玄奘に学ぶ．法相宗第二伝，大和観世音寺を創建.
24	智達	同上	同上	不明	玄奘に学ぶ.
25	津守連吉祥	遣唐使	659・斉明5	661・斉明6	
26	坂合部連稲積	同上	同上	同上	
27	東漢長阿利麻	同上	同上	同上	
28	伊吉連博徳	同上	同上	同上	
29	河辺臣百枝	百済救援将軍	661・斉明7	677以前	
30	守大石	同上	同上	665・天智4以前	37参照.

31	大伴部博麻	百済救援兵士	同上	690・持統4	
32	神部直根閉	百済救援将軍	斉明朝	670・天智9以前	但馬国朝来郡大領.
33	錦部刀良ほか2名	百済救援兵士	同上	704・慶雲元	唐経由で帰国.
34	間人連大蓋	百済救援将軍	663・天智2	675・天武4以前	
35	猪使連子首・筑紫三宅連得許	百済救援兵士	天智朝？	684・天武13	
36	物部薬・壬生諸石	百済救援兵士？	不明	696・持統10以前	
37	守大石	遣唐使	665・天智4	不明	30参照.
38	坂合部石積	同上	同上	667・天智6	2参照.『新字』撰進.
39	吉士岐弥・吉士針間	同上	同上	不明	
40	黄文連本実	遣唐使	不明	671・天智10・3以前	水臬を献上，仏足跡図を請来.
41	布師磐・韓島娑婆	入唐者？	不明	671・天智10	唐使と帰国.
42	智蔵	唐	天智朝	不明	三論宗第二伝,『懐風藻』詩人.
43	道久	唐	不明	671・天智10	
44	大伴連国麻呂・三宅吉士入石	遣新羅使	675・天武4	676・天武5	
45	物部連麻呂(石上麻呂)	遣新羅使	676・天武5	677・天武6	
46	采女臣竹羅・当摩公楯	遣新羅使	681・天武10	同左	
47	佐伯連広足・小墾田臣麻呂	遣高句麗使	681・天武10	同左	
48	高向臣麻呂・都努臣牛甘	遣新羅使	684・天武13	685・天武14	
49	霊観	新羅？	不明	685・天武14	
50	観常	同上	同上	同上	
51	三輪引田君難波麻呂・桑原連人足	遣高句麗使	684・天武13	685・天武14	
52	土師宿祢甥・白猪史宝然	唐	不明	684・天武13	新羅経由で帰国.
53	智隆	新羅	不明	687・持統元	新羅使と帰国.
54	守君苅田・田中朝臣法麻呂	遣新羅使	687・持統元	689・持統3	
55	観智	新羅	不明	689・持統3	707・慶雲4年維摩会講師.
56	明聡	新羅	同上	同上	
57	浄願	唐	同上	690・持統4	
58	息長真人老	遣新羅使	693・持統7	同左か	

59	神叡	新羅	同上	717・養老元以前	律師，吉野僧都，三論宗．
60	弁通	同上	同上	712・和銅5以前	少僧都．
61	山田史御方	新羅	不明	692・持統6以前	東宮侍講，『懐風藻』詩人．
62	伊吉連博徳	遣新羅使	695・持統9	700・文武4以前	
63	小野朝臣毛野	同上	同上	700・文武4以前	
64	佐伯宿祢麻呂・佐味朝臣賀佐麻呂	同上	700・文武4	同左	孔雀など請来．

＊ 本表は，各種史料にみえる7世紀後半の渡航者で，帰国ないし帰国したと推定される人物を挙げたものである．

＊ 渡航先欄に「遣某使」とあるのは，当該国に使節として派遣されたことを示す．

＊ 帰国欄に「―以前」とあるのは，その時点で国内にいたことが確認できることを示す．

＊ 道昭の帰国年次は，長島健「遣唐使船の唐に於ける接岸地・出帆地と道昭の帰朝年次」(『海事史研究』20号，1973年)による．

表2　渡来者一覧

	人　名	出身地	来　日	備　考
1	乾豆波斯達阿	インド	654・白雉5	661・斉明6帰国．
2	舎衛の婦人	同上	同上	675・天武4まで滞留確認．
3	道顕	高句麗	662・天智元以前	『日本世記』「貞慧誄」を撰す．
4	唐軍俘虜100余人	唐	660・斉明6	百済使貴智が献上．
5	続守言	唐	661・斉明7	鬼室福信が献上，持統朝に音博士．
6	薩弘恪	唐	689・持統3以前	もと俘虜か．持統朝に音博士．
7	義覚	百済	斉明朝	亡命百済人．難波の百済寺に住す．
8	余自信	百済	663・天智2	佐平，大錦下．
9	憶礼福留	百済	同上	達率，大山下．兵法・築城に通ず．
10	四比福夫	百済	不明	達率，築城に通ず．
11	木素貴子	百済	663・天智2	達率，大山下．兵法に通ず．大友皇子の賓客．
12	谷那晋首	百済	同上	達率，大山下．兵法に通ず．
13	国骨富	百済	同上	徳率．国中公麻呂の祖父．
14	詠	百済	同上	楽浪河内の父，高丘比良麻呂の祖父．
15	弘済	百済	不明	備後の三谷寺を立つ．出征した三谷郡大領が連れ来る．

16	鬼室集斯	百済	665・天智4以前	達率，佐平，小錦下，学職頭.
17	答春初	百済	665・天智4以前	達率，大山下．兵法に通ず．大友皇子の賓客.
18	肖奈福徳	高句麗	668・天智7	高倉朝臣福信の祖父，明経博士肖奈行文は子.
19	聞師・入師	百済	不明	斑鳩寺火災時の僧.
20	沙宅紹明	百済	671・天智10以前	佐平，大錦下，法官大輔，大友皇子の賓客，藤原鎌足碑を撰文.
21	日比子賛波羅金羅金須	百済	同上	大山下，薬に通ず.
22	鬼室集信	百済	同上	同上.
23	徳頂上	百済	同上	達率，大山上，薬に通ず.
24	角福牟	百済	同上	小山上，陰陽に通ず.
25	許率母	百済	同上	小山上，五経に通ず．大友皇子の賓客.
26	吉大尚	百済	同上	小山上，医薬に通ず．大友皇子の賓客.
27	吉少尚	百済	吉大尚と来日	『続日本後紀』に所見，存疑.
28	道蔵	百済	681・天武12以前	祈雨に優れる.
29	法蔵	百済	683・天武14以前	薬に通ず．持統朝に陰陽博士.
30	常輝	百済	683・天武14以前	同年に100歳.
31	億仁	百済	686・朱鳥元以前	天武の侍医，勤大壱.
32	行心(幸甚)	新羅	686・朱鳥元以前	天文・卜筮を解す.
33	敬須徳那利	百済	688・持統2以前	甲斐に移住.
34	円勢	百済	不明	高宮山寺に住す.
35	多羅常	百済	不明	法器山寺に住す．治病に優れる.
36	淳武微子	百済	691・持統5以前	壬申の乱に武功.
37	末士善信	百済	同上	書博士.
38	福嘉	高句麗	693・持統7以前	還俗.
39	王仲文	高句麗	701・大宝元以前	もと僧東楼，天文博士.
40	高金蔵	高句麗	同上	もと僧信成，陰陽師.
41	智鳳(智宝)	新羅	706・慶雲3以前	玄奘または智周に学ぶ．維摩会講師.

＊ 本表は，各種史料にみえる7世紀後半の渡来者で，移住もしくは長期間滞在した人物を挙げたものである.

＊ 来日欄に「―以前」とあるのは，その時点で国内にいたことが確認できることを示す.

第四章　白鳳文化と亡命百済人

前章に関連して、白鳳時代の文化に重要な役割を演じた朝鮮半島からの渡来人を取り上げ、その意義を論じた。

はじめに

白鳳という時代区分は、本来美術史研究で用いられ始めたものであるが、初唐文化の受容を契機に、独自の文化的特徴を持つに至った時代として、積極的に使われてよい概念である。(1) ただ、白鳳文化の形成をめぐっては、この時期、どのようにして初唐の文化が伝えられたのかという問題がある。唐文化摂取の窓口として遣唐使があったことは周知のとおりであるが、遣唐使の派遣は、朝鮮半島における唐・新羅と、百済あるいは高句麗との対立という情勢を背景に、六六九年(天智八)から七〇二年(大宝二、唐長安二)まで、三〇年余りも中断した。そこでこの間の文化輸入経路として注目されてきたのが、新羅経由のルートである。唐と結んだ新羅は、六六三年の百済滅亡、六六八年の高句麗の滅亡をうけて朝鮮半島の統一を目指したが、すぐに半島の直接支配を狙う唐と対立するようになる。その結果、新羅は、それまで敵対していた倭を後盾とすべく、倭との友好関係を築こうと試みた。天智朝末年以後、頻繁に来日した新羅使や、度重なる遣新羅使の派遣は、この間の事情を物語るものと言える。

こうした新羅との関係が、唐文化の輸入に貢献したとするのが、ここ半世紀ほど通説になっているといってよい。しかし白鳳期の文物を通観すると、百済救援のため倭が半島に出兵して大敗した六六三年から、新羅との友好関係が盛んになる天武朝後半までの間に、初唐文化の影響を色濃く持つ文物が多数見出される。従来強調されてきた新羅経由の受容や、すでに帰国していた入唐留学者の活動だけではなく、この間密接であった百済やその遺民との関係も、注目されてしかるべきであろう。本章では、大阪府枚方市の百済寺跡で出土した大型多尊塼仏を手掛かりとして、白鳳文化形成期における百済の存在意義に改めて光を当ててみたい。

一　亡命百済人の活動

百済の役と唐文化受容との関係が、これまで顧みられなかったわけではない。関晃氏は、早く一九五〇年代に公表された著作で、新羅ルートによる受容と同時に、亡命百済人の役割を評価されていた。[2] 新羅についての関氏の見解ばかりが後に脚光を浴びることになったが、それは裏づけとなる史料に恵まれていたからかと思われる。実際、『日本書紀』や『続日本紀』を見ただけでも、新羅からの文物や、往来した僧侶・文人の史料は少なくない。

それに対して百済の場合、国家が滅亡したこともあって、史料の乏しさは否めない。百済滅亡前後に移住してきた王族、貴族、官人らの人名がわかるものは少なくないが、近江朝廷に任用されたり、皇太子大津皇子に侍したりした人々も、彼らが伝えた学術、知識の具体的な内容を知る手がかりはほとんどないのが実情である。こうした事情の下、百済文化と飛鳥文化の類似振りを念頭に、彼らの伝えた文化は、一時代前の南北朝の文化であったとする先入観が働いていたとは言えないであろうか。

しかし先にふれた白村江の戦いから天武初年までの文物には、改めて注意を払う必要がある。この時期に初唐の様式を持つ文物が、おそらく型の伝来を通じて制作されたことは、すでに指摘されているところである。(3)その推定を、考古学的な知見から補強するなら、唐様式に則った塼仏の年代が、まず挙げられよう。白鳳期に盛んに制作された大小多様な塼仏は、間接的に玄奘三蔵のインド旅行と結びつけて論じられるように、(4)初唐のインド風が顕著な遺物であるが、奈良県山田寺跡出土の十二尊連坐塼仏は、塔跡周辺に集中して埋まっていたことから、塔での所用とみられ、塔が完成した六七六年(天武五)以前、それに近い頃の制作と定めることができる貴重な出土品である。(5)

このように年代の明らかな遺物は稀であるが、同様な作期を推定できる場合として、奈良県川原寺や滋賀県南滋賀町廃寺の瓦当文《がとうもん》を挙げることができよう。豊麗で端正な複弁蓮華文を持つそれらの軒丸瓦は、七世紀前半の瓦当文とは打って変わり、唐風の著しいものであるが、いずれも天智朝の制作と考えられる。即ち川原寺は、六六一年(斉明七)に崩じた斉明天皇のため、その皇子中大兄が造営したと見られ、(6)そうであるなら、造営の始まりが天智朝であったことは動かず、瓦の制作時期も、それと連動して理解すべきであろう。

また南滋賀町廃寺については、縁起が明らかではなく、古い様式の瓦も発見されているが、それらと全く異なる新様式の瓦当文が登場してくるのは、近江大津への遷都と無関係ではないとみるのが通説である。(7)それは説得力に富む見方で、このような瓦当文の採用が決まったのは、おそくても天智末年を降らないであろう。

その他、大津宮の西の山中に営まれた崇福寺《すうふくじ》では、比較的大型の独尊塼仏が出土している(8)。即断はできないが、崇福寺が、大津宮と並行して創建された天智天皇ゆかりの寺院であること(『扶桑略記』天智七年正月条)を考えれば、この塼仏も山田寺の例と同様、おそくも天武初年以前の制作と考えてよさそうに思う。

では、こうした天武初年ごろまでの唐様式受容は、どのような経路を通じて行われたのであろうか。このころの国際情勢を今少し詳しく見るなら、六六八年(天智七)九月に高句麗が滅ぶと、新羅との外交関係はすぐさま復活し、同月、新羅が調を進め、これに答えて十一月には、遣新羅使が派遣された。新羅使は、これを皮切りに六六九年、六七一年(二回)、六七二(天武元)から五年までの連年、来日しており、遣新羅使も、六七五年(天武四)、六七六年と遣わされている。唐との対立を背景に新羅の友好政策が始まり、倭が応じたように見える。しかしこれらの通交は、友好関係への模索が始まったということであって、文化的意義を大きく認めるのは時期尚早であろう。なぜなら同時期、唐の意を受けた百済人の使いも複数回来日し、六七一年には、百済人の送使に送られた唐使が、大量の倭人捕虜を伴って来日しており(9)、倭を自らの陣営に取り込もうとする唐と新羅の間での、外交的な駆け引きが中心であったと見られるからである。確かに六七一年六月の新羅使などは、調の他に水牛、山鶏を献じており、併せて新しい文物などをもたらした可能性もあるが、たとえそうであったとしても、天智不予の緊迫した時期でもあり、それらが直ちに効果を表したと見るのはいかがであろうか。また一旦平時に復したかに見えた天武朝についても、天武八年(六七九)以降は、新羅使の入京が認められなくなるが、これは唐の半島放棄(六七七年)を受けて、倭が新羅への警戒を強めた結果と考えられている。(10)このような情勢を勘案すると、仮にこの時期、初唐の文物や知識が伝えられても、それらが初唐様式の展開に結びつく余地は、やはり限られていたと判断すべきである。

そうなると、冒頭でも少しく触れたように、亡命百済人の役割が注目される。次節では、これと直接かかわる史料を挙げて論ずることにしたい。

二 大型多尊塼仏の作者

初唐様式の流入を考える際に、塼仏が有力な手がかりとなることは、すでに見たとおりであるが、三重県夏見廃寺、奈良県二光寺廃寺その他から出土した大型多尊塼仏(図6)には、珍しく年紀や作者名がある。即ち塼仏の最下部に、横に並ぶ小区画が表現されているが、その左右両端の区画に、左のような銘が陽出で入れられている(図7)。

(右端)甲午年
五月中
(左端)百済□
明首作

銘文部分は、右端については二光寺廃寺例がよく残り、逆に左端は夏見廃寺例が比較的鮮明であるので、右には双方を参照して読んだ結果を掲げた。年紀について読みに問題はなく、甲午年は塼仏の様式から見て六九四年(持統八)であることは動かない。左端の銘については、発掘当初、「召□□／□□作」という読みも示されたが、こうした少ない字数で、「召」を用いた文書的な文言が記されていたとは考えにくい。一字目は、やや飾った字体で書かれた「百」と見るのが妥当であろう。また二字目については、幾分時代は溯るが、法隆寺蔵戊子年銘釈迦三尊像光背銘の「済」(図8)などを参照すると、「済」と見て不都合はなく、「作」に先立つ四、五、六字目は、工人名と考えられる。こうした判断を踏まえ、以前「百済□明哲作」と読む案を示したことがあった[11]。平安初期の百済王《くだらのこにきし》氏一族に、某哲という名の人物があることを参照した結果であったが、工人名としてふさわしいかどうか疑問もある。あるいは「哲」は「首」の可能性を考えてもよいであろう。首は工人のカバネに少なくな

図6　奈良県二光寺廃寺塼仏復原品(奈良県立橿原考古学研究所蔵)

図7　三重県夏見廃寺塼仏の銘記(名張市教育委員会蔵)

図8　戊子年銘釈迦三尊像光背銘の「済」(法隆寺蔵)

図9　百済寺跡出土大型多尊塼仏断片（枚方市文化財研究調査会蔵）

いが、また工人の統領の意味もある。元興寺《がんごうじ》塔露盤銘に見える「四部首」は、その例である。いずれにせよ、この読みが認められるならば、この塼仏の制作に百済系工人が携わったことになる。ただ、そう考えて疑問に思ったのは、このように典型的な初唐様式の作品が、果たして百済系の人物に作りえたのかということであった。

しかし、その後、この塼仏の新たな出土例が加わったことで、状況は一変したと考える。その出土例とは、大阪府の百済寺跡の調査で発見された二〇点近い断片である（図9）[12]。いずれも瓦溜りその他から出土したもので、残念ながら年代の明確な遺構に伴った断片ではない。しかし共伴する遺物には古代の百済寺で使用された瓦や土器が多数あり、本来百済寺のどこかにあった複数面の塼仏が、破断して廃棄されたものと考えられる。これらの断片は、製品から分割して型取りしたもので、最下段の区画部を欠き、仕上がりも甘いが、溯れば夏見廃寺や二光寺廃寺のそれと同じ原型に基づく塼仏であることは間違いない。もともと百済寺は、百済滅亡時に移住してきた王族との関連で、七世紀後半、摂津国に造立された。その後、現在地に移ったが、その存続年代は、発掘調査の結果、八世紀末から九世紀代と推定されている[13]。このような塼仏が百済寺跡から出土したことは、次のような意義を持つであろう。

一つは、これによって塼仏最下段の左端にある銘文の作者名は、「百済」と断じて誤りないと言えよう。塼仏はその性質から、同原型による作品が複数存在した。現にこの大型塼仏も、断片が唐招提寺や藤井有隣館、京都大学などに蔵されており、これらは伝世品の可能性もある。またこれらの作例は、それぞれに技法や細部の図像にも差があり、百済寺跡のものは、使用された土から、現地での制作と考えられている[14]。しかし時代や地域を遥かに隔て、同じ原型に由来する品が百済寺跡から出土したことは、この塼仏が百済寺と極めて深い縁で結ばれていたことを示唆する。それはこの塼仏が、百済系工人によって作られた、百済ゆかりの作品に他ならないからであろう。

第二の意義は、さらに溯って、この塼仏に特徴的な初唐の様式が、亡命百済人と関係することを暗示する点にある。はじめ銘文の工人の姓を「百済」と考えた時、先述のとおり、このように進んだ様式の造形が、新羅系ではなく、百済系の工人によって達成されたのを不思議に感じた。しかし百済寺を介して百済との関係が確かめられてみると、改めて亡命百済人による初唐文化の輸入という見通しが想起される。銘文に名を留めた百済系工人が、亡命百済人の一世であった保証はなく、あるいは次の世代に属する人物であったかもしれない。しかしいずれにせよ、彼が完成度の極めて高いこうした作品を作りえた背景には、初唐文化の百済への流入と、百済人によるその消化という事情があったに相違なかろう。

これに関連して注意されるのは、飛鳥地方で制作され、同じ百済寺跡から発見されている火頭型三尊塼仏の存在である。このタイプの塼仏は初唐の塼仏に酷似した作例があることから、入唐した道昭との関係が取沙汰されてきた。(15) このような特徴ある塼仏が複数出土していることは興味深く、これを百済を経由した初唐文化の一端と見ることも、あってよさそうに思う。仮に道昭による型や図像の請来があったとしても、それが消化、普及される過程に、百済人が介在した可能性を考慮すべきではあるまいか。

いずれにしても、百済寺における大型多尊塼仏断片の発見は、亡命百済人を介した初唐文化の受容を、実物の上で立証したと言わなければならない。

三　百済人と唐文化——結びにかえて

亡命百済人の役割を以上のように評価するなら、この視角で理解できるいくつかの事象がある。最後にこの点に触れて本章を閉じたい。

まず第一は、改めて見直せば、現存する百済末期の文物の中に、初唐の影響を示すものも見出せることである。たとえば、甲寅年(六五四)の沙宅智積碑(国立扶余博物館蔵)に見られる端正な楷書の書風などは、これまで中国南北朝の書風を受けたものと言われることが多かったが、(16) 唐風と見て何ら支障はない。高句麗において欧陽詢の書の人気が高かったことを考えれば、百済についても、唐風の書の受容があったと判断すべきであろう[17]。

第二は、第二節で取り上げた近江における初唐様式の登場である。天智朝末年にかけて、近江の諸寺院で見られる初唐様式の瓦は、それらの寺々の造営勢力に関係付けて論じられることが多いが[18]、造営した氏族よりも、直接にはそれに参加した百済人に関連させて理解すべきであろう。塼仏についても同様である。『日本書紀』の天智紀には、次のように亡命百済人を各地に住まわせたことが見えている。

天智三年(六六四)三月　百済王善光らを難波に住まわせる(後の摂津国百済郡)。
天智四年二月　近江国神前郡に男女四百余人を移配。
天智五年是冬　東国に男女二千余人を移配。
天智八年是年　近江国蒲生郡に佐平を含む男女七百余人を移配。

これが亡命者全体の一部に過ぎなかったであろうことは容易に推測がつき、全体では少なくとも数千人規模に上ったのではなかろうか。移配された集団の内部構成は明らかでないが、中に瓦関係の工人やその指導者が含まれていたとしても不自然ではない。いわば突然のように新しい様式が現れるのは、背後にこうした人の移動があったとすれば納得できよう[19]。

第三に注目されるのは、奈良時代の文化に及ぼした亡命百済人の影響である。彼らのもたらした知識、技術、様式などが、直接間接にその後の文化にとって糧となったことは、関晃氏がすでに推論されているが[20]、有名な国中連《くになかのむらじ》君麻呂の活躍などは、その一例である。君麻呂の祖父は亡命百済人の国骨富《こくこつふ》で、君麻呂自身は三世となるが、まさに完全な唐様式を持つ東大寺の大仏が作られるに際し、その彼が統率者となったところに、百済人と唐文化との決して疎遠でない関係を見て取ることができよう。君麻呂がカバネを備えた国中連の姓を賜るのは、官人として出仕してかなりの歳月を経てからであるが、『懐風藻』の詩人として名を連ねる百済・高句麗系の人々も、賜姓までに同様な経過を踏んでいる。部民制下に移住してきた人々とは異なり、律令官人制への動きが本格化する段階で帰化した亡命者たちは、多くの場合、下級官人として出身するのに、賜姓を必要としなかったのであろう。この点からすると、百済寺の大型多尊塼仏に関わった百済某も、カバネは持っていないようで、亡命者かその二世にふさわしい。

ここで同様の条件が想定される人物として指摘しておきたいのが、七三四年(天平六)の興福寺西金堂造営に加わった仏師将軍万福である(正倉院文書「造物所作物帳」)。有名な阿修羅像を含む八部衆や、十大弟子像の作者に擬されるこの仏師も、カバネを持たないその姓からすれば、新来の移住者の系統に属する。欽明朝に百済使節として見える「将軍三貴」を念頭に置くなら、亡命百済人の子孫ではなかろうか。将軍三貴に関しては、『日本書紀』欽明十五年(五五四)二月条に左のように見える。

二月、百済、下部杆率将軍三貴・上部奈率物部烏等を遣して、救兵を乞う。

二月、百済遣下部杆率将軍三貴・上部奈率物部烏等、乞救兵

この「将軍」については、継体・欽明朝に将軍職の使節が少なくないことから、その一例と解するのが通説である。しかし将軍三貴の場合、職名としての将軍と解してよいかどうかは検討を要しよう。即ち他の例を見れば、「姐弥文貴将軍」(継体七年六月)、「州利即次将軍」(同十年九月)、「将軍君尹貴」(同二十三年三月)などと、明瞭に職名と分かる形になっている。この三貴の「将軍」は、構文上も姓と解すべきである。倭に移住した将軍氏は、その一族で、将軍万福についても、国中君麻呂と似た状況が当てはまると見られる。

以上、亡命百済人と唐文化との関係をたどってきたが、この時期の唐文化移入に関して、亡命百済人のみを重視しようというのではもちろんない。法隆寺壁画の制作を巡って考察したとおり[21]、七世紀の第3・第4四半期にも、道昭や黄文本実をはじめとする入唐者の帰還などを通じて、直接の受容ルートが機能していた。しかし複雑な国際情勢に基づく交流の不自由さを考慮すれば、たとえ彼らが新帰朝の知識人として大きな影響力を持ったとしても、新羅経由の場合と同様、そのルートばかりを強調するのは疑問である。本章で取り上げた大型多尊塼仏の例を見るなら、亡命百済人の役割は予想以上に重要であり、関晃氏の指摘以降、忘れられた感のある彼らへの評価を、改めて見直す時期が来ていると考える[22]。

(1) 東野治之「白鳳時代論」(『史料学遍歴』雄山閣、二〇一七年)。
(2) 関晃『帰化人』(至文堂、一九五六年。『関晃著作集』三巻に再録)。
(3) 浅井和春「型押の仏像――塼と銅板」(町田市立国際版画美術館編『名品でたどる――版と型の日本美

術』一九九七年)。

(4)同右。

(5)大脇潔「塼仏とその製作年代」(倉吉博物館編『特別展　塼仏』一九九〇年)。

(6)福山敏男『奈良朝寺院の研究』(綜芸舎、一九七八年改訂増補復刻)。発掘調査の結果もこれと矛盾しない。

奈良国立文化財研究所編『弘福寺　川原寺発掘調査報告』(一九六〇年)参照。

(7)小笠原好彦「近江の古代寺院と渡来系氏族」(『近江の考古学』サンライズ出版、二〇〇〇年)など。

(8)倉吉博物館編『塼仏』(一九九二年)、大津市歴史博物館編『企画展　大津の都と白鳳寺院』(二〇一七年)。

(9)直木孝次郎「百済滅亡後の国際関係」(『日本古代の氏族と国家』吉川弘文館、二〇〇五年)。

(10)同右「天武朝の国際関係と難波宮」(同右書)。

(11)東野治之「七世紀以前の金石文」(『大和古寺の研究』塙書房、二〇一一年。二〇〇六年初出)。

(12)枚方市文化財研究調査会編『特別史跡　百済寺跡』(枚方市教育委員会、二〇一五年)。

(13)同右、第七章「総括」。

(14)同右、第五章第四節「塼仏」。

(15)研究史を含め、同右第六章第三節、中東洋行「河内百済寺出土塼仏雑考」参照。

(16)任昌淳編『韓国美術全集』11「書芸」(同和出版公社・大日本絵画巧芸美術、一九七五年)、藤本幸夫「書」(菊竹淳一・吉田宏志責任編集『世界美術大全集』東洋編10、小学館、一九九八年)など。

(17)東野治之「白鳳時代における欧陽詢書風の受容」(『日本古代木簡の研究』塙書房、一九八三年)。なお、橋本繁「古代朝鮮諸国の石碑・石刻」(小倉慈司・三上喜孝編『古代日本と朝鮮の石碑文化』朝倉書店、二〇一八年)は、この碑の書風を欧陽詢風とするが、そこまで限定できるかどうかは疑問であろう。

(18)小笠原好彦「姉川流域の古墳と古代寺院」(注7前掲書)はその一例である。

(19)小笠原好彦「近江の古代寺院と渡来系氏族」(注7前掲書)は、新羅・百済と並列的にではあるが、この点に言及している。

(20) 関晃『帰化人』(注2前掲)。

(21) 東野治之「法隆寺壁画の文化史的背景」(『法隆寺金堂壁画』刊行会編『法隆寺金堂壁画 ガラス乾板から甦った白鳳の美』岩波書店、二〇一一年。本書第I部第三章「金堂壁画——外国文化の受容と画師たち」)。

(22) 本章では、高句麗人の役割にほとんど触れなかったが、『懐風藻』に詩を残した肖奈行文の例を見ても、移住した百済人と同様な意義を認めるべきである。ただその規模や影響力は、百済人に及ばなかった可能性があろう。

第五章　古代天皇の諡号をめぐって

法隆寺や聖徳太子関係の史料を解釈する際に、つねに問題となる天皇の和風諡号について、基本的な考え方を述べた。

古代史に関しては、この三〇年余りで史料を取り巻く環境は一変した。それまで考えられなかったような大量の木簡が出土し、「史料の少ない古代史」というイメージは覆った。しかし本質に変化があったかといえば、必ずしもそうは言えないように思う。日本の木簡研究が大きな成果をあげたのは、正史や法制書、文学作品など、多様な編纂物が伝存してきたからである。それらによって構築されたストーリーがなかったなら、木簡のような断片的史料の発言力は激減したに違いない。それは古い編纂物の失われた韓国の場合と比べれば明らかである。逆に言えば、「史料の少ない古代史」は今も生きているわけである。

この世界では、史料批判が圧倒的な重要さを持つ点も変っていない。史料に書かれたことをそのまま認めることはありえないとされ、価値を割り引くほど手堅い研究とみなされる傾向がある。古代の史料は国家的な編纂物が多く、文字を駆使できた階層も限られていたから、残された編纂物や金石文に、意図的な歪曲が入り込む余地は、他の時代より大きいと見てよい。史料批判の厳密さが評価されるのも尤もである。しかしその結果、疑わしきは採らずという風潮が出てくるとすれば、それは問題であろう。疑わしい記事を否定し、その否定を積み重ねてゆくと、聖徳太子という偉人は存在しなかったことになる。(1) 反対に可能性を肯定し、それを繋げてゆけば、ついには、聖徳太子が実は皇位についていたというような結論にまで至るが、(2) さすがにそれに組する研究者は稀であろう。しかし結果は正反対に見えても、この二つは、実は貧しい史料批判の表裏といっていいのではなかろうか。以下に天皇の和風諡号について考えてみよう。

古代の天皇(便宜天皇号成立前の君主も含める)に没後奉呈された諡号《しごう》(おくり名)があることはよく知られているが、推古、天武といった漢語による諡号は、一部の例外を除き、奈良時代末にまとめて付けられたことが判明している。(3) それ以前は、おおむね五世紀以降、各天皇の葬送儀礼が行われる中で和風の諡号が定められ(一部に実名を取り込んだ場合もある)、奉呈されたと考えられてきた。(4) しかし天皇の没後、明確に諡号の奉呈されたことが史料に現れるのは、遥かに下った持統天皇の場合が最初である。持統天皇は孫の文武天皇に譲位した後、太上天皇となっていたが、大宝二年(七〇二)、大宝律令が施行された直後に没し、葬送儀礼の最後に大倭根子天之広野日女尊とおくり名された。従って和風諡号は持統天皇に始まるということも考えられないわけではない。現に、大宝令の施行当時には諡号への認識が進んでいなかったとして、持統以前の和風諡号を認めず、それは全て生前の尊号であったと考えた研究者もある。(5) この尊号というのは、統治者となった人物が、実名とは別に奉呈された名の意味で、これがさかのぼって諡号に転用されたと考えるわけである。史料に明証のない和風諡号を、古くさかのぼって存在したとするより、大宝令の制定後、持統太上天皇から始まったとするほうが、実証的な印象を与えることは確かであろう。しかし結論はそう簡単ではないように思う。

まず一番の疑問は、古代の天皇に尊号があったという有力な証拠が全くないことである。持統天皇と文武天皇には二つの諡号が伝わっており、その一つは尊号であろうという意見もあるが、通説のように諡号が改訂されたと見ても不都合はない。奈良時代の後半には、聖武天皇夫妻や孝謙天皇に仰々しい漢字の尊号が奉呈されたこともあるが、和風の尊号というのは実例がない。尊号が七世紀末まで続いたのなら、史料の残りがよくなる七世紀末や奈良時代の天皇について、その奉呈記事が出てきてよいし、さしずめ宣命《せんみょう》を宣《の》り聞かせるときの最初に使われてしかるべきであろう。令の条文にも、尊号に関する規定は見当たらない。即ち諡号とは比較にならないほど、尊号の存在は不確かである。

そこで改めて令文の規定を見よう。大宝令は公式令平出条(三四条)に「天皇諡」が立てられている。あらかじめ確認しておかねばならないのは、この条文は、天皇に諡号を贈ることを規定したものではないことである。文書中に諡号を記す場合、そこで改行して敬意を示せという定めに過ぎない。大宝令に天皇諡が規定されたといっても、この意味であることは注意されなければならない。

次に大宝令の注釈書の『古記』は、この「天皇諡」について「天皇の崩後、其の行迹に拠って、文武わらば、大行と称するの類」であると言い、また「一に云わく、上宮太子を聖徳王と称するの類」であると述べる(いずれも原文は漢文)。この解釈の前半は、とくに諡号が正しく認識されていない証とされてきた。なぜなら大行は、没した君主に正式な諡号が奉られる前の称であり、特定のおくり名ではない。文武天皇が没後「大行天皇」と称されたのを、その諡号であるかのように誤解しているというのが、これまでの解釈であった。しかし一概にそうとは断ぜられない。「大行」には元々偉大な行いの意味がある。君主が男性なら、「大行」を文武兼ね備えて優れた、と解しても、全く的外れとはいえないであろう。『古記』が成立したころ、元明天皇もまた「平城宮治天下大行天皇」と呼ばれていた(美努岡万《みののおかまろ》墓誌)。そういう状況下に、『古記』の作者は、「大行」を本来の意味にとって、諡号と解したのであろう。文武天皇という諡号は、この『古記』の文を根拠に、『古記』が成立する天平十年(七三八)ごろには定められていたとするのが通説であるが、天平五年の美努岡万墓誌の例に照らせばそうとも言えず、もう少し下る可能性もある。ともかく『古記』の解釈を以て、当時諡号が正しく認識されていなかったというのは疑問であろう。むしろ『古記』が和風諡号に全く触れていないのが注目される。令文の「天皇諡」は、唐令の「廟号」を削って置き換えたものであろうが、令文は原則として漢文文書での使用を想定しており、和風の諡号はほとんど問題にならない。『古記』の注釈は、かえって的を射たものであると言えよう。

このように律令制下では、諡号は本来漢風であるべきにも拘らず、日本では和風でなければならないことは、奈良時代初期には明らかに認められていた。『日本書紀』(養老四年、七二〇年成立)が各巻頭に掲げる天皇名は、漢文体の史書でありながら、和風諡号そのものである。そのことは紀が範とした中国正史の巻頭に廟号がきていることからも類推できるが、紀自体、神功紀の末尾に「皇太后を追尊して気長足姫尊(おきながたらしひめのみこと)と曰う」とおくり名を記し、それが巻頭にある「気長足姫尊」に一致することから明らかである。先に見たとおり、それらは全て尊号を転用したものという議論があるが、これも既述のように、尊号の存在自体、仮定の域を出ないとすると、わざわざそのように仮定してまで、ことを複雑にする意味が問われる。

しかしそれでは、現に在位している天皇は、どう呼ばれたのかという疑問が、あるいは生じるかもしれない。これは一見もっともな疑問のようであるが、今日でも、天皇は単に「天皇」で十分であり、せいぜい「今上天皇」が使われる程度である。そもそも律令制下のように、文書による通達や上申が発達していなかった七世紀以前なら、直接にはスメラミコトやオオキミで済んだことであろう。また過去の天皇と明確に区別するためには、「某宮治天下天皇」という呼び方があった(奈良時代には某宮御宇天皇とも)。かつてこの称に関しては、亡くなった天皇の称呼という説が有力な時期もあったが、在世中の天皇にも使われることは、今では明らかである。(6) さらに、先にも少し言及した宣命での称呼も、公式な場での様相をうかがうのに参考になる。宣命では、天皇に替ってそれを口頭で宣する役目の貴族が、最初に天皇の命令であることを述べるが、たとえば「現御神止大八嶋国所知天皇」(あきつみかみとおおやしまぐにしらしめすすめらみこと)などと言うだけで(文武元年、六九七)、特定の天皇名は示さない。こうした勅命の宣布は、少なくとも七世紀半ばには行われていたようであるが、それを伝えた紀の記事でも、類似の表現で終始し、天皇名は現れない(大化元年・同二年・天武十二年紀など)。まして尊号が使われていないことは言うまでもない。即位した天皇に尊号が奉られ、それが没後、和風諡号になったという考えは、結局想像と言うしかないのではなかろうか。聖徳太子や法隆寺、中宮寺に関係深い天寿国繡帳をめぐって、銘文中のトヨミケカシキヤヒメは諡号ではなく尊号とみる説があるが、それは成り立つまい。

諡号に関する限り、和田萃説のように、和風諡号を奉呈する伝統が大宝令前からあり、それが八世紀まで温存されたと解すべきである。日本の知識人が唐で行われている廟号を知らなかったはずはなく、則天朝の尊号奉呈は、聖武夫妻や孝謙天皇への尊号奉呈に影響を与えたとみられる。漢風諡号の浸透が遅れたのは、和風諡号を奉る葬送儀礼が、それだけ強固であったことを語っているのであろう。

歴史を書くというのは、どのような史実を選び取るかで、内容がいかようにも変化する可能性があり、極めて主観的な作業とも言える。その土台となる史料についても、評価作業には同じような主観的性格が伴うことを注意しておかなければならない。たとえば諡号は大宝令に初見するとして、不確実な史料を否定し、切り捨てることはたやすいし、それは一見極めて手堅い印象を与えるが、全てが史料として残るわけではない以上、そうした手法では硬直した歴史像しか描けない恐れがある。一方、尊号があったという仮定の下に可能性を積み上げるのでは、結果は砂上の楼閣か、知的な遊びに過ぎなくなろう。残らなかったものや消されたものに思いを馳せつつ、残ったものを考えてゆくという、当り前のことを地道に重ねていくことが、歴史を現代に生かすために求められているように思う。

（1） 大山誠一『〈聖徳太子〉の誕生』（吉川弘文館、一九九九年）。
（2） 門脇禎二『「大化改新」史論』上巻（思文閣出版、一九九一年）。
（3） 坂本太郎「列聖漢風諡号の撰進について」（『坂本太郎著作集』七、吉川弘文館、一九八九年）。
（4） 和田萃「殯の基礎的考察」『日本古代の儀礼と祭祀・信仰』上（塙書房、一九九五年）、同『大系日本の歴史』2（小学館、一九八八年）。
（5） 長久保恭子「「和風諡号」の基礎的考察」（竹内理三編『古代天皇制と社会構造』校倉書房、一九八〇年）。
（6） 片岡直樹『長谷寺銅板法華説相図の研究』（中央公論美術出版、二〇一二年）。

第II部　聖徳太子信仰の展開

第一章　奈良時代の法隆寺と太子信仰

聖徳太子に対する信仰が、法隆寺でどう展開したか、八世紀を中心に概観する。

一　奈良時代の太子信仰

法隆寺の復興が終わったことで、聖徳太子への崇拝は眼に見える形となって、明確に表れることとなったが(第Ⅰ部第一章参照)、その本尊が、太子等身の釈迦像であることは、太子への尊崇の念が、もはや信仰にまで転化しつつあったことをうかがわせる。法隆寺はこのような流れの中心的存在として、奈良時代以降、ますますその性格を明確にしていった。同じような太子信仰を中心にした寺院としては、摂津の四天王寺の存在も大きく、奈良時代末には、すでに太子を祀る聖霊院《しょうりょういん》も建てられ、そこには太子の一生を絵画化した絵伝も描かれていた。しかし、同じく太子建立とはいっても、法隆寺は太子が居住し、そこで生涯を閉じた斑鳩に存在する寺として、格別の由緒を持っていたことは否定できない。ここが太子信仰の一拠点として、さらに発展したのも当然といえよう。

法隆寺の太子信仰を考える場合、見逃せないのが、朝廷の女性たち、なかでも光明皇后とその母、橘三千代をめぐる女性人脈である。(1) 光明皇后は、父藤原不比等と橘三千代の間に生まれた娘で、聖武天皇の后となった。天平十九年(七四七)の『法隆寺伽藍縁起并流記資財帳』をみると、皇后からのつぎのような寄進物が載せられている。

1　丈六分銀多羅二口(内訳略)

右、天平八年、歳は丙子に次る、二月二十二日、納め賜うは平城宮の皇后宮なり。

丈六分銀多羅弐口(内訳略)

右、天平八年歳次丙子二月廿二日、納賜平城宮　皇后宮者

2　合わせて白銅鏡六面

丈六分四面

二面(内訳略)

右、天平八年、歳は丙子に次る、二月二十二、納め賜うは平城宮の皇后宮なり。

一面花形(注略)

右、天平八年、歳は丙子に次る、二月二十二日、納るは無漏王なり。

合白銅鏡陸面

丈六分肆面

弐面(内訳略)

右、天平八年歳次丙子二月廿二、納賜平城宮　皇后宮者

壱面花形(注略)

右、天平八年歳次丙子二月廿二日、納無漏王者

3

合わせて香一十六種

丈六分四種(注略)

沈水香十両　浅香三百八十五両

薫陸香三十六両　青木香三十八両

右、天平八年、歳は丙子に次る、二月二十二日、納め賜うは平城宮の皇后宮なり。

合香壱拾陸種

丈六分肆種(注略)

沈水香十両　浅香三百八十五両

薫陸香卅六両　青木香卅八両

右、天平八年歳次丙子二月廿二日、納賜平城宮　皇后宮者

4

合わせて薬一十四両

丈六分麝香一両

右、天平六年、歳は甲戌に次る、二月、納め賜うは平城宮の皇后宮なり。

合薬壱拾肆両

丈六分麝香《じゃこう》壱両

右、天平六年歳次甲戌二月、納賜平城宮　皇后宮者

5

合わせて樫筥八十二合

丈六分白筥二合

右、天平八年、歳は丙子に次る、二月二十二日、納め賜うは平城宮の皇后宮なり。

合樫筥捌拾弐合

丈六分白筥弐合

右、天平八年歳次丙子二月廿二日、納賜平城宮　皇后宮者

6

合わせて革箱七合

丈六分四合

一合〈長一尺二寸　広八寸五分〉

右、天平八年、歳は丙子に次る、二月二十二日、納め賜うは平城宮の皇后宮なり。

合革箱漆合

丈六分肆合

壱合〈長一尺二寸　広八寸五分〉

右、天平八年歳次丙子二月廿二日、納賜平城宮皇后宮者

これらの文中、「平城宮皇后宮」とあるのが、光明皇后である。いずれも仏事に用いる調度や香料を寄進した記録であるが、4を除いて、二月二十二日の寄進であるのが特徴的である。二月二十二日は、聖徳太子の忌日であって、これらの品々がそのための寄進であることを示す。4は「二月」とだけあって日付がないが、あるいは、同じく太子忌日に関わる可能性も考えられよう。ただ、この資財帳の別項には、同年三月付で、犀角船《さいかくのふね》など四種の寄進がみえ、「二月」は単に「三月」の誤りであるかもしれず、忌日の寄進とは断定できない。ともあれ、天平八年の同日に白銅鏡を献じた無漏王を含め、これらの寄進が、太子への信仰心に基づくことは明らかであろう。これらの寄進が、すべて「丈六分」としてなされていることも、これを裏付ける。丈六は、通常、仏の身の丈である一丈六尺を表し、仏像の大きさの規格として使われる言葉であるが、七世紀の用例では、多くの場合、釈迦仏を指して使われたことがわかっている。(2)この資財帳での用法は、それを受け継いだもので、いわゆる丈六仏よりは小さいが、金堂本尊の釈迦如来像を指していると考えてよいであろう。この本尊は、光背銘にみえるとおり、太子の菩提を弔うため、太子等身として作られた像であり、寄進物は、亡き太子への捧げものとみなされたであろう。これらの内、2の白銅鏡は、文様の一致などから法隆寺献納宝物の海磯鏡《かいききょう》二面(献納宝物74・75号)に比定されている。

二　女性たちの太子信仰

光明皇后のこうした信仰を考える上に重要なのは、その母、橘三千代の存在である。光明皇后の信仰は、三千代から受け継がれたものとみられる。橘三千代と聖徳太子を直接結ぶ史料はないが、有名な文化財として、法隆寺に伝来した伝橘夫人念持仏厨子がある。[3]高い台座と宮殿部からなる重層の厨子で、八世紀前半ごろの制作とされ、上層の内部には、光背付きの後屏を伴う金銅製の阿弥陀三尊像が安置されている。この厨子は、天平十九年（七四七）の『法隆寺伽藍縁起并流記資財帳』にみえる「宮殿像弐具」の一つで、「一具、金埿《こんでい》銅像」に当たるとみるのが定説であるが、どのような伝来のものかは明記されていない。ただ、この厨子の台座には、制作当初の墨書落書が残されていて、「越前」と読めるものが含まれるところから、この国名が定まった大宝元年（七〇一）以後のものとみられ、制作年代を推定する手がかりともなっている。また上層の宮殿部には、最初、吹き放しで作られ、のちに現在のような扉付きの形式に改められた形跡が残されており、これは貴人の念持仏として、邸宅などに祀られていた厨子が、法隆寺に寄進される時、保存を考慮して改造されたと思われるから、橘夫人の念持仏という伝承も、あながち否定できないとされている。資財帳には、光明皇后から、橘三千代が病に倒れて亡くなる天平五年（七三三）から六年にかけて、つぎのような寄進のあったことがみえるが、母の病気平癒や冥福を祈る行為であったろうと考えられ、厨子の寄進もこの時であったのではないかとする研究者もいる。

7　合わせて褥三十六床（中略）
阿弥陀仏分一床〈表は赤紫の羅の錦、裏は緑の結いの幡／長さ八尺六寸、広さ二幅〉
右、天平五年、歳は癸酉に次る、納め賜うは平城宮の皇后宮なり。

合褥参拾陸床（中略）
阿弥陀仏分壱床〈表赤紫羅錦、裏緑結幡／長八尺六寸、広二幅〉
右、天平五年歳次癸酉、納賜平城宮　皇后宮者

8
合わせて丈六分雑物四種〈犀角の船一口、重さ五両一分、象牙の尺一口、長さ三寸、象牙の縄解き一口、小刀八柄〉
右、天平六年、歳は甲戌に次る、三月、納め賜うは平城宮の皇后宮なり。
合丈六分雑物肆種〈犀角船一口、重五両一分、象牙尺一口、長三寸、象牙縄解一口、小刀八柄〉
右、天平六年歳次甲戌三月、納賜平城宮　皇后宮者

9
丈六分麝香一両
右、天平六年、歳は甲戌に次る、二月、納め賜うは平城宮の皇后宮なり。
丈六分麝香壱両
右、天平六年歳次甲戌二月、納賜平城宮　皇后宮者

10
法分漆涅《うるしぬり》の〔筥〕七十七合（注略）
（中略）
五十合

右、天平六年、歳は甲戌に次る、三月、納め賜うは平城宮の皇后宮なり。
法分漆涅〔筥〕漆拾漆合（注略）
（中略）
伍拾合
右、天平六年歳次甲戌三月、納賜平城宮　皇后宮者

11
合わせて韓櫃三十七合
法分一十六合
（中略）
二合（注略）
右、天平六年、歳は甲戌に次る、三月、納め賜うは平城宮の皇后宮なり。
合韓櫃参拾漆合
法分壱拾陸合
（中略）
弐合（注略）
右、天平六年歳次甲戌三月、納賜平城宮　皇后宮者

この中で、とくに阿弥陀仏分の褥は、伝橘夫人厨子の本尊が阿弥陀三尊であることからすると、そ

のための寄進としてもよさそうであり、厨子の由緒を橘三千代に関係づけることは、決して無理なことではない。ただ、いっぽうで、三千代がこの三尊を祀る厨子を身近に置いて礼拝していたとすれば、その目的は、当然、阿弥陀浄土の情景を思い浮かべ、そこへの往生を祈願することにあったことになる。しかし、観無量寿経に基づく、このような来世に阿弥陀浄土へ生まれ変わりたいという信仰は、奈良時代にはまだ一般的でなかったというのが、浄土教研究では定説となっていた(4)。したがって、この見方が、厨子を橘三千代に結び付ける障害になっていたといえる。

しかし、観無量寿経の信仰が古くからあったことは、奈良時代の写経の奥書から裏付けられる。それはつぎのようなものである(5)。

大夫人の観无量寿堂の香函中の禅誦経

天平十二年歳は庚辰に次る、四月二十二日戊寅、内家の印を以て、西家経の三字の上に蹋《とう》す。謬りて大家蹋印の書と、雑乱す可からず。亦即ち印を以て此の記の上に蹋するは、印の下に、西家の字を見て、応《まさ》に西宅の書に擬すべし。故に別験を作り、永く亀鏡と為す。

大夫人観无量寿堂香函中禅誦経

天平十二年歳次康辰、四月二十二日戊寅、以内家印、蹋西家経三字之上、謬与大家蹋印書、不可雑乱、亦即以印蹋此記上者、見印下西家之字、応擬西宅之書、故作別験、永為亀鏡

これと同じ奥書がある写経は、石山寺にもあり、奥書も含めて平安時代の写本であるが、奈良時代

の写経を写したものである。(6)最初の行に、この経巻が「大夫人」の「観无量寿堂」にあったものであることが記されている。それに続く文章の細かい解説は省略するが、「内家の印」というのは、光明皇后の蔵書印として押捺例が残る「内家私印」のことで、これを「西家」「西宅」の書に押したことを述べた文である。全体の文意を総合すると、「西家」「西宅」は大夫人の邸宅を指し、邸内に観无量寿堂という仏堂があったと考えられる。問題はその大夫人が誰をいうのかであるが、すでに指摘されているとおり、「橘氏大夫人」(『続日本紀』)や「橘氏太夫人」(五月一日経願文)とも書かれた橘三千代に他ならないとみられる。また観无量寿堂は、その名が示すように、観無量寿経に基づいて阿弥陀浄土を観想するための堂であろう。そうなると、三千代が、阿弥陀信仰の持ち主として、あのような厨子を祀り、西方浄土への往生を祈念していたことは、何の不思議もなくなる。法隆寺への光明皇后の寄進物もあわせ考えれば、橘夫人念持仏厨子という伝承は、積極的に認められてしかるべきであろう。(7)厨子の寄進が、光明皇后によって行われていたなら、資財帳にそのことが現れるはずであるが、資財帳の宮殿像に関して、寄進者の名はみられない。資財帳には、皇族以外の寄進者は記されないので(第I部第二章参照)、寄進は晩年の三千代が、自身の手で行ったのかもしれない。

ところで、橘夫人厨子の造形面での特色として見逃せないのは、法隆寺の文化財と関連する要素の存在である。早くから指摘のあることであるが、箱型をした厨子の天蓋は、法隆寺金堂の七世紀の天蓋を縮小した形といってよい。また、基壇部に描かれた往生者の姿は、金堂壁画六号壁の下部に描かれた往生者に酷似している。さらに本尊阿弥陀如来の頭光《ずこう》を巡る唐草文様は、材質こそ木製と金銅製の違いがあるとはいえ、百済観音のそれと瓜二つである(図10)。百済観音は資財帳にみえず、法隆寺

図10　橘夫人厨子本尊光背(左)と百済観音像光背

に当初からあったかどうか、疑われることもあった像であるが、現存する資財帳には、菩薩像・天部像に関する記述が脱落しているとみられ、法隆寺本来の像とみなして差し支えないと考えられる[8]。三千代の私邸での礼拝対象に、法隆寺の仏像、仏具の意匠が現れるのは偶然ではなく、三千代が法隆寺への信仰、ひいては聖徳太子に対する信仰の所有者であったからであろう。光明皇后の太子信仰は、結局、この三千代の信仰に源を見出すことになる。先に太子忌日の寄進を行った人物として、光明皇后とともに、無漏王の名を挙げたが、これも三千代ゆかりの女性であって、藤原房前《ふささき》の室であった牟漏《むろ》女王にほかならない。女王は、三千代が藤原不比等に嫁ぐ前の夫、美努《みぬ》王との間に産んだ女性であった。彼女もまた、光明皇后と同じように、母の信仰から影響を受けたのであろう(図11)。

橘三千代をはじめ、光明皇后やその父違いの姉妹、牟漏女王らが、太子信仰や阿弥陀浄土信仰を共有し

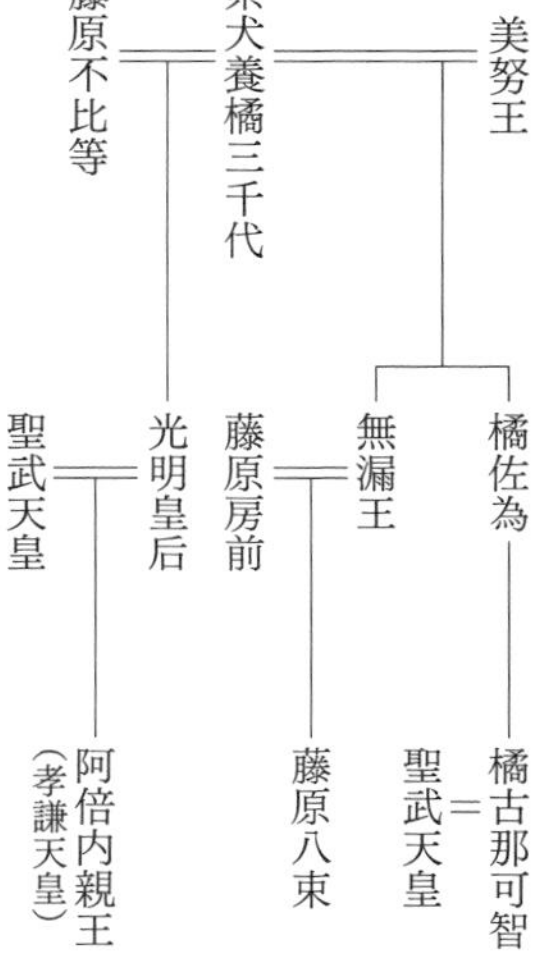

図11　橘三千代関係系図

たのは、単に親子の関係にあったからだけではない。まず重要なのは、聖徳太子が、最初の法華経信仰者であり研究者ともされていたことである。これが事実かどうかは、聖徳太子研究の分野の話となるので、深く立ち入らないが、少なくとも八世紀初頭以降、そのような人物像が存在したことは、いくつかの史料からいうことができる。たとえば『聖徳太子伝暦』などによって後世に普及した、取経説話といわれるものがある。太子が遣隋使として小野妹子を派遣し、生まれてくる前の前生に、高僧慧思《えし》として所持していた法華経を、取ってこさせたという説話である。これが日本に法華経が伝わった最初ということになっている(『延暦僧録』「上宮皇太子菩薩伝」。一四〇頁参照)。太子が、六世紀、中国の慧思の生まれ変わりという伝えは、かつては奈良時代後半に成立したとみる説が有力であったが、『異本上宮太子伝』(通称『七代記』)と呼ばれる太子の古い伝記を検討すると、おそくとも初唐の中国では、慧思が亡くなって東方の国の王子に転生したという話が、すでにできており、八世紀初頭にそれを持ち帰った日本の遣唐留学僧が、慧思と聖徳太子を結び付けて、国内に広めたという見通しがたてられる[9]。慧思の所持品であった法華経というものも、ほぼ同時期に唐から請来され、すでに知られていた。先にもふれたように、天平宝字五年(七六一)の『法隆寺東院資財帳』には、天平九年(七三七)二月二十日に光明皇后が、「上宮聖徳法皇御持物」の経を寄進したことが記されているが、それが太子の前生に持っていたという法華経と考えられる(詳しくは一三八頁以下参照)。この経巻は、法華経全体を細字で書写して一巻としたもので、その後長く法隆寺の重要な宝物と位置付けられ、今日、「細字法華経」の名で法隆寺献納宝物の一つとなっている。法華経は、中国に入った、いわゆる大乗仏教では、学派や宗派を問わず、釈迦の根本の教えとして尊ばれる経典であって、太子はその重要な経典を日本に最初にもたらし、『日本書紀』や『上宮聖徳法王帝説』などにもみえるとおり、これを講義したばかりでなく、注釈をも作ったというわけである。

しかも法華経の内容は、女性とも深い関りがあった。その薬王菩薩本地品には、女性は男性となって阿弥陀浄土に往生できることが説かれている。法華経は、平安時代になると、女性救済の経典として大変有名になるが、女性の往生を正面から取り上げた提婆達多品《だいばだったぼん》は、太子の時代に行われた七巻本の法華経には含まれていなかった。しかし、薬王菩薩本地品にも、簡単ではあるが、同じことは述べられているのである。ちなみに女性は直接浄土に行けず、いったん男性に変化しなければならないとされたが、これは仏教の基本に、女性を罪深いものとする男尊女卑の観念が強く存在したからである。こうした背景を考えると、聖徳太子が貴族の女性たちの信仰を集めるようになったのは当然と思われ、それが資財帳の寄進物に現れているというわけである。

三　行信の登場

太子信仰のこのような盛り上がりの中で、法隆寺に東院(正式には「上宮王院」であるが、簡便な「東院」で統一する)を造営する企画が生まれてきた。これを推進したのが、行信《ぎょうしん》という僧侶である。[10] 行信は、奈良時代前半の仏教界を率いた実力者と言ってよい。天平十年(七三八)に律師、同十九年には大《だい》僧都《そうず》となり、僧侶の統制機関である僧綱《そうごう》の官職を昇りつめた。大僧都の上には僧正の職があるが、名誉職的色彩が強く、大僧都は実質的に僧綱のトップというべき地位である。その名が史上から消える天平勝宝五年(七五三)ごろまで、ちょうど聖武天皇による東大寺造営と大仏造立の大事業を支える立場にあった。その政治力のほどが察せられる。その後、彼の名が見えなくなるのは、天平勝宝六年に起きた呪詛《じゅそ》事件に関わって、下野《しもつけ》国に流されたからと考えられるが、この結末は、行信がそれまで、いかに権力の中心にいたかを物語るであろう。神護景雲元年(七六七)ごろには、名誉回復がなされていたらしく、経典の書写を発願したが、その完成を見ることなく没し、弟子たちが、法隆寺でこの事業を完成させている。この死没からほどなく制作されたらしい乾漆造りの肖像が、現在、夢殿に祀られている。その精悍で意志の強そうな表情は、こうした生涯を送った行信にふさわしいものとして、話題になることが多い。

行信は、早くから朝廷の女性たちにも人脈を築いていたらしく、主に光明皇后の援助を得て、東院の造営を企画した。その経緯は、法隆寺に伝わり、いま法隆寺献納宝物の一つとなっている「皇太子御斎会奏文」(南北朝時代写本)から、うかがうことができる。「皇太子」とは聖徳太子のことで、太子忌日のための法会を開くよう上奏した文という意味の題名であるが、本来のものではない。この史料は、冒頭部を欠失していて、もとの題名などはわからないが、内容は『法隆寺東院縁起』と称する本にも取り入れられていて、東院についての何かまとまった文献の一部であったかもしれない。長文で

はあるが重要な記述なので、段落に分け、その主要部分を以下に引用する。(11)

A　人、千古を歴、世、万年を移す。上宮の院は毀《こぼ》ちて基を余す無く、輦路は荒れて岳墳と為る。沈沈たる金地、万獣の曝骸を積み、幽幽たる宝庭、千齢の緑苔を生ず。是《ここ》に於いて法師行信、斯の荒墟を覩《み》て、流涕感歎し、遂に以て春宮坊阿倍内親王に聞す。伏して惟《おもん》みるに、春宮殿下、智は尭月に邁《すす》み、徳は舜日に倫《たぐ》う。機を紫極に佐《たす》け、一物の所を失うを懼《おそ》る。化を丹階に翼《たす》け、百揆の諧《かな》うを弼《たす》けんと冀《こいねが》う。聴覧の余暇、心を玄門に寄せ、広く法徒を集め、将に聖教を弘めんとす。粤《ここ》に天平十一年、歳は己卯に在る、夏四月十日を以て、即ち正三位藤原捴前《ふささき》朝臣に命じ、敬んで此の院を造るなり。

(前略)人歴千古、世移万年、上宮院毀而基無余、輦路荒而為岳墳、沈沈金地、積万獣之曝骸、幽幽宝庭、生千齢之緑苔、於是法師行信、覩斯荒墟、流涕感歎、遂以聞　春宮坊阿倍内親王、伏惟春宮殿下、智邁尭月、徳倫舜日、佐機紫極、懼一物之失所、翼化丹階、冀百揆之弼諧、聴覧余暇、寄心玄門、広集法徒、将弘聖教、粤以天平十一年歳在己卯、夏四月十日、即命正三位藤原捴前朝臣、敬造此院

B　天平七年、歳は乙亥に在る、十二月二十日、春宮坊、聖徳尊霊及び今見の天朝の奉為《おおんた》めに、法花経を講読する施料の衣服三□領、生絹四百匹、調綿一千斤、長布五百端を施納し賜うなり。即ち令旨を被《こうむ》り、天平八年、歳は丙子に在る、二月二十二日、法師行信、皇后宮職大進安宿倍《あすかべの》

真人《まひと》等を率い、講師の律師道慈法師、及び僧尼三百余人を請じ、始めて件の経を講ず。施し賜う所の衣服等、施し用い已《すで》に尽く。以後、天平十九年二月［　　］、摂津職住吉郡の墾田地二十五町、播磨国賀古郡の墾田地一百町を施納し賜うなり。即ち時に誓願すらく、此の事、天地と与《とも》にして絶ゆること無く、日月と並びて長く栄えん。縦《ほしいまま》に含識を該《つつ》み、横に稟気を窮め、同じく此の福を蒙り、共に大覚を証さんことを。若《も》し此《こ》の願を誤り、求むる所成らざれば、現に災難を□し、後生悪趣なる者なり。彼従《それよ》り以来、毎年僧を請い、敬いて法筵を設け、講複相継ぐ。

天平七年、歳在乙亥、十二月廿日、春宮坊、奉為聖徳尊霊及今見天朝、講読法花経施料衣服参□領、生絹肆佰匹、調綿壱仟斤、長布伍佰端、施納賜也、即被　令旨、天平八年、歳在丙子、二月廿二日、法師行信、率皇后宮職大進安宿倍真人等、請講師律師道慈法師及僧尼三百余人、始講件経、所施賜衣服等、施用已尽、以後、天平十九年二月［　］、摂津職住吉郡墾田地弐拾伍町、播磨国賀古郡墾田地壱佰町、施納賜也、即時誓願、此事、与天地而無絶、並日月而長栄、縦該含識、横窮稟気、同蒙此福、共証大覚、若誤此願、不成所求、現□災難、後生悪趣者也、従彼以来、毎年請僧、敬設法筵、講複相継

C　爰《ここ》に天平十九年、歳は丁亥に次る、十一月十一日を以て、件の法花《ほっけ》修多羅《しゅたら》、官事と成さんと欲するの表を僧綱に申し送る。即ち件の表を以て聖朝に奏聞す。

爰以天平十九年歳次丁亥、十一月十一日、件法花修多羅、欲成官事之表、申送僧綱、即以件

表、奏聞　聖朝(下略)

Aは、行信が東院の造営を思い立つに至った動機を述べ、それが天平十一年(七三九)に完成したことを記す。Bは時期を少しさかのぼり、天平七年以来、聖徳太子の忌日に、法華経を講ずる法会を開く準備が進み、翌年開催が実現したこと、その継続開催のため、朝廷から種々援助のあったことが述べられている。Cは、その法会が、申請によって天平十九年に朝廷の行事とされたことを記すが、引用を省略した部分を含め、細かく検討すると、朝廷の行事とされたのは大安寺の法会であり、それを法隆寺のことのように作為していることが判明する。したがって、この部分は除外して考えるべきであろう。

Aによると、皇極二年(六四三)に焼き討ちにあった斑鳩宮は、一〇〇年近くたっても廃墟のまま捨て置かれていたようである。行信はその光景を見て悲しみに打たれ、その地に東院を造ったとある。その際、この企てを願い出た対象は、当時皇太子であった阿倍内親王であったという。ただ、その命をうけて東院を完成したとある藤原捴前(房前《ふささき》)は、天平九年に没しているから、この事業はその生前には着手されていたとみられ、阿倍内親王も、天平十年に立太子する以前の段階であったはずである。実際には、Bで出てくる法華経講説の事業などと、並行して進められたのであろう。

Bの法華経講説は、皇太子の阿倍内親王が、聖徳太子と父聖武天皇のために発願したように記されているが、その実、後段にもあるように、法会を取り仕切った行信の意図から出たもので、背後には光明皇后の指図が働いていた。行信の指揮下に、皇后宮職大進の安宿倍真人らが動いたとあることで、それがわかる。皇后宮職は、いうまでもなく皇后光明子のために置かれた家政機関であり、大進はその第四等官、ジョウである。この官人は確かに実在し、天平九年四月六日付の皇后宮職の文書などに、署名が残っている(正倉院文書)。皇后宮職の官人が、法会の実務に当たったのは、光明皇后の意思があったからこそである。なお、光明皇后の本名が「安宿媛《あすかべひめ》」であったことを考えると、この官人が「安宿倍《あすかべ》」という姓を持っているのは興味深く、皇后の幼少期に資養に当たった安宿氏の名を取って、皇后の名が付けられ、その同族が家政機関にも採用されて仕えていたことを物語っている。こうして発足した法会も、ほどなくその費用支弁に困難が生じ、天平十九年に、新たに墾田地の施入を受けて、継続が誓われた。この田地のことは、天平宝字五年(七六一)の『法隆寺東院資財帳』に記載があり、その後も財源として機能したことがうかがえる。

こうしてみてくると、行信が主導した東院の造営は、阿倍内親王というよりも、その母、光明皇后の信仰に裏付けられたものであり、阿倍内親王は、牟漏女王などと同様、橘三千代、光明皇后と受け継がれた太子信仰の圏内に、包摂されていたというべきである。また、この造営が、当初から、太子忌日の法会と深い関係にあったことも注意しなければならない。さきに『法隆寺伽藍縁起幷流記資財帳』に、天平八年の忌日を期した寄進物が載っていることを書いたが、それはBにみえる法会関連の寄進にほかならないであろう。また、『法隆寺東院資財帳』には、寄進年は不明ながら、行信が「講法花経料」として奉納した鍮石《ちゅうじゃく》(真鍮)の香炉がみえる。これも同じ法会に関係することはまちがいない。東院完成の前は、この法会も西院伽藍で行われたとみられ、それが東院に移されたのち、やがて聖霊会《しょうりょうえ》へと発展していったのである。かくて東院と聖霊会は切っても切れないものとなり、平安時代前期に道詮によって、東院の復興が行われた時も、聖霊会へのてこ入れがなされた。このことは、別に触れたことがあるので、機会があればまた参照いただきたい。[12]

四　東院伽藍の特徴と夢殿

天平十一年ごろ完成したという東院の様子は、天平宝字五年（七六一）の『法隆寺東院資財帳』や、第二次大戦中に行われた東院地下の発掘調査によって、ほぼ判明している。[13] まず、資財帳に載せられた建物から、みていこう。建物の項は、「院地壱区」として、その広さが記された後に、つぎのような諸堂宇が列記されている（図12）。

1　瓦葺八角仏殿壱基〈間別一丈六尺五寸／在露盤〉

2　檜皮葺廡廊壱廻〈東西各十四丈、北十三丈四尺／南六丈四尺〉

3　檜皮葺門弐間〈一、長七丈、広二丈一尺／一、長三丈、

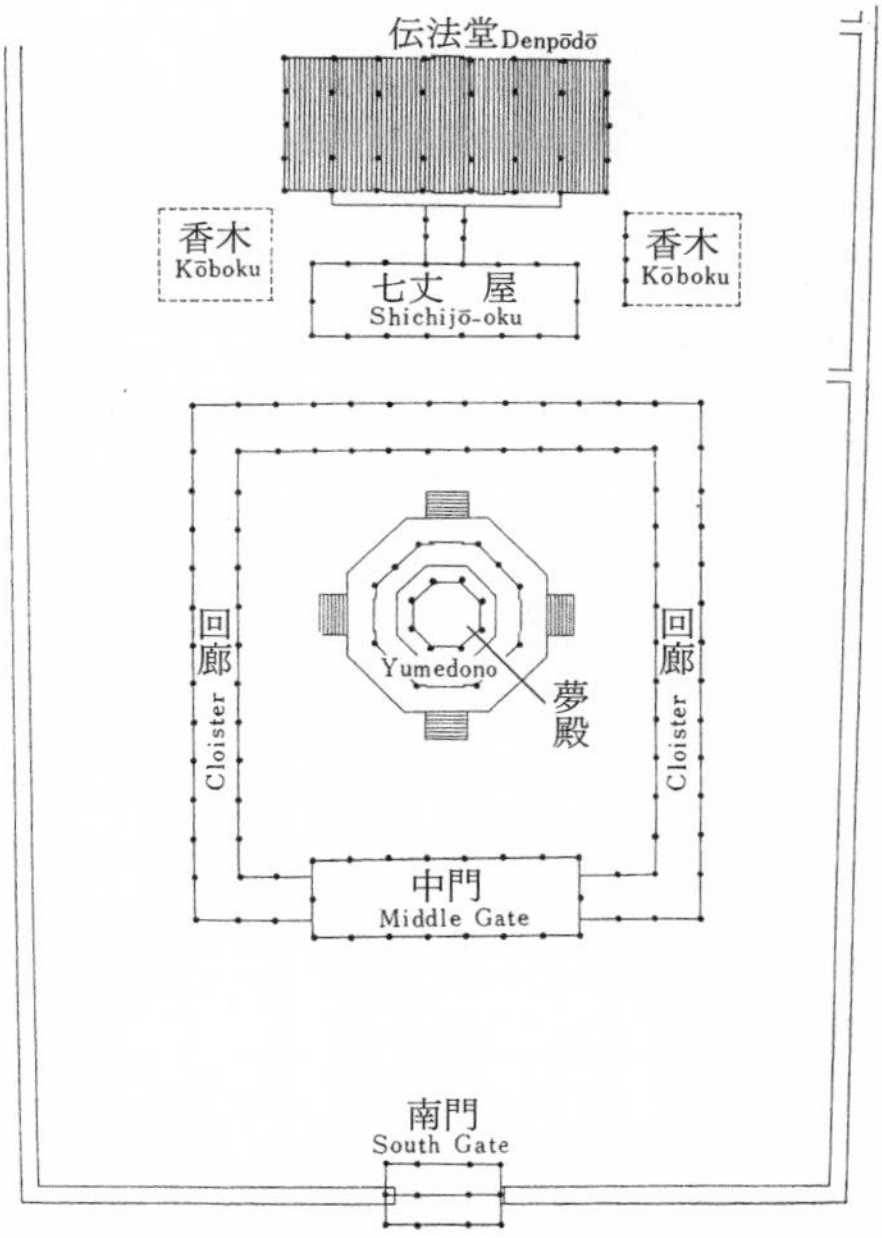

図12　創建時東院伽藍配置図

広一丈五尺〉

4　檜皮葺屋参間〈一、長七丈、広二丈／二、香木、長各三丈〉

5　瓦葺講堂壱間〈長八丈四尺、広三丈六尺／奉納橘夫人宅者、善湜師申奉納〉

6　瓦葺僧房弐間〈長各五丈〉今院家新造者

1は、いうまでもなく、東院の金堂に相当する建物で、いわゆる夢殿である。夢殿という名称は一般にもよく知られているが、聖徳太子が法華経、勝鬘《しょうまん》経・維摩《ゆいま》経の注釈に取り組んでいて、解釈に行き詰まると、夢に現れる金人から教えを受けたという伝説から生まれた。ただこの伝説は、今のところさかのぼっても、奈良時代末に唐僧思託が著した「上宮皇太子菩薩伝」(『延暦僧録』所収)が最初である。この伝では、太子がさきの三経の注釈を作ったことを述べた後、つぎのように記す。

菩薩(聖徳太子を指す)、忽時に禅定に入ること、或いは一日、三日、五日なり。時に世人、禅定を識らず、但、太子、夢堂に入ると言い、制するに、事を白《もう》し食を進むるを以てす。

菩薩、忽時入禅定、或一日、三日、五日、于時世人、不識禅定、但言、太子入夢堂、制以白事進食

平安時代以降、この話は広まっていったと考えられるが、平安時代初期にできた太子の伝記、『上宮聖徳太子伝補闕記』や一〇世紀に著された『聖徳太子伝暦』(推古二十三年四月十五日条)では、堂に籠って教えを聞いたということが現れない。しかし、一二世紀の貴族が書いた『七大寺日記』や『七

大寺巡礼私記』には、上宮王院の別名として、「夢殿」と「東院」が挙げられているから、平安時代も末になると、東院全体の代名詞となるほど、その伝説が一般化していたといえよう。

なお、1の記事の注に「露盤」があるとみえるのは、今もその屋上にある、瓶子の上に傘を置く形をした銅製の装飾部分を指す。夢殿の屋根は、鎌倉時代に行われた工事で、屋根勾配を大きく強められたことが分かっているが、この部分は創建当初のままであって、その形状は、西院の五重塔の初層北面にある、塑造の舎利容器ときわめてよく似ている。そもそも八角円堂という建築形式は、興福寺の北円堂・南円堂、栄山寺の八角円堂など、いずれも貴人の冥福を祈って建てられ、廟としての性格を持っているとされる。東院の金堂である夢殿も、まさにその一つであり、実際に、太子の遺骨が籠められたかどうかは、しばらく措いて、屋上の露盤が、舎利容器の姿をとるのも、太子を祀る東院の性格をよく物語っている。

五　斑鳩宮の再現

八角円堂に続いて資財帳に掲げられているのは、それを取り囲む2の回廊と、その南面に開く3の門、回廊北側東西にあったとみられる4の建物三棟である。現在の東院は、回廊が夢殿を囲んでめぐる点は同じであるが、北側では、舎利殿・絵殿に取りつく形に改められている。これは鎌倉時代に、舎利殿・絵殿の改修が行われた時、同時に変更された結果である。また、今の東院は、一応、南面していると拘らず、南側回廊に門はないが、夢殿南の礼堂が、当初は中門であった。それが3としてみえる二つの門のうち、長三丈とある小さな方である。おそらく東院での聖霊会開催に便宜のため、一三世紀前半に、現在のような堂に建て替えられた。もう一つの長さ七丈の門は、ほぼ同規模で、現今の東院南門に受け継がれている。

以上に取り上げた中心部の建造物以外に、回廊の北側には4の建物三棟があった。七丈の屋は、発掘調査でも舎利殿・絵殿の地下で、その跡がみつかっていて、のちに舎利殿・絵殿に改修される建物である。ここには太子ゆかりの宝物類が収納されていたが、それについてはあとでふれよう。二棟の「香木」とある建物は、舎利殿・絵殿の東南地下から検出された柱穴を手掛かりに、七丈の屋の南面左右にあったものと推定されている。資財帳の記載を念頭に、この二棟を「香木堂」と呼ぶことも行われているが、堂の名称とまではいえないであろう。ここに香木が収納されていたため、それを注記したのではなかろうか。

5の講堂は、いま伝法堂と呼ばれている堂宇である。伝法堂には、三組の阿弥陀三尊像と四天王像が安置されていて、あまり人員を容れる余地はないが、当初は仏像も少なく、講堂として本来の役割を果たすよう、しつらえられていたと思われる。この堂は、資財帳の注記から、もと橘夫人の邸宅にあった建物であることがわかる。奈良時代の貴族の邸宅について、たとえ一棟にもせよ現存する建物があるのは貴重で、住宅建築の歴史上、有名な事例となっている。もちろんこの建物は、橘夫人宅にあった当時のままではなく、寺院建築にふさわしく改修されているが、解体修理の結果、使用された部材を細かく調査することによって、住宅であった時の痕跡が多数見つかり、寄進される前の姿が復元されている。なお、この建物の寄進者が、橘夫人であったことも見逃せない。この橘夫人は、さきにみた橘三千代ではなく、聖武天皇の妃の一人で、橘佐為《さい》の娘であった古那可智《こなかち》である。しかし、橘古那可智は、三千代と無関係などころか、祖母は三千代であった。すなわち祖父母は、美努王と三千代、父橘佐為は兄諸兄《もろえ》とともに、その息子という関係である。藤原房前夫人の牟漏女王や光明皇后は叔母、阿倍内親王とは従姉妹となる。奈良時代はじめの太子信仰は、三千代とそれにつながる女性たちによって支えられていたと述べたが、橘古那可智も、まさにそこに数えられるべき女性であった。三千代たちの影響は、当然考えられてよいであろう。資財帳によると古那可智は、この建物だけでなく、豪華な帙《ちつ》を付けた薬師経をはじめ、いくつかの調度を、天平十四年(七四二)と十八年に東院に寄進している。橘古那可智に、邸宅の寄進を勧めたのは、善浞《ぜんしょく》という僧であったとあるが、この人物は東院の上座という主要な役職にあったことがわかるだけで、それ以上のことは不明である。6の僧房に関しては、講堂の北にあったと想定されるものの、詳細はわかっていない。

さて、創建時の東院がこのような規模を持っていたとして、もっとも注目される特徴は、1の八角円堂を中心とする2から4までの堂宇が、いずれも瓦葺きではなく、檜皮葺きで造営されたことである。寺院建築の主要部分は、本格的な寺院造営では瓦葺きとなるのがふつうであり、まして中央では古くからそれが行われた。屋根が檜皮葺きであったということは、柱は礎石を使用しない掘立柱形式となる。そのような建物は、神社や宮殿建築では珍しくないが、中央の寺院では極めて異例といって差し支えない。東院の主要部が、檜皮葺き、掘立柱の建築であったことは、早くに荒廃を招き、造営からほぼ一世紀を経た九世紀半ばには、建物の大改修が行われ、掘立柱建物は、礎石建ちに改められなければならなかった(14)。掘立柱建物の寿命が短いことは、経験的に十分知られていたはずであるが、造営に当たって、なぜこの点が顧みられなかったのであろうか。造営そのものは、光明皇后主導の企てであり、経済的な制約があったとも考えられない。

そうすると、東院をこのような形で造営することは、あらかじめ明確な意図を以て計画されていたことになる。その意図とは、東院を一種の宮室として造ることである。東院造営の目的として、聖徳太子を祀るにふさわしく、斑鳩宮の故地にその宮を再現することが目指されたのであろう。天皇の場合でも、七世紀末までの宮が、掘立柱、檜皮葺きであったことは改めて述べるに及ばないであろうが、藤原宮以降、瓦葺き、礎石建ちの建物が増えても、伝統的な居住空間である内裏の中心部は、その正殿を含めて掘立柱、檜皮葺きであった。東院を斑鳩宮の再現として造るにあたり、その金堂である八角円堂は、いわば宮室における大極殿として、石積基壇の上に、瓦葺き、礎石建ちの建物として建立されたが、その周囲の建築は、伝統的な宮室にならったのである。時代の下る文献ではあるが、鎌倉時代初めの『建久御巡礼記』が、「東院は太子の内裏なり」(東院太子内裏也)といったのは、その本質を見抜いたものといわねばならない。このように理解することで、東院中心部の建物に、寺院らしからぬ建築様式が採用された意味を、はじめて理解できると思う。

六　東院の本尊と宝物

太子の宮跡に、寺院的な形でそれを再現したものが東院とすれば、その本尊が、斑鳩宮の当主である太子と身長を同じくする観音像であったのは、きわめて自然である。本尊は、すなわち現在の救世観音像であって、資財帳にはつぎのようにみえている。

上宮王等身観世音菩薩木像壱軀〈金薄押《きんぱく》〉

この像は典型的な止利派風の飛鳥彫刻で、クスノキ材を彫ったうえで金箔を全面に押す。奈良時代に新造された寺院の本尊が、こうした古仏像であるのは、ほとんど例をみない。制作当初の光背、冠、台座まで完備しており、おそらくしかるべき由緒を持って伝えられた古像であろう。太子その人を写したともいえるこの像を、本尊に迎えたことで、斑鳩宮を再興するという企ては、その目的を遂げたといえないことはない。単なる太子への崇敬だけではなく、太子はすなわち観音であるという、本当の意味での聖徳太子信仰が、ここに成立した。この像は、もと法隆寺金堂の西の間に安置されていたのではないかとする研究者もいるが、いまも西の間に残る飛鳥時代の二重台座や、この像の高さを考え合わせると、西の間にあったとすれば、高すぎて他の像とのバランスを欠く。(15)もとの安置場所は不明とするほかなく、その伝来事情がわからないのは残念である。(16)

「太子等身」という記載が、どれほど真実を伝えているかは、もちろん定かでないが、この像の高さは、台座を除き、足元から頭頂まで一七九センチメートル弱あり、太子はかなり長身であったことになろう。早くから秘仏となったようで、平安時代末の『七大寺日記』や『七大寺巡礼私記』には、帳《とばり》の内にあって拝観できないとある。昭和六十二年(一九八七)、この像が法隆寺内の聖徳会館に移動、展示された時の所見でも、全身によく残る金箔が、厳しいといわれるこの像に柔らかな印象を与えていたが、そうした保存の好さも、容易に拝観を許さなかったことから来ていよう。明治になって、フェノロサや岡倉天心の一行が法隆寺を訪れ、寺僧に強制してこの像を確認した話は、フェノロサの著書『東亜美術史綱』で有名であるが、その記述によると、像はそれまで木綿[17]の布で巻かれ、姿はわからない状態であったという。この状態が古代以来のものという誤解は珍しくないようであるが、「木綿」というのが正しければ、巻かれたのは早くても室町時代後期である。日本で木綿の使用が一般化したのはそのころ以後のことであった。ただ、工芸家木《き》内省古《うちしょうこ》の言によれば、省古の父、半古《はんこ》が一八歳でこの調査に同行しており、半古はその布が廉価な麻布であったと記憶していたという[18]。これが正しければ、像に布が巻かれた時期は遡る可能性があるが、絹でなく麻であったとする点に不安も残る。

東院では、この本尊の安置が語るように、太子の時代への回帰が目指されたといえる。そのことをよく示すのが、東院に集積された宝物類である。資財帳には、絵画、彫刻、経典、調度、銭米などの動産、不動産に分けて、財産が挙げられているが、経典や調度の中には、聖徳太子関係のものが散見する。それらを抜き出すと、つぎのようになる。

A　合せて経七百七十九巻

右、上宮聖徳法皇の御持物を、天平九、歳は丁丑に次る、二月二十日、藤氏皇后宮、推し覓《ま》ぎて奉請し坐す者なり。

合経漆佰漆拾玖巻

右、上宮聖徳法皇御持物矣、天平九歳次丁丑二月廿日、藤氏皇后宮、推覓奉請坐者

B
合せて経疏八巻
法華経疏四巻〈正本なり。帙一枚、牙を着く。／律師法師行信、覓ぎ求めて納め奉るなり。〉
維摩経疏三巻〈正本なり。帙一枚、牙を着く。〉
勝鬘経疏一巻〈帙一枚、牙を着く。〉
右、上宮聖徳法王御製なり。
合経疏捌巻
法華経疏肆巻〈正本者。帙一枚、着牙。／律師法師行信、覓求奉納者〉
維摩経疏参巻〈正本者。帙一枚、着牙〉
勝鬘経疏壱巻〈帙一枚、着牙〉
右、上宮聖徳法王御製者

C
鉄鉢一口〈後綴〉
右、上宮聖徳法王の御持物を、天平九、歳は丁丑に次る、二月二十日、律師法師行信、推し覓ぎて納め奉り賜うなり。
鉄鉢壱口〈後綴〉
右、上宮聖徳法王御持物矣、天平九歳次丁丑二月廿日、律師法師行信、推覓奉納賜者

D
古様錫杖一枚

右、上宮聖徳法王の御持物を、大僧都行信、推し覓ぎて納め奉る。

古様錫杖壱枝

右、上宮聖徳法王御持物矣、大僧都行信、推覓奉納

E

合せて案二足〈身は斑色、足は二折り、錦の裏み在り。〉

覆の緋の衾一条〈長さ一丈二寸／広さ三副〉

右、上宮聖徳法皇の御持物なり。

合案弐足〈身斑色、足二折、在錦裹〉

覆緋衾壱条〈長一丈二寸／広三副〉

右、上宮聖徳法皇御持物者

F

合せて獣尾二枚

一枚は漆塗り〈茎は呉竹形、端に銀を継ぐ。并せて櫃一合／表は漆塗り、裏は丹塗り。〉

右、上宮聖徳法皇の御持物なり。

合獣尾弐枚

壱枚漆塗〈塗〔衍カ〕茎呉竹形、端銀継、并櫃一合／表漆塗、裏丹塗〉

右、上宮聖徳法皇御持物者

これらの記載の文字使いについて確認しておくと、「上宮聖徳法皇御持物矣」とある中の「矣」は、助詞の「を」を仮名でいれたもの、記述の末尾に多出する「者」は、ここでは大きな意味はなく、文末を示す助辞なので、「なり」と読んでおいた。寄進者がわかるのは、光明皇后と行信の場合で、行信の肩書は、律師と大僧都の両様がみられる。大僧都とあるのは、天平十九年(七四七)に、この職に任命されて以後の寄進かもしれない。光明皇后の寄進は、天平九年二月二十日であるが、この日には行信も寄進している。前年には初めての法華経講讃が行われており、太子の忌日を期しての寄進であった。ただ、この時点では、まだ東院は完成していなかったはずで、西院伽藍への寄進であったろう。AからFを見渡すと、「上宮聖徳法皇(王)御持物」と言い切るものと、「推覓」「覓求」と説明されるものがある。どちらも太子の所持品と伝えられた品であろうが、法隆寺にあったものと、寺外から集められた品という差であろうか。行信の集めた宝物に関して、行信と縁の深い元興寺にあったものと推定する意見もあるが[19]、蓋然性はあるものの、立証は困難である。いずれにせよ、東院を太子の宮になぞらえようと、寺の内外から、太子ゆかりの品々が召し集められたのである。

七　前生所持の細字法華経

これらの宝物を個別にみると、Aは、かつて三宅米吉が指摘したとおり、一行目と二行目の間に「妙法蓮華経一巻」というような本来の品名が脱落していると考えられる[20]。一行目の「経漆佰漆拾玖巻」は、以下に来る経典すべてを合算した数字で、これを「右」で受けると、すべて太子の旧蔵品となるが、薬師経などは橘夫人(古那可智)の施入であることが明記され、全部が太子旧蔵品ではない。しかもこの総計と、内訳を合計した巻数の間には食い違いがあり、総計の数は一巻多い。三宅説では、ここに太子所持といわれた法華経(法隆寺献納宝物の細字法華経)が抜けていると考えた。これは動かすことのできない卓説といってよい。光明皇后は、この同日に、資財帳によれば、つぎのような付属品も寄進した。

浅香製の経筒(長さ一尺一分、周囲六寸六分)
赤檀製の経櫃(長さ一尺五寸、広さ一尺二寸三分)
経櫃用の香袋
櫃をつつむ衾
櫃の覆い
櫃を載せる漆塗りの机
櫃の鉤《かぎ》を容れる革箱

これらの品々に関しては、左のような説明が付けられている。

右、上宮聖徳法王御持物の法華経を敬い重んじ坐さんが為め、天平九年、歳は丁丑に次る、二月二十日、藤原氏皇后宮、奉納し賜うなり。

右、為敬重坐上宮聖徳法王御持物法華経、天平九年歳次丁丑二月廿日、藤原氏皇后宮、奉納賜者

帳簿の類で、複数の品名を列挙した後、それを受けるのは「以上」が正式であるが、この資財帳では、単品を受ける場合の「右」と、「以上」とを区別せず、みな「右」で受けている。ここでの「右」もその用法である。このように丁重に敬意を払われた品が「法華経」とあるのは、資財帳の記事の脱落を物語って余りがあるといわねばならない。この法華経こそ、いまも法隆寺献納宝物として、東京国立博物館に所蔵されているその品で、櫃などは失われたが、浅香製の経筒は現存する。しかもこれに続く資財帳の記事から、五年後に、橘夫人(古那可智)が、つぎのような櫃とその台を寄進したことがわかる。

一合、木絵〈金銀埿を以て山水の形を絵がく。/雑玉の辺餝《ふち》り。蠟結《ろうけち》の褥在り〉

櫃座二具〈一、金銀の山形、雉の綵色を為す。日月の形在り/一、斑竹の床子。象牙足と為す。蠟結の褥在り〉

右、天平十四年歳は壬午に次る、二月十六日、正三位橘夫人宅、奉納し賜うなり

壱合木絵〈以金銀埿絵山水形/雑玉辺餝、在蠟結褥〉

櫃座弐具〈一、専〔金〕銀山形、雉為綵色、在日月形/一、斑竹床子、象牙為足、在蠟結褥〉

右、天平十四年歳次壬午、二月十六日、正三位橘夫人宅、奉納賜者

二月十六日の寄進は、当然、目前に迫った太子の忌日のためで、あるいはこの年が、ちょうど太子

没後一二〇年に当たることを意識した結果であったかもしれない。この経櫃と、櫃の台二具の内の後者は、やはり法隆寺献納宝物中に現存し、それぞれ玉荘箱(献納宝物89号)と玳瑁《たいまいばり》張経台(同70号)に当てられている。

細字法華経が、天平九年に光明皇后によって寄進され、太子信仰の新たな拠点となった東院に納められていることは、太子信仰の進展を考える上に、きわめて重大な意義がある。細字法華経は、前にもふれたとおり、八巻本の法華経を、細字で書写することで一巻に縮約したコンパクトな写経である[21]。他にも例はあるが、携帯に便利なように考えられたとみられ、この写経の場合は、一巻だけがうまく収まるよう作られた浅香製の経筒が付いている。軸頭には青色の瑠璃(ガラス)を嵌めるなど、入念な作りである。この法華経は、後世まで太子の法華経として、長く尊重された歴史を持つが、すでに簡単に述べたとおり、これには太子が、その前生で中国南北朝時代の高僧、慧思であったとき、つねに身辺に置いていた経巻であったという伝承があった[22]。太子は倭国に生まれてから、その経巻を得たいと思い、遣隋使小野妹子を派遣するに際して、自分が慧思として活動していた中国の衡山《こうざん》に向かい、その法華経を取ってくるよう申しつけた。妹子が無事使命を果たし、持ち帰ったのがこの細字法華経であったという。小野妹子の取経説話とも呼ばれるこの話は、太子が慧思の生まれ変わりであるという伝えと一体であり、実物の細字法華経の存在と相まって、太子信仰の中核を形成した。奈良時代末の「上宮皇太子菩薩伝」に出てくるつぎの表現は、太子が、この話を通じて、法華経の請来者であったという位置づけになったことを物語る。

次に使を発して南嶽に往かしめ、先世持誦の法花七巻一部、一巻にして小書と成すを取り、沈香函に経を盛りて至る。即ち疏四巻を作りて経を釈す。又維摩経疏三巻、勝鬘経疏一巻を作る。(中略)遂に宝偈は西より従い、爰《ここ》に石室の闕を開き、金牒は東に流れ、龍宮の海蔵を逸《はな》つを得たり。又件の疏を講ずるや、香風は四《よ》もより起こり、華雨は依霏たり。御吻は纔《わずか》に彰かに、耀きを流し啖を泛ぶ。是《ここ》に於いて、法花経、創《はじ》めて日本に伝う。

次発使往南嶽、取先世持誦法花七巻一部、一巻成小書、沈香函盛経至、即作疏四巻釈経、又作維摩経疏三巻、勝鬘経疏一巻、(中略)遂得宝偈西従、爰開石室之闕、金牒東流、逸龍宮之海蔵、又講件疏、香風四起、華雨依霏、御吻纔彰、流耀泛啖、於是、法花経創伝日本

前生で使っていた細字の法華経を取り寄せ、その注釈を作って講義したことを、その容器の説明を含め、修飾した美文で述べる。維摩経や勝鬘経の注釈にも言及があり、勝鬘経講讃時に起きた奇跡の記述なども交えるが、大筋が法華経伝来の意義にあることは、「是に於いて、法花経、創めて日本に伝う」の文で明らかであろう。法華経は、先にも述べたように、大乗仏教の根本をなす経典として、中国では古くからその価値が確立していたが、その伝来と流布を行った人物が、聖徳太子であったという言説の成立は、その後、太子を日本仏教の祖、「和国の教主」とする見方につながっていったといえる。

八　文化財としての細字法華経

光明皇后寄進の細字法華経が、信仰上担った意義の大きさは、以上のとおりであるが、この経巻そのものについては、疑問点が少なくない。(23)聖徳太子の所持品といいながら、巻末には、本文と同筆のつぎのような奥書がある。

長寿三年六月一日、抄し訖《おわ》る。写経人、雍州長安県の人、李元恵、楊州に於いて、敬んで此の経を告す。

長寿三年六月一日抄訖　　写経人雍州長安県人李元恵於楊州敬告此経

すなわち長寿三年(六九四)六月一日に写し終わったことが記され、その書写人は長安の李元恵という人物であったこと、彼は長江下流の大都市、楊州で、この経を完成させたことがわかる。長寿三年といえば、大陸で則天武后が皇帝となり、唐朝を倒して周朝を建てていた時であり、日本の持統八年に相当する。年、月、日に、則天武后の制定した新字が用いられているのは、そのためである。楊州は、揚州と書かれることが多いが、この表記も少なくなかった。「告」は、この経を読み上げたというような解釈も見受けるが、「造」に通じて使われることがあり、ここもその意味である。

ともあれ、この経が、太子の時代から、はるかに下った時期の写本であることは動かない。内容も、ある。それにしても、実際は、太子の作とされる法華義疏《ぎしょ》が拠った七巻本とは異なり、それより新しい八巻本である。どうしてこのような不可解なことが起きたのか、謎めいたところもあり、捏造の意図があったとみるのも一案であろう。ただ、たとえそうとしても、長寿三年がいつであるかということは、誰にもつかめなかった可能性がある。今日でこそ、便利な対照年表があって、比較はたやすいが、古代には、隣国の年号がいつのものかは、かなり年を経なければわからなかったであろう。そもそも長寿の年号は、すぐに延載と改元され、長寿三年は存在しなかった。大陸でも改元の知らせがすぐに徹底するわけでなく、このように旧年号が使われ続けることも、少なくなかったのである。この経巻が大陸から請来された時点では、古い時代の写本とみられた可能性も十分にある。細かい説明は省略せざるを得ないが、この経巻の舶載者は、大宝の遣唐使で唐に渡り、養老二年(七一八)に帰還した留学僧の道慈であったと思われる。留学中に慧思の転生説を知った道慈が、帰国後、それとあわせてこの経巻を朝廷に紹介し、法隆寺へのいわば「里帰り」となったのではなかろうか。少なくとも奈良時代を通じて、この写本の時代錯誤が気づかれた形跡は見出せない。

しかし、平安時代初めに成立した太子の伝記『上宮聖徳太子伝補闕記』になると、この法華経に対して、新たな伝説が付け加わってくる。その時点で伝わっている法華経は小野妹子の所持品であって、太子の法華経は、太子の在世中、机の上に忽然と現れ、太子没後、山背大兄に受け継がれたものの、大兄が蘇我氏の軍に攻められて亡くなる少し前に、突如消え失せてしまったという。時代の合わないことに言及はないが、細字法華経を太子のものとすることが、はばかられるようになったのであろう。一〇世紀の『聖徳太子伝暦』になると、細字法華経は、太子が前生で共に学んでいた僧侶、念禅の所持品となり、それを小野妹子が持ち帰ったとされる。後世、細字法華経は、「御同朋経」とも呼ばれるようになったが、その同朋とは念禅を指す。こうして、細字法華経が太子の所持品であったという伝えは、徐々に軌道修正されていったが、それでも太子の前生と深くかかわる経巻とされ、太子信仰の中で、大きな位置を占め続けたのであった。

九　三経義疏

東院の宝物の内、さきにBとしたのは、太子の著作として知られる経典の注釈である。資財帳が「御製」とするのは、著作者を示したものであるが、その内の法華経疏と勝鬘経疏には、とくに「正本」とある。これは以前からいわれているとおり、原本すなわち自筆本の意味であろう。それぞれに巻物を包む帙があって、「牙を着く」とあるのは、現在も法華義疏に付属している、色糸で竹ヒゴを編んだ帙と、書名などを記した象牙製の札のことである。明治になって法隆寺から皇室に献上された文化財は、第二次大戦後、多く国有になったが、いまも御物のままとどめられている品の中に、法華義疏があり、これが資財帳にみえる正本の法華経疏とされている。しかし、聖徳太子の所持品といわれた細字法華経が、すでに述べたような次第であるから、法華義疏が太子の自筆本であるかどうかをめぐっては、さまざまな議論が積み重ねられてきた。ここでそれらを紹介して詳しく論ずると煩雑なので、それは既発表の別稿に譲り(24)、その後の新知見を交えて結論を示そう。

まず、法華義疏は、四巻の巻物から成っている。内容を見ると、中国南北朝時代の注釈書を引用して、法華経の字句を注釈し、時に独自の解釈も打ち出している。ごく一部を除いて、ほぼ全体が一人の筆で書かれているが、一旦書き上げた文章を書き直したり、切り張りして訂正したりした箇所も多く、明らかに草稿といってよい。あとから付加された帙や象牙の札を除いてしまえば、書物としての装丁に一切装飾はなく、まったく簡素な巻物である。その第一巻の巻頭を開くと、標題に続き、つぎのような文章が、短冊状の紙に書かれて貼り付けられていて、これが聖徳太子の著作であることが述べられている。

此は是れ、大委国の上宮王の私集にして、海彼の本に非らず。

此是大委国上宮王私集非海彼本

ここで日本の国名を表すのに、「大倭」と書かず「大委」としているのは、八世紀初めを下らない古い文字使いであり、その書風も、七世紀末から流入した欧陽詢風である。本文の筆跡も、中国で南北朝時代に流行した書風を見せているので、この写本が七世紀のものであることは確かである。問題は太子の著作といえるかどうかであるが、決して立派とも豪華ともいえない、こうした草稿が、訂正箇所などもそのままに、書かれた時の状態を保って伝わったことに注意を払わなければならない。紙が貴重であった古代には、巻物も、その裏面の白いところを、二次的に利用されることが珍しくなかった。まして、これは下書きであって、清書された写本ではない。しかし、この法華義疏では、破損しやすい表紙にまで、伝えていこうとする工夫がみられる。これに関して少し詳しく言うと、ふつう長く保存しようという巻物には、丈夫さを考えて、別の紙や布を用いて作った表紙を付けるのであるが、この写本では、本文を書くのに使った紙をそのまま表紙にしている。したがって傷みやすく、第一巻などでは、もとの表紙は、題名の書かれた部分だけ切り取られて、補った表紙に貼られていると みられてきた。その題名も、本来「法華義疏第一」とあったものが、上部を失い、いまは「第一」と読めるだけである。ただ、先年(二〇一七年五月)、また見る機会を与えられ、あらためて確かめたところ、もっとも表紙の傷みが激しい第一巻でも、もとの紙はかなり残っており、別の紙を貼り付けて補強しながら使用していることがわかった。題名部分だけ切り取ったようにみえるのは、補強した紙に窓が開けられ、下の標題がみえるようにされていたのである。これほどにしてまで、この素朴な写本の原型を残そうとするのは尋常ではない。この写本に関して、太子が筆を執った原稿であるという認識が広く行き渡っており、その姿を伝えていかねばという後人の熱い思いが働いたからこそ、ありえたことであろう。内容から太子の著作かどうかを論じてみても、確かな結論を出すのはむずかしいが、写本としてのこうした特色や、特殊な保存状態から見て、三経義疏が聖徳太子の自筆本である可能性は、極めて高いといわねばならない。三経義疏については、内容が中国の注釈書によく似ていることが指摘され、確かに勝鬘経疏のように、ほとんどそっくりの注釈が、敦煌《とんこう》発見の写本中に見出されている例もある。そこから、三経義疏が中国の注釈そのものであるという意見が出てくることにもなるのであるが、そのような判断は、中国の注釈に対する認識不足から来ているといわなければならない。中国の儒教や仏教の研究では、原典について多くの注釈が作られたが、先行する優れた注釈があれば、それをそのまま取り込み、その上にいく分かの新しい解釈を加えるのがふつうであった。すべてについてオリジナルな意見が求められる近代以降の学問とは、性質が異なり、独創性に乏しいという批判は当たらない。むしろそのような学風が一般的であったにも拘らず、三経義疏のそこここに独自の見解がみられるのは、たとえ家庭教師的な僧侶の助言があったとしても、聖徳太子の仏教理解が深かったことを物語るであろう。

一〇　その他の太子遺品

資財帳にみえる太子ゆかりの品としては、なおC、D、E、Fがある。Cは僧侶が食物などを托鉢する際に用いる鉢で、今日、法隆寺献納宝物に含まれる鉄鉢の一つに当たると考えられる。「五綴鉢《ごてつのはち》」と通称されるこの品は、五度補修して使われたという伝えのように、底は別の鉄片で繕われている。資財帳の「後綴」という注記も、これを指すと思われるから、使い古された鉢が、行信によって太子の持物と認定されたのであろう。

Dの古様錫杖も、行信の寄進にかかり、その時点で「古様」と呼ばれるような古物であったとみられる。ただ、これもその由緒は確かめられない。CやDは、太子の持物とはいっても、出家をしなかった太子にはそぐわない。これらが太子の持物とされた背景には、太子が生まれる前、慧思であったときに持っていたものという考えがあったに違いない。その点では、これらの品々は、細字法華経と同様、早くから太子の生まれ変わりが信じられていた証である。

Eの案(机)については、二脚ある内の一脚が太子ゆかりの品である。おそらく資財帳には、もと内訳の記載として、「合案弐足」のつぎの行に、「壱足」云々とあったのが、欠落したのであろう。この机は、その覆ともども、今日に伝わらない。つぎに挙げられているF獣尾との関連でいえば、あるいはこの二つの品は、セットになるものと考えられていたのかもしれない。というのは、後世、しばしば絵画の題材となった勝鬘経の講讃場面では、脚つきの机を前にした聖徳太子が、その上に経巻を開き、右手に麈尾《しゅび》を持って講義する様子が描かれているからである。

Fの獣尾は、資財帳の注記によると、竹にかたどった漆塗りの柄をもち、僧侶などの威儀具である麈尾を意味する。麈はオオジカの類をいい、その毛を団扇状に植え付けて把手をつけた道具であり、オオジカがその尾で群れを導くのを、指導者になぞらえて、その威儀具にしたものという。獣毛は失われているが、これに当たる品は、やはり法隆寺献納宝物中に現存する。打たれた金具に百済の金工品との共通点があることから、この品も、七世紀代の古物とみる見解がある(25)。もし机と麈尾がセットということになれば、勝鬘経その他、太子が行った講経の遺品として、集められた可能性も考えられるであろう。

このように、その由緒には不詳のものが含まれるにしても、太子の持物や自筆本と判定された品が、東院の造営中から集められ、最終的に東院の宝物となった。同じようなことは、西院伽藍の完成をめぐってもみられたが、東院の場合は、本尊の救世観音以下、さらに大仕掛けであり、宮になぞらえた伽藍とともに、太子への思いが強く表れている。太子信仰の新しい中心が生まれたのである。

東院にあった太子ゆかりの品々は、時代を下るにつれて、その数を増していった。もちろんそれは、太子遺品がさらに見つかったというのではなく、信仰が盛んになるに連れて、付会される品が増えたということである。ここで詳しく取り上げることはしないが、そのありさまは、前にもふれた平安時代後期の『七大寺巡礼私記』、さらに下って顕真の『太子伝古今目録抄』、さらには江戸時代後期に法隆寺から刊行された『御宝物図絵』などを、見比べてみれば明らかである。また、具体的には、南無仏の舎利をめぐる次節の記述も参考にされたい。ところで、その中にあって注目されるのは、これらの品々が、東院の一郭で展示され、巡礼に来る貴族たちの目に触れるようになっていたことである。そのことがはっきりと記された最古の史料は、前に言及した『七大寺巡礼私記』である。この本は、院政期に奈良の寺々を巡拝した京都の貴族、大江親通《おおえのちかみち》の著とされるが、その法隆寺の段に、「宝蔵」という一項を立て、

北に七間の亭有り、其の東端二間は宝蔵と号す。其の内に種々の宝物等あり。
北有七間亭、其東端二間宝蔵、其内種々宝物等

として、多数の太子ゆかりの品々を列挙し、かなりの品に簡単な解説も付けられている。その冒頭にくるのが、太子俗形御影《ぞくぎょうみえい》(現在の御物聖徳太子画像)であり、あとには「細字法華経」「法花経疏四巻」「麈尾」「仏舎利」等々、二〇件をこえる宝物が続く。これらを収めた七間亭というのは、資財帳にいう檜皮葺屋参間の内の、長さ七丈とある建物であって、のちに西側が絵殿、東側が舎利殿へと発展していく。すなわち舎利殿は、この宝蔵の後身であり、南無仏の舎利が本尊的な位置を占めるようになっても、舎利を収める大型の厨子の内部には、これらの太子遺品を収納する空間が用意されていた。

宝蔵を参観した大江親通は、細字法華経について、以下のような興味深い体験を記している。

其の経の第四巻、五百弟子品の内、「其不在此會」の句の「會」字の下の「日」を、中点に作り、焼き給う処に巻き寄するものなり。

其経第四巻、五百弟子品内、其不在此會之句、會字下日、作中点、焼給処ニ巻寄者也

細字法華経は、八巻分を一巻に写してはいるが、その巻四の五百弟子受記品という章に、「其不在此會」という字句があって、「會」の字画の一部、「日」の中の横画は点のように書かれており、そこに誤って焼け焦げを作ってしまった跡がある、その箇所が見えるように、巻物が開いてあったというのである。確かに原物の細字法華経のその箇所には、焼け焦げと証明はできないものの、欠落があるだけでなく、その前後の一紙分ほどは、他と比べて傷みが激しい。これは、この部分を長く露出して展示していた名残であろう。大江親通の記すところは、細字法華経が資料としていかに扱われていたかを語る貴重な記述といわねばならない。この七間亭は、さかのぼると、『法隆寺東院縁起』で「七間御経蔵」と呼ばれている。経蔵となれば、単なる収納施設になるが、西院伽藍の経蔵のように、重層で収納効率が良いようにはみえない。確かな史料には欠けるが、七間亭は収蔵を兼ねたにせよ、展示収納施設としての性格も、改築前の七丈屋の時代に、すでに与えられていたのではなかろうか。東院の金堂である八角円堂の背後に位置する七丈屋は、その斜め前方東西にあった、香木を収めた屋とともに、太子在世時の生活を偲ばせる、内裏の殿舎的な性格を、付与されていたと考えるべきであろ

う。

一一　称徳天皇の東院行幸

東院が、太子信仰の拠点として、周到な配慮のもとに、太子の住まいと生活を再現した特別な伽藍であったことをみてきたが、東院の造営に皇太子として後ろ盾となった阿倍内親王（のちの孝謙・称徳天皇）は、即位後、いっそう仏教への傾倒を深くし、ついにはみずから出家して、尼として政務をみるまでになる。重祚したのち、天皇自身が法隆寺へ行幸したのも当然といえよう。天皇が晩年、寵愛した道鏡を皇位につけようとしたことは有名であるが、その前段階として道鏡に与えられた「法王」という地位は、同じ尊称のあった聖徳太子になぞらえたものとみる意見もある(26)。ただ、それは正しくないであろう。単独で「法王」が現れるわけではなく、道鏡が「法王」になると同時に、その腹心の僧が「法臣」や「法参議」に任じられている。これは、天台大師智顗《ちぎ》が作った維摩経の注釈、維摩経文疏の記事に基づく発想と考えられる(27)。同書には、法王である釈迦の下に、高弟たちが宰相にも匹敵する「法臣」として仕えたとしている。

称徳天皇の行幸については、正史である『続日本紀』に、法隆寺や東院のことが直接みえず、それだけでは法隆寺への行幸自体、なかったのではないかとも疑われるが、飽波宮《あくなみのみや》への行幸が載せられていることに、注意しなければならない。飽波宮は離宮の一つで、斑鳩町内の成福寺《じょうふくじ》跡と、それに隣接する上宮《かみや》遺跡がそれに当たるとみられる。これが法隆寺行幸と関連することは、当時、文人として有名であった、淡海三船《おうみのみふね》が残した詩などを合わせて参照することにより明らかにできる。まず、間接的ながら『続日本紀』の記載を挙げてみよう。

イ　乙巳(二十六日)、飽波宮に幸す。法隆寺の奴婢二十七人に爵を賜うこと、各々差有り。(神護景雲元年四月)

乙巳、幸飽波宮、賜法隆寺奴婢廿七人爵、各有差

ロ　己酉(十三日)、車駕、飽波宮に幸す。(神護景雲三年十月)

己酉、車駕、幸飽波宮

ハ　辛亥(十七日)、進みて由義宮《ゆげのみや》に幸す。(同右)

辛亥、進幸由義宮

称徳天皇が飽波宮に行幸したことを示す二つの記事で、イは神護景雲元年(七六七)四月、ロ・ハは神護景雲三年十月のものである。イでは飽波宮に赴いた天皇が、法隆寺の奴婢二十七人に位階を与えたことが知られる。法隆寺そのものは、行幸の対象として現れないが、奴婢への叙位を念頭に置くと、天皇が法隆寺を訪れなかったとは言い切れないであろう。また、ロ・ハは、その二年後、天皇が河内の由義宮を訪れるに当たり、経過点として、飽波宮に五日間滞在したことを示す。この滞在が少なくとも丸三日にわたることは、単なる休息目的ではなく、その間、法隆寺に歩を進めた可能性も否定できまいと思われる。これらの想定の内、イの場合を裏付けるのが、淡海三船の詩である。

平安時代前期に勅撰された漢詩集『経国集《けいこくしゅう》』巻十には、称徳天皇の行幸に付き従った淡海三船の、つぎのような作品が収められている。

五言、聖徳宮寺に扈従《こしょう》す一首〈高野天皇／祚に在り〉　淡三船
南嶽、禅影を留め　東州に応身を現す
生を経て名成らず　世を歴て道弥《いよい》よ新たなり
智を尋ねて明智を開き　仁を求めて至仁を得たり
文を垂れて正法を伝え　武を照らして凶臣を掃らう
茂実、千載に流れ　英声、九垓に暢ぶ
我が皇、仏果を欽び　駕を廻して芳因を問う
宝地、香花積もり　鈞天、梵楽陣《つら》ぬ
方《まさ》に知る、聖と聖と　玄徳、永く相鄰るを

五言、扈従聖徳宮寺一首〈高野天皇／在祚〉　淡三船
南嶽留禅影　東州現応身　経生名不成　歴世道弥新
尋智開明智　求仁得至仁　垂文伝正法　照武掃凶臣
茂実流千載　英声暢九垓　我皇欽仏果　廻駕問芳因
宝地香花積　鈞天梵楽陣　方知聖与聖　玄徳永相鄰

この詩の題詞にいう「聖徳宮寺」は、一応法隆寺と考えられ、「高野天皇」は称徳天皇、「淡三船」は、いうまでもなく淡海三船で、中国風に姓名を三字に整えたものである。詩の内容そのものに深く立ち入ることはしないが、第五連までは、慧思の後身である太子が、その優れた知性、人格で世を導き、悪を懲らし、名声が広がったことを述べ、第六連からは、一転して称徳天皇が、そのような太子を慕って行幸し、花や楽が満ちたこと、太子と天皇という二人の聖人は、その奥深い徳において、永遠に相並ぶ存在となることを述べて結びとする。題詞には、行幸のあった年月を記していないが、それを考える手掛かりとなるのが、伝教大師最澄の弟子、光定《こうじょう》が著した『伝述一心戒文』巻上にみえる、つぎの記述である。

謹んで案ずるに、景雲元年三月、天皇、諸寺を巡行し、聖徳太子寺に従駕す一首の序に云わく、隋代、南岳衡山に、思禅師有り。常に願いて言わく、「我れ没する後、必ず東国に生まれ、仏道を流伝せん」と。(下略)

謹案、景雲元年三月、天皇巡行諸寺、従駕聖徳太子寺一首序云、隋代、南岳衡山、有思禅師、常願言、我没後、必生東国、流伝仏道(下略)

これは光定が、慧思の肖像に題した文章の一部で、その中に、(神護)景雲元年三月、「聖徳太子寺」に従駕した時の詩に付けられた序を引用している。慧思後身説から説き起こすことからみても、この序は、さきの淡海三船の詩に付けられていたものとみられる。漢詩には、しばしばそれが詠まれた時の事情を述べた詩序が付くことがあるが、『経国集』に採られる際、それが省略されたのであろう。そう考えると、称徳天皇は、神護景雲元年に飽波宮に行幸しただけではなく、やはり「聖徳宮寺」ないし「聖徳太子寺」を訪れていたことになる。その時に、奴婢への叙位も行われたのであろう。ただ、『続日本紀』は行幸を四月に掛け、『伝述一心戒文』が三月とするのは問題であるが、『続日本紀』の三月の記事を見ると、この月、天皇は、元興寺を皮切りに、西大寺、大安寺、薬師寺と、『伝述一心戒文』がいうとおり、まさに「天皇、諸寺を巡行」という状況であったことがわかる。法隆寺への行幸も、これらと一連のものととらえられた結果、『伝述一心戒文』では、三月としてしまったのではなかろうか。その事情はともかく、神護景雲元年に、法隆寺への行幸があったことは確かである。

ところで、ここに見逃すことができないのは、行幸先が法隆寺と記されず、「聖徳宮寺」や「聖徳太子寺」となっていることである。東院の性格に関して述べたことを想起すれば、これが単なる文飾ではなく、明確な意図に基づく表現であることは、容易に気づかれると思う。すなわち行幸の眼目は、法隆寺というよりも、東院に置かれていたのである。「聖徳宮寺」や「聖徳太子寺」という称は、東院にこそふさわしい。奴婢への叙位のこともあり、もとより東院に限定しての参詣ではなかったであろうが、天皇の信仰の中心がどこにあったかを、淡海三船の詩は語っている。また、これとあわせて付け加えておきたいのは、法隆寺内での東院の位置づけが、奈良時代以降長く、今日とは異なっていたことである。東院が、法隆寺内の一院となったのは、平安時代の後期、永久四年(一一一六)のことであった(『別当記』別当経尋条)。それまでの東院は、天平宝字五年の資財帳が、東院独自で作られているように、独立した寺院の扱いであり、寺主、上座といった、寺の事務をつかさどる役僧も、西院伽藍とは別個に置かれていた。資財帳の末尾に、彼らの名前が列挙されているのを、つぎに示しておこう。

天平宝字五年十月一日

寺主法師隣信
上座法師善湜
可信法師臨照
可信法師乗教
可信法師願豊
可信法師栄泰

聖徳太子の没後、太子への尊敬の念はいよいよ高まり、法隆寺の西院伽藍の完成で、その気運は一応結末を迎えたが、間もなく始まった東院の造営によって、太子を観音と位置付ける太子信仰が、斑鳩宮を再現する東院の地で確立した。観音は、さまざまなものに変身して人々を救う菩薩であり、太子が慧思の生まれ変わりという信仰も、そこに矛盾なく組み込まれることができた。飛鳥時代以来、多くの寺や堂が建立されたとはいえ、歴史上の人物を観音とし、それを本尊として祀るような例は、かつてなかった。斑鳩の地にそのような寺院が誕生したことは、まさに斑鳩ならではのことで、日本の文化史上、極めて意義深いといわねばならない。

（1）東野治之「初期の太子信仰と上宮王院」（『大和古寺の研究』塙書房、二〇一一年）。
（2）原浩史「興福寺蔵旧山田寺仏頭再考――当初の安置堂宇と尊名の再検討を中心に」（『佛教藝術』三三二号、二〇一二年）。
（3）秋山光和『玉虫厨子と橘夫人厨子』（「奈良の寺」6　岩波書店、一九七五年）。
（4）井上光貞『日本浄土教成立史の研究』（『井上光貞著作集』七巻、一九八五年、岩波書店。一九五七年初出）。
（5）東野治之「橘夫人厨子と橘三千代の浄土信仰」（『日本古代史料学』岩波書店、二〇〇五年）。
（6）小倉慈司「五月一日経願文作成の背景」（笹山晴生編『日本律令制の展開』吉川弘文館、二〇〇三年）、加藤優「『如意輪陀羅尼経』の跋語について」（石山寺文化財綜合調査団編『石山寺の研究――深密蔵聖教篇』下、法蔵館、一九九二年）。
（7）東野治之「橘夫人厨子と橘三千代の浄土信仰」（注5前掲）。
（8）東野治之「古代における法隆寺金堂の安置仏像」（『大和古寺の研究』塙書房、二〇一一年）。鎌倉時代前期の金堂の仏像にふれた顕真『太子伝古今目録抄』に見えないのは、顕真の関心が太子由緒の仏像に集中していたためであろう。現に吉祥天像や毘沙門天像については、かろうじて裏書に言及されている程度である。
（9）東野治之「日唐交流と聖徳太子慧思後身説」同右。
（10）大艸啓「天平勝宝元年の王権と行信」（『古代文化』七一巻四号、二〇二〇年）。
（11）東野治之「法隆寺献納宝物　皇太子御斎会奏文の基礎的考察」（『大和古寺の研究』塙書房、二〇一一年）。
（12）東野治之「道詮と法隆寺東院の復興」（斑鳩町史編さん委員会編『新修　斑鳩町史』上巻〈古代編　第二章第五節〉、二〇二二年）。
（13）法隆寺国宝保存事業部編『法隆寺国宝保存工事報告書　第八冊　国宝建造物法隆寺東院舎利殿及絵殿並伝法堂修理工事報告』（一九四三年）、国立博物館編『法隆寺東院に於ける発掘調査報告書』（一九四八年）。
（14）東野治之「道詮と法隆寺東院の復興」（注12前掲）。

(15) 東野治之「古代における法隆寺金堂の安置仏像」(注8前掲)。
(16) 大艸啓「奈良時代の聖徳太子信仰——元興寺僧としての行信の活動」(『教化研究』一六六号、二〇二〇年)は、救世観音がもと元興寺にあった可能性を提唱するが、確証は得られない。
(17) 「木綿」の原文は cotton cloth で、五〇〇ヤード(約四五七メートル)ほどあったという。E. F. Fenollosa, *Epochs of Chinese and Japanese Art*, vol 1, Frederick A. Stokes Company, New York, 1912, p 50 参照。
(18) 正木直彦『十三松堂日記』四(中央公論美術出版、一九六六年)昭和十三年四月十六日条。
(19) 大艸啓「奈良時代の聖徳太子信仰——元興寺僧としての行信の活動」(注16前掲)。
(20) 三宅米吉「探古考証雑抄 斑鳩篇二」(『考古学雑誌』一巻二号、一九一〇年)。
(21) 望月一憲解説『国宝 法隆寺伝来 細字法華経』(第一書房、一九七七年)。
(22) 聖徳太子慧思後身説の形成については、東野治之「日唐交流と聖徳太子慧思後身説」(『大和古寺の研究』塙書房、二〇一一年)参照。
(23) 東京国立博物館編『法隆寺献納宝物銘文集成』(吉川弘文館、一九九九年)二一頁(東野治之執筆)。
(24) 東野治之「ほんとうの聖徳太子」(『大和古寺の研究』塙書房、二〇一一年)。
(25) 三田覚之「聖徳太子ゆかりの宝物」(『明日香風』一三一号、二〇一四年)。
(26) 勝浦令子「称徳天皇の「仏教と王権」——八世紀の「法王」観と聖徳太子信仰の特質」(『日本古代の僧尼と社会』吉川弘文館、二〇〇〇年)。
(27) 東野治之「称徳天皇による法王・法臣の任命と鑑真の請来仏典」(『史料学遍歴』雄山閣、二〇一七年)。

第二章　磯長墓——太子はどこに葬られたのか

異説のある聖徳太子の墓について、主に文献史料の分析から、現在、宮内庁指定の太子墓が太子夫妻の合葬墓であったことを推定する。

はじめに

聖徳太子については、史上有名な人物であるにもかかわらず、いまだ解明されていない問題が多い。太子の葬られた磯長墓《しながのはか》もその一つである。周知のとおり、現在、大阪府太子町の叡福寺《えいふくじ》には、太子の墓とされる古墳(叡福寺北古墳)があり、長らくこれが『延喜式』(諸陵寮)に載せる太子の墓、磯長墓であるとされてきたが、一九九〇年代になってこれを疑う研究が現れ、その信頼性が揺らぐことになった。口火を切ったのは、小野一之氏の論文である。小野氏は、磯長墓(以下、現在宮内庁が治定している太子墓を言うときは、この名称を用いる)が明確に太子の墓と認識されるようになったのは院政期以降のことであり、磯長墓が真正の太子墓であるかどうかは確実でないことを、文献史料の検討をもとに主張された(1)。磯長墓は、江戸時代後期や明治初年の内部立ち入りに伴う記録によって、切石積の石室を持つ横穴式古墳であったことが確認されているが(2)、その種の石室をいつのものと見るかで、考古学者の意見が分かれていることもあり、磯長墓を無条件で太子墓と認めるのは困難になったといえる(3)。その後、小野説の根拠とした史料の評価には疑義も呈され、後述のように反証も提起されて、小野説は成り立たなくなったと判断されるが、太子夫妻と母后の三人が合葬されているという磯長墓の内部調査は現在不可能なため、磯長墓の構造が太子の没年と矛盾しないかどうか、内部に存在したとみられる三つの棺をはじめ、その埋葬の詳細がどのようであるかは、なお考古学的な懸案事項である。本章はこれらの疑問に全面的に答える用意を持ち合わせていないが、中世までの文献史料を今一度見直し、この問題の今後の考察に役立てようとするものである。

一　太子の葬送と墓

太子逝去の前後のことや、その墓のことは、『日本書紀』推古紀の他、古い太子伝にも記載がある。それらを列挙すれば、以下のとおりである。

A　上宮太子を磯長の陵に葬る（『日本書紀』推古二十九年是月〔二月〕）

葬上宮太子於磯長陵

B　墓は川内の志奈我の岡なり（『上宮聖徳法王帝説』）

墓川内志奈我岡也

C　是の月（二月）、磯長の陵に葬る（『異本上宮太子伝』〔七代記〕）

是月、葬於磯長陵

D　己卯の年（推古二十七、六一九）、十一月十五日、山西《かわち》の科長《しなが》の山本の陵の処を巡り看る（『上宮聖徳太子伝補闕記』）

己卯年、十一月十五日、巡看山西科長山本陵処

このうちBは、『上宮聖徳法王帝説』の内、古く成立した第一部への注として付けられた記事の一部で、八世紀前半の裏書と考えられる。(4)またCの『異本上宮太子伝』、通称『七代記』は、八世紀末、宝亀二年（七七一）頃の成立とするのが通説である。これらによれば、墓の場所は単に河内の磯長というだけでなく、磯長の岡、ないし磯長の山本と呼ばれる地であったことが分かる。「山本」に関しては、奈良県飛鳥池遺跡から出土した木簡に「山本寺」、法起寺塔露盤銘に「山本宮」が見えることから、オカモト（岡本）と読める可能性が高い。(5)「磯長の山本」もシナガノオカモト（磯長の岡本）と考えるべきであろう。

なお太子の墓のことは、一〇世紀初めの『延喜式』（諸陵寮）に次のように載せられている。（〈　〉内は双行注）

E　磯長の墓〈橘豊日天皇の皇太子。名は聖徳と云う。河内国の石川郡に在り。兆域は東西三町、南北二町。守戸は三烟〉

磯長墓〈橘豊日天皇皇太子、名云聖徳、在河内国石川郡、兆域東西三町、南北二町、守戸三烟〉

こうした古い記録類は、太子の墓の具体相に言及していないが、一〇世紀に成立した『聖徳太子伝暦』では、次のように記して、太子とその妃が合葬されたと述べる。

F　太子駕を命じ、山西の科長の山本の陵の処を巡り看る(推古二十一年条)。

即ち科長の墓の工を召し、命《おお》せて曰わく「吾、巳年の春を以て、必ず彼の処に到らん。宜しく汝、早く造るべし、と。墓の工、土師連〈名を忘る〉啓して曰わく、「墓は已に造り畢《おわ》んぬ。未だ埏道を開かず」と。太子命せて曰わく「埏道を開く勿《な》かれ。但し墓の内に二床を設けよ」と云々(推古二十七年条)。

双の棺を造りて大輿に置き、科長の墓に葬り、直ちに墓の内に置く(推古二十九年条)。

太子命駕、巡看山西科長山本陵処

即召科長墓工、命曰、吾以巳年春、必到彼処、宜汝早造、墓工土師連〈忘名〉啓曰、墓已造畢、未開埏道」、太子命曰、勿開埏道、但墓内設二床云々

造双棺置大輿、葬科長墓、直置墓内

即ち太子は、その死没の七年前から、自らの墓の地を山西(河内)の科長(磯長)に定め見回っていたが、二年前には墓を作る工匠の土師連某に「二床」を設けておくよう指示し、死後、自身と妃の遺体を収めた「双棺」が、大きな輿に載せられて磯長に送られ、墓内に安置されたという。早くこの記事に着目された田中重久氏は、「大輿」を墓内の棺台と解釈されているが、(6) それは明らかに失考である。

ともあれ伝暦は、このように磯長墓が、合葬用の墓として設計されていたこと明言している。

ここで注意しておきたいのは、伝暦は三人の合葬とは言わず、夫妻の合葬だけを記述していることである。神秘的な伝えを主とする伝暦ではあるが、三骨一廟に全く触れていないのは、それまでの古い伝えを踏まえているからではあるまいか。こう考えた場合、問題になるのは、前引AからEの史料に合葬のことが見えない点であろうが、記事が簡略なA～Dが、妃の埋葬に言及しないのは不思議ではない。また墓について記したE『延喜式』が、合葬にふれないのは不審かもしれないが、『延喜式』の体例として、兆域内に別の墓などがある場合は、それを記載しても、合葬墓に関しては、その詳細を記さないのが一般である。

たとえば推古天皇陵は、竹田皇子との合葬であったはずであるが、『延喜式』は単に「磯長山田陵」とするのみであって、これは斉明天皇と間人皇女の合葬墓であった斉明陵が「越智崗上陵」としかないのと同様である。『延喜式』に「磯長墓」とあるばかりであるからといって、太子一人を葬った墓とできないことは、これらの例で明らかであろう。太子と妃が、ほとんど時を隔てずに亡くなったことは、法隆寺金堂釈迦三尊像の光背銘から確実であり、合葬が事前に計画されていたとまでは言えないものの、合葬が行われた可能性は否定できない。むしろ伝暦の話は、合葬の事実を踏まえて展開されたものと考えるべきである。

太子墓は当初から合葬墓だったとして、それが磯長墓かどうか、それについて疑う小野説のあることは冒頭にふれた。小野説では、図書寮本『諸寺縁起集』所収の『天王寺事』(7)が次のように述べているのを根拠として、平安時代後期には、磯長墓の存在が忘却されていたとした。

聖徳太子の御墓。治安四年(一〇二四)六月十四日の記に云う、「右の墓所、古今尋ね奉ると雖も、今に猶《なお》知らざる所也。而れども河内国の普光寺の住僧、慈円聖人、年項(頃)の間、求め覓《ま》ぐ志有り、斗藪の次《ついで》、人居に至り、雑文書の中より古文書一巻を捜し出す。其の題を見るに、「諸陵式」と注す。静かに件の文を視れば、太子の御墓を注す。其の文に云う、「磯長の墓(中略)」」と云々。

聖徳太子御墓。治安四年六月十四日記云、右墓所古今雖奉尋、于今猶所不知也、而河内国普光寺之住僧慈円聖人、年項之間、有求覓志、斗藪之次、至于人居、従雑文書中捜出古文書一巻、見其題、注諸陵式、静視件文、注太子御墓、其文云、磯長墓(中略)云々

これによると、平安時代後期には太子の墓の所在が分からなくなっており、河内国の普光寺の僧、慈円が『延喜式』を見つけて、ようやく判明したとする。しかしその後、上野勝己氏や山口哲史氏が批判されたように、それは正確な事実を伝えているとは考えられない(8)。特に山口哲史氏の指摘は重要であって、山口氏は杏雨書屋所蔵『聖徳太子伝暦』の奥書から、寛弘五年(一〇〇八)九月、河内守令宗允亮が、その公館で清義・幡慶・光遍の三僧に伝暦を講義したこと、幡慶は『政事要略』(令宗允亮撰)巻二十二によって大県郡普光寺の僧と分かることを挙げ、普光寺の慈円が太子墓の所在を知らなかったとは考えられないと論じられた。これはもっともな批判というべきである。上記のような慈円の事績には、少なくともかなりの誇張ないし潤色があると考えた方がよい。

このように見ると、古代にあっては、『延喜式』にある聖徳太子墓の場所は、それ以前も以後も一

般に知られていたと考えられ、とりもなおさずこれが現在の磯長墓であると判断して問題なかろう。それが合葬墓であることは上述のとおりである。

二　母后間人皇女の墓とその所在地

磯長墓が太子と妃の合葬墓であるとすれば、間人《はしひと》皇后の埋葬についてはどのように考えられるであろうか。磯長墓についての史料を検討された田中重久氏は、すでに早く間人皇后は一旦単独で葬られたと論じられている(9)。即ち顕真の『太子伝古今目録抄』(聖徳太子伝私記。鎌倉中期成立)に、次のように見える「間廟」を、皇后の墓と見る見解である(10)。

イ　太子の御母、鬼前大后は、辛巳の歳、十二月二十二日に薨じ給う。二十八日に間廟の陵に葬り奉る。明年正月十五日夜半、調子丸と太子と、石河の磯長の廟に改葬し給う。或いは直ちに鵤《いかるが》の中宮寺より葬り奉る。(上巻表45 a)

太子御母鬼前大后者、辛巳歳十二月廿二日薨給、廿八日奉葬間廟陵。明年正月十五日夜半、調子丸与太子、改葬石河磯長廟給、或直自鵤中宮寺奉葬

ロ　間人皇女の御廟たるに依り、間廟と名づくと〈云々〉。或いは此の廟は、玄訪(玄昉《げんぼう》)のおとがい、之を埋む。故にハシノ廟と云う。即ち奈良の頭塔《ずとう》は、髑髏之を置くと〈云々〉。(上巻裏45 a)

依間人皇女御廟、名間廟〈云々〉、或此廟者、玄訪之ヲトカヒ埋之、故云ハシノ廟、即奈良頭塔者、髑髏置之〈云々〉。

御廟の前に楠有り。此れ太子葬送の時の朸《おうご》也。或いは母の皇女、葬送の朸也。二義伝来して取捨すること无しと〈云々〉。母の時、吉し。

御廟前、有楠、此太子葬送之時朸也、或母皇女葬送之朸也、二義伝来无取捨〈云々〉、母之時吉

イでは、間人皇后が崩じた辛巳年十二月に間廟の陵に葬られ、翌年正月十五日夜半に、河内の磯長墓に改葬されたという。鵤の中宮寺から直接磯長に葬ったという伝えが付加されているが、これは三骨一廟に合せるため言い出された伝承で、後付けの説明とみられる。ロは間廟をめぐる伝説である。間廟がハシノ廟とされ、ハジノ廟と読めるところから、田中氏は、ハジは土師の里(河内国)であろうとされたが[11]、特に傍証があるわけではない。間人皇后のハシヒトは、本来埿部(ハジベ、ハズカシベ)から来たものであるから、むしろハジ廟は間人皇后の墓という意味に解すべきであろう。間廟から磯長墓への改葬が翌年正月十五日夜半に行われたとされているのは、それが太子の意向から出たものとする以上、当然、太子が没する二月二十二日ないし二月五日より前でなければならないからである。『太子伝古今目録抄』が、こうした説明を伴ってまで間廟の存在に言及しているのは興味深い。間人皇后が太子らとは別に葬られたという伝えは、それだけ無視できない重みを有していたと考えられ、間人皇后との合葬に一切ふれていない伝暦の記事とも相俟って、間人皇后は崩御当時、単独で別の場

所に葬られたと考えるべきであろう。

　では、間廟の場所はどこに求められるであろうか。注目されるのは、『延喜式』(諸陵寮)に「龍田清水墓　間人女王」が見えることである。この「間人女王」に関しては、かねてから舒明天皇の皇女間人(天智天皇の妹、孝徳天皇の皇后)と太子の母間人皇后の可能性が言われてきている。この二人は、律令制では「皇女」であって、「女王」ではないが、『延喜式』のこの部分の記載は『弘仁式』以前からの古い記録に基づいており、(12)「女王」は古い表記の名残とみなせよう。皇女でなければ、その墓が式に載せられるような扱いを受けるはずはない。即ち和語ヒメミコを最初「女王」と表記していたのが、そのまま残存したと解せられる。(13)ただ舒明皇女の間人は、『日本書紀』によると、母斉明天皇の陵に合葬されており(天智六年(六六七)二月戊午条)、このことは明日香村の牽牛子塚《けんごしづか》古墳と越塚御門《こしつかごもん》古墳の発掘調査でほぼ確実といえる。(14)そうなると龍田清水墓の主の「間人女王」こそが、太子の母で、これが『太子伝古今目録抄』の「間廟」ということになろう。現在、宮内庁が治定した間人皇女墓が斑鳩町内、吉田寺《きちでんじ》の境内にあり、「清水」の地名も残るとされるが、そもそもこの地が古代の龍田に属していたかどうかは頗る疑問である。古代の龍田という地域は、龍田大社が『延喜式』(神名)で「龍田坐」(龍田に坐す)と冠せられて見えることからも、龍田大社の鎮座する、現在の三郷町域にあったはずである。龍田清水墓も三郷町の古墳のいずれかに比定されなければならない。

　こう考えてきて問題となるのは、間人皇后が一旦葬られたのちに改葬されたとすると、なぜその墓が『延喜式』時代まで残されたかということである。一つの解釈は、間人皇后は用明天皇の没後、甥で太子の異母兄弟に当たる多米《ため》王と再婚しているから、墓は多米王との合葬であったため、間人皇后の改葬後も、古い名称のまま存続したと想定することである。もう一つの解釈としては、次のようなことも考えておくべきかもしれない。それは龍田から磯長への改葬ということ自体、単なる伝説で、実際は改葬が行われなかったのではないかということである。この解釈が成り立つなら、問題はさらに複雑となるが、今はとりあえず二案を提起するにとどめ、次節に若干の見通しを述べることとする。

三　三骨一廟の成立

太子夫妻と太子の母を磯長墓に埋葬したとする伝えが、最初に史料上確認できるのは、すでに田中重久氏も論じられたとおり、一〇世紀半ばである。先の顕真『太子伝古今目録抄』には、天喜二年(一〇五四)、忠禅聖が磯長墓に入り、太子が石に記した未来記(起注文)を発見したとして次のように記している。(15)

1　起注文に云う(中略)、或記に云う、私に云う、此の記文は、辛巳の歳より天喜二年甲午、後冷泉院の御時に至る、四百三十四年に成ると〈云々〉。但し壬午の年の御入滅に依らば、四百三十三年也。記注の「余歳」の「余」の字は、更に「四」の字に非ず。又此の石文を埋め令め給うは前の歳也。即ち法隆寺釈迦仏の光の銘文、悉《ことごと》く作法、之に同じ。例として知る可しと〈云々〉。此れ康仁の御廟に入る時より、六十一ヶ年の後也。(上巻表43b—45a)

起注文云(中略)、或記云、私云、此記文、自辛巳歳至于天喜二年甲午、後冷泉院御時、成四百三十四年〈云々〉、但依壬午年御入滅者、四百卅三年也、記注餘歳之餘字、更非四之字、又令埋此石文給者前歳也、即法隆寺釈迦仏光之銘文、悉作法同之、例可知〈云々〉、此自康仁之入御廟時、六十一ヶ年之後也

2 〈一条院の御時、正暦五年か。〉〈此れ不審、之を明む可し。〉後冷泉院の御時、天喜二年甲午九月、誑惑の聖在り。其の名は忠禅と云う。太子の御廟崛に入り、不可思議の作法を現す。爰《ここ》に時の人、太子の御舎利破損の分を疑い、注進せ令《し》めんが為め、勅宣を申し下し、法隆寺の三綱、康仁等を以て、御廟内に参入せ令しむ。即ち康仁、拝見し奉るに、二つの御棺あり。一つの御棺の中、頭骨の髑髏一つ許《ばか》り在り。余は更に无《な》してえりと〈云々〉。或いは云う、三つの御棺の中、東の御棺の中に、御身在り。只御容儀は、存する日の時の如く、床の上に寝給う。異香、廟中に薫り、心中の月、晴るるが如し。爰に随喜の思に住し、弥《いよ》いよ感涙押え難しと〈云々〉。已上の二説の中、後説が正説と〈云々〉。（下巻表22b—23a）

〈一条院御時正暦五年歟〉〈此不審可明之〉
後冷泉院御時、天喜二年甲午九月、在誑惑聖、其名云忠禅、入太子御廟崛、現不可思議作法、爰時人、疑太子御舎利破損之分、為令注進、勅宣申下、以法隆寺三綱康仁等、令参入御廟内、即康仁奉拝見、二御棺、一御棺中、在頭骨髑髏一許、余更无者〈云々〉
或云、三御棺中、東御棺中、在御身、只御容儀、如存日之時、床上寝給、薫異香廟中、如心中月晴、爰住随喜思、弥感涙難押〈云々〉、已上二説中、後説正説〈云々〉

1は天喜二年に発見された起注文の内容とその注であるが、文末に起注文が発見された天喜二年は、法隆寺僧康仁が磯長墓に入ってから、六一年後のことであると述べる。2は、その起注文発見時の詳細で、忠禅聖が太子の遺骨を損じたらしいので、法隆寺の三綱であった康仁が、墓内に入り検分した状態を記す。これによれば、康仁の入廟は天喜のこととなり、1とは矛盾している。そこで不審に感じた顕真は、2の冒頭の行間に、康仁の入廟は正暦五年(九九四)のことかと書き加えた。顕真は、康仁がすでに治安元年(一〇二一)に没していることを記している(下巻裏22ａ)。即ち磯長墓の内部の状況は、正暦五年、法隆寺僧康仁が入廟して実見し、三人の合葬を確認していたが、天喜二年に忠禅が入って遺骨を損壊した恐れがあったため、再度内部の確認が行われたのであろう。従って磯長墓が、いわゆる三骨一廟の墓であることが正式に把握されたのは、正暦五年であったと考えられる。ただこの墓が、それ以前に盗掘されていたことは当然想定しておかねばならない。

ともあれ、康仁の実見した結果を伝える『太子伝古今目録抄』の記事2は貴重であるが、そこに二種の異なる情報が見えるのは注目される。棺を二つとする情報と棺を三つとする情報である。この内、棺を二つとする情報では、一棺に頭骨の残る他は、遺骨は全くなかったとするのに対し、棺を三つとする情報では、三棺のうち東の棺に、まるで寝ているかのように遺体が残り、かぐわしい香りが廟内に満ちていたとする。後者があまりにも出来過ぎた情報であることは明らかで、顕真の判断とは逆に、前者が事実に近いと見るべきである。しかもさらに注意を要するのは、そこでは棺が二つとされているることである。この箇所の顕真自筆本を見ると、「二御棺」の「二」は、一旦「三」と書いた上に、重ね書して「二」と改めた跡が看取される。三骨一廟という通念を持っていた顕真は、ふと「三棺」と書いてしまい、誤りに気づいて書き改めたということに相違ない。従ってこの「二棺」は「三棺」の誤りではなく、かえって本来の伝えであると確言できよう。康仁が見た時点で確認されたのは、二つの棺の存在と、その一方に残る頭骨だけであったといってよい。即ち最初から三骨一廟の墓が発見されたわけではなかった。

　この事実をいかに解釈するかはむつかしい問題であるが、太子伝を通じて合葬墓と思い込んでいた康仁には、三棺の内の二棺しか目に入らなかった可能性も考えられよう。現に磯長墓内の間人皇后のものといわれる奥の棺は、前方の二棺のように棺台のみ残っているのとは異なり、蓋を失った棺身とされている。前方の二棺と比べて小さく、見落とされた恐れも無くはない(図13)。しかしまた、太子信仰を持つ法隆寺僧が、入廟という珍しい機会に、奥の棺を見逃すような失敗を犯したかといえば、それはありそうもないようにも思われ、奥の棺とされるものは、棺と見なさなかったのかもしれない。

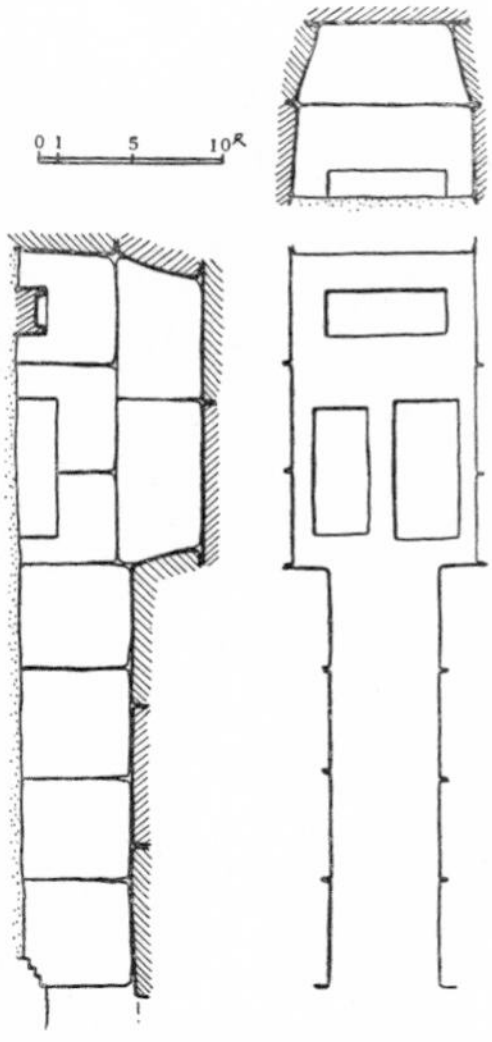

図13　磯長墓の内部想定図

　遺骨に関しても、一方の棺内に頭骨しかなかったという報告は、遺体が生けるかのように横たわっていたなどとあるよりも、遥かに真実味に富む。結論を出すことは困難であるが、廟内に最初から三棺があったと断定することは、保留しておくのが穏当であろう。また形式の異なる奥の棺が、本当に棺であるのかどうか、現時点で棺と決定してしまうことにも不安が全くないとは言えない。(16)もし奥の一棺が、棺とは異なる別の施設であったり、あるいは三骨一廟の信仰が高まった結果、後に設置されたりしたとすれば、それが真に間人皇后の棺であったとはもちろん言えず、龍田における間人皇后墓の残存も当然のこととなる。すべては先入主を排した磯長墓の再調査を待たなければ、解決不可能と言わねばならない。

おわりに

三節にわたり、文献史料から聖徳太子墓について考えてきたが、その結果、三骨一廟伝説は、本来、太子伝の展開とは無関係であることが明らかになったと思う。太子が妃や母と葬られているという伝承は、一〇世紀半ば、伝暦を中心とする太子信仰とは別に、時期的には伝暦の成立と並行して、太子墓の実況から出てきたと判断される。従ってその後も太子伝との関りは薄く、延久元年(一〇六九)に描かれた法隆寺東院の太子絵伝にも反映していない。近世までに多数描かれた絵伝について、網羅的に調査したわけではないが、三骨一廟は重要な主題になってよいにも拘らず、これを取り入れた太子絵伝はほとんど目に入らない。時代が降ると、三骨一廟墓を在来の太子伝と合体させる動きが出てきたようで、文安五年(一四四八)にできた『太子伝玉林抄』(巻十九)に見える次の記事は、そのつじつま合わせの結果と見るべきであろう。

一の伝に云う、二床を設く〈文〉と。或る抄物に云う、問う、三骨一廟は、三尊の位と云々。二床とは如何、と。

答う、此の時、后と我と二人、相並び給う可き歟。而して母后改葬の後、三骨並び給う也。則ち善光寺如来の御消息に此の詞有りと云々。仍《より》て母后の床、高孝の為め、太子自ら用意し御座《おんまします》也と云々。

一伝云、設二床〈文〉。或抄物云、問、三骨一廟、三尊位云々。二床如何。

答、此時后与我二人可相並給歟。而母后改葬之後、三骨並給也。則善光寺如来御消息有此詞云々。仍母后床、為高孝、太子自用意御座也云々

磯長墓に関しては、これまで述べてきたように、史料的に未解決の点が少なくないが、はじめにふれたように、考古学的にはさらに様々な課題が残されている。明治初期の内部実検にしても、実検者の間で所見に大きな相違が見られるし[17]、実検者が三骨一廟を既定の事実としていたとすれば、その検分結果に全幅の信頼を寄せるのも危険であろう。また、もし磯長墓が最初から三骨一廟墓として造られたとするなら、背景には、太子没時に存在した「三主」に従って彼岸へ、という信仰（法隆寺釈迦三尊像光背銘）の存在が想定できる。逆にそのような思想を背景として、単なる合葬墓であった磯長墓に、改葬の盛んであった七世紀後半、間人皇后が改葬されたとも考えられよう。さらに前節で述べたとおり、後世になって三骨一廟の信仰が発展した結果、三人の合葬墓が造作されたこともありうる。しかし、もとよりこれらは臆測の域を出るものではない。繰り返しになるが、新たに磯長墓の内部調査が

行われない限り、これらは謎のままとする他はなく、当面は磯長墓が太子夫妻の合葬墓であったことを確認するにとどめておくべきであろう。

（1）小野一之「聖徳太子墓の展開と叡福寺の成立」（『日本史研究』三四二号、一九九一年）。
（2）梅原末治「聖徳太子磯長の御廟」（『日本考古学論攷』弘文堂書房、一九四〇年）。
（3）研究の現状については、太子町立竹内街道歴史資料館編『聖徳太子墓――叡福寺北古墳』（令和三年度聖徳太子一四〇〇年御遠忌記念企画展図録、二〇二一年）参照。
（4）東野治之校注『上宮聖徳法王帝説』（岩波文庫、二〇一三年）解説。
（5）東野治之「法起寺塔露盤銘」（『日本古代金石文の研究』岩波書店、二〇〇四年）三二四頁以下、同「斑鳩の寺院と仏教文化」（斑鳩町史編さん委員会編『新修　斑鳩町史』上巻〈古代編　第一章第六節〉、二〇二二年）。本書第I部第一章参照。
（6）田中重久「聖徳太子磯長山本陵の古記」（『聖徳太子御聖蹟の研究』全国書房、一九四四年。森浩一編『終末期古墳』塙書房、一九七三年に補訂再録）。
（7）小野一之「聖徳太子墓の展開と叡福寺の成立」（注1前掲）。
（8）上野勝己「聖徳太子墓を巡る動きと三骨一廟の成立」（『太子町立竹内街道歴史資料館館報』三号、一九九七年）、山口哲史「平安後期の聖徳太子墓と四天王寺」（『史泉』一〇九号、二〇〇九年）。
（9）田中重久「聖徳太子磯長山本陵の古記」（注6前掲）。
（10）以下の『太子伝古今目録抄』の引用は、東京国立博物館編『古今目録抄』1―4（法隆寺献納宝物特別調査概報XXXV―XXXVIII、二〇一五―二〇一八年）に拠ることとし、たとえば上巻裏面二十二折の表面を言う場合は、「上巻裏22ａ」というように記載する。他はこれに準じて類推されたい。
（11）田中重久「聖徳太子磯長山本陵の古記」（注6前掲）。

（12）北康宏「律令国家陵墓制度の基礎的研究」（『日本古代君主制成立史の研究』塙書房、二〇一七年）。

（13）七世紀以前の皇族名の表記については、東野治之「長屋王家木簡からみた古代皇族の称号」（『長屋王家木簡の研究』塙書房、一九九六年）参照。

（14）明日香村教育委員会文化財課編『牽牛子塚古墳発掘調査報告書』（二〇一三年）。

（15）この事件のことは、『顕真得業口决抄』や『上宮太子拾遺記』にも見え、それらに依拠した研究もあるが、いずれも顕真を出所とする間接的なものであり、伝説化も加わっているので、顕真自筆の『太子伝古今目録抄』（注10前掲）に拠るべきである。

（16）梅原末治注2前掲論文は、これが彫り抜き式の棺としても、側面に香狭間が彫られていることや、内側の彫り込み方が異例であることを述べている。

（17）梅原末治「聖徳太子磯長の御廟」（注2前掲）、田中重久「聖徳太子磯長山本陵の古記」（注6前掲）。

第三章　「南無仏舎利」伝承の成立

数多い太子伝中の挿話の中で、後世とりわけ有名となった南無仏舎利の伝承が、生成・展開する過程を解明する。

はじめに

聖徳太子信仰の展開を受けて、太子の歴史上の事蹟とは別に、様々な伝承が付け加わったことは周知のとおりである。中でも二歳になった太子が東方に向かって合掌し、南無仏《なむぶつ》と唱えると、それまで握っていた拳から仏舎利がこぼれ落ちたという伝えは、やがて造像流布される太子二歳像とも相俟って、太子伝上の主要事蹟の一つに数えられるに至った。その舎利が上宮王院(東院)の舎利殿に安置され、長く太子信仰の中心ともなったことを考えれば、この伝承の成立は、舎利信仰の歴史のみならず、広く日本の仏教史にとっても大きな意味があろう(図14)。

しかしこの伝承の成立と展開については、目立った史料に恵まれていないことや、歴史上の太子と無関係であることなどが災いしてか、十分に解明されているとは言えないように思われる。改めて関係史料を探り、ここにその成立過程を考究してみることとしたい。

一　伝承成立の上限と下限

南無仏舎利についての関心が低調なのは、『聖徳太子伝暦』(以下、伝暦と略称)以前の太子伝に見えないことも大きく影響しているであろう。二歳の時の事蹟そのものが、『上宮聖徳法王帝説』『異本上宮太子伝』(いわゆる『七代記』)『上宮聖徳太子伝補闕記』に全く現れず、伝暦に至ってようやく南無仏と唱えたことが記されている。

図 14　法隆寺東院舎利殿の南無仏舎利とその容器(法隆寺蔵)

しかし伝暦は、拳内の舎利に関しては語るところがない。伝暦の詳しい成立年代は不詳であるが、一〇―一一世紀とみる近年の説に従えば[1]、その段階まで拳内の舎利の伝承は興っていなかったと見られよう。伝暦は撰述時点で存在した太子伝に広く目配りしており、もし撰者の目にこの好箇の話柄が入っていたなら、取り上げないはずはないであろう。

この点について、やや時代は下がるが、一三世紀前半の法隆寺僧顕真が著した『太子伝古今目録抄』(上巻表3a)に次のような興味深い記述がある。

二巻の伝を以てこれを推すに、此れ見ゆること分明なり。即ち二月十五日の朝、南无《なむ》仏《ぶつ》と唱う。此れ則ち尺尊《しゃくそん》入滅の日也。其の御舎利を表さんと欲し、此の日を点じ給う也。又其れを記さざるは、世間皆悉《ことごと》くこれを知る。故に記さず。或いは又秘蔵する故にこれを記さず。

以二巻之伝推之、此見分明。即二月十五日之朝、唱南无仏。此則尺尊入滅日也。欲表其御舎利、点此日給也。又其不記者、世間皆悉知之。故不記。或又秘蔵故不記之

伝暦に明文はないが、二月十五日の朝といえば誰もが釈迦入滅の日とわかり、舎利を想起させたので、舎利出現は周知のこととして記されなかった、あるいは舎利は秘蔵されたために、記されなかったというのである。伝暦が直接舎利に言及していないことは、それだけ後人にとって説明しづらいことであったことが、このこじつけたような解釈から判明するであろう。

さらに平安後期の太子伝資料として著名な上宮王院絵殿の太子絵伝は、このことをどう扱っているか見ておこう。そもそも太子絵伝に採られた場面は、原則として伝暦に由来することが明らかにされている。即ち太子二歳時の礼仏のことは絵伝第一面の中段に描かれていて、孋母《だいぼ》の膝に座り、袴を着けた姿で合掌する様子のみが表現され、舎利に関わる描写は見られない(2)。伝暦には「孋母」は登場しないが、基本的にこの場面も他と同様、伝暦に基づくと判断してよかろう。この絵伝は度重なる補筆を蒙り、原画そのものを良好にとどめる箇所は少ないが、全体としては元の図様を保持していると見られている(3)。絵伝の完成は、のちにも述べるように延久元年(一〇六九)であり、この時点でもなお、拳内舎利の伝えが確立していなかった可能性は強いと見るべきであろう。

このように一一世紀になっても、南無仏舎利の伝承は確認できないが、遅くも一二世紀に一般化していたことは間違いない。それは保延六年(一一四〇)ごろの状況を記したとみられる大江親通『七大

寺巡礼私記』に次のような記事が存するからである。

仏舎利一粒〈白色、大きさ小豆許《あずきばか》り〉
太子御誕生の時、件の舎利を拳り給うと云々。東大寺の西室の延喜講師の説と云々。太子誕生の後、二歳の春、東方に向きて合掌し、南無仏と称うるの時、掌中より落とし給う也と云々。此の事伝記に見えず。指南し難しと雖えども、彼の延喜講師は証果の聖人也。仍りて延喜の説を以て信じ用うる也と云々。抑《そもそ》も延喜講師初果の因縁は、安居《あんご》の間、東大寺の講堂に於いて、講演を修せ被るるの剋、延喜導師と為るなり。

仏舎利一粒〈白色、大小豆許〉
太子御誕生之時、奉(拳カ)件舎利給云々。東大寺之西室延喜講師之説云々。太子誕生之後、二歳之春、向東方合掌、称南無仏之時、自掌中落給也云々。此事不見伝記。雖難指南、彼延喜講師証果聖人也。仍以延喜之説信用也云々。抑延喜講師初果之因縁者、安居之間、於東大寺之講堂、被修講演之剋、延喜為導師之

同じ親通の『七大寺日記』は、少し遡って嘉祥元年（一一〇六）ごろの様子を伝えるとされるが、法隆寺上宮王院の記事中にには左のような文がある。

北に七間の亭有り。東端の二間は宝蔵。舎利、宝物等を納む。拝見すべし。

北有七間亭。東端二間宝蔵。納舎利宝物等。可拝見

文中の「舎利」について特に説明はなく、この舎利が拳内の舎利であったという確証はないが、この宝蔵は整備されて鎌倉時代以降の舎利殿に発展することを考えれば、ここの「舎利」も舎利殿の中心となる南無仏の舎利と考えるのが自然である。従って『七大寺巡礼私記』の記事を待つまでもなく、すでに一二世紀初頭には、その伝承に基づく舎利が、巡礼者の信仰対象となっていたと判断されよう。それでは舎利を巡って一一世紀に起きた展開は、どのような背景を持つのであろうか。節を改めて、その点を考察してみよう。

二　開浦院住僧らの活動

南無仏舎利の成立を考える上で重要と思われる史料が、法隆寺文書の中に存在する。この文書を手がかりに問題を論じるが、文書の歴史的背景を押さえておく意味で、簡単に法隆寺を取り巻く当時の状況を振り返っておきたい。

律令国家の衰退とともに、官寺としての法隆寺も変化を蒙らずにはいられなかったが、その大きな変化の一つに子院の成立がある。元来、僧侶は戒律に従って、僧房で集団生活を営む定めであり、経済的にも各種の国家的な給付によって支えられていた。しかし平安時代後期になると、有力な僧侶は僧房を離れて寺域内に院を構えて住み、私領主として独自の経済基盤を持つようになる。法隆寺の子

院の成立過程は史料がほとんど残らず、不明の部分が多いが、次のような事実はそれをうかがわせるであろう。即ち長元元年(一〇二八)に西大門、同四年に南大門が作られた事実である。奈良時代には、現在の東大門と西大門を結ぶ道路の北側、一段高くなった所に東西方向の築地塀があり、そこに南大門が開かれていた。しかし長元前後に境内地を広げ、今の南大門や西大門が新造されたと考えられている。現在、その拡大された境内地の東築地に開く東大門は奈良時代の門であるが、昭和大修理の際、部材から番付が発見され、もとは南向きの門で、現在地に移建されていることが確認された(4)。この拡大された境内地には、後代、子院が立ち並んだわけで、その拡大は、子院建立の用地確保を意図したものと考えてよいであろう。

またそれ以外で注目されるのは、西僧房(西室)が承暦年中(一〇七七―八一)に焼失し、東僧房(東室大房)が別当定真在任中(一一〇一―一一〇)に顚倒したことである(いずれも『別当記』)。それらの再建は、それぞれ大治元年(一一二六)、保安二年(一一二一)を遡らないとみられるので(5)、これも子院の分立を促す要因となったであろう。こうした中で、寺外から来た僧たちが寺内に子院を作って定着する動きが出てくるが、南無仏舎利伝承の確立には、そのような集団が大きく関わっていると見られる。この間の事情を物語るのが、始めに触れた法隆寺文書である。まず直接関係の深い天永二年(一一一一)四月十二日付の開浦《さくら》院住僧等解(『平安遺文』四、一七四六号)を取り上げて、その内容を見てゆく。

開浦院住僧等、解《げ》して申し請う、法隆寺別当律師御房政所の裁の事

殊に恩裁を蒙り、先例道理に任せ、院家の敷地・燈油料畠の地子物を免除し、并せて責め取る

質物等を免じ返さ被むことを請うの状

合

右、謹んで案内を検するに、件の院内に建立せる三昧堂等、元は薬師寺の聖の律師、去る治暦年中を以て、勝鬘会を修せ被《ら》れむ為め、法隆寺に移住するの後、亦《また》寺僧と共に夢殿の絵を図さ令め、次に延久の比を以て、此院に於いて迎講《むかえこう》を修せ令しめ給う。其の時、始めて彼の三昧堂并せて房舎等の敷地と為《し》て、山野荊棘の原一処を卜し、寺家に領主の有無を尋ね問わ被《る》るの時、別当・所司・大衆、領主無きの由を陳じ申さる。随えば則ち文面を開き、証判明鏡也。其の後、房舎を結い構え、御栖居《すまい》と為す。寺家の仏法凌遅するを歎き、専ら興隆の志、丁寧也。先ず金銅宝塔を鋳《い》瑩《みが》き、太子御所持の舎利を安置す。聖霊会料の御影を図絵せ令め、毎月観音講、修正・二月、六時の行儀あり。或いは申して金堂を開き、大衆と共に多聞・吉祥二天の像を造立し、御願の六時の政を行う。員《かず》かずの仏具等を施入し、五大形の塔婆を造立し、私に所持せる仏舎利を安置し、講堂の仏生会を興し修す。或いは寺中寺辺の荊棘を苅り掃い、塞道を開き餉所に直す。其の時、人皆謂《おも》えらく、本願太子の再び降臨し給うと。随喜極り無し。而る間、三昧堂・曼陁羅堂の二宇を建立し、私の御領并せて御房の人等の私領畠を、燈油料に施入せ被るる所也。(下略)

天永二年四月十二日　　僧慶懐

(中略)

院主法師「源義」

(中略)

一安居番頭等

権都那法師（花押）

都維那法師（花押）

権寺主大法師（花押）

寺主大法師（花押）

権上座大法師（花押）

上座大法師（花押）

権小別当大法師（花押）

開浦院住僧等解申請法隆寺別当律師御房政所裁事

請被殊蒙　恩裁、任先例道理、免除院家敷地燈油料畠地子物并免返責取質物等状合

合

右、謹検　案内、件院内建立三昧堂等、元者薬師寺聖律師以去治暦年中、為被修勝鬘会移住法隆寺之後、亦寺僧共令図夢殿之絵、次以延久之比、於此院令修迎講給、其時始為彼三昧堂并房舎等敷地、卜山野荊棘之原一処、被尋問寺家於領主有無之時、別当所司大衆被陳申無領主由、随則開文面証判明鏡也、其後結構房舎為御栖居、歎寺家仏法凌遅、専興隆之志丁寧也、先鋳瑩金銅宝塔、安置　太子御所持舎利、令図絵聖霊会料　御影、毎月観音講修正二月六時行儀、或中開金堂、大衆共造立多聞吉祥二天像、御願六時政行、施入員仏具等、造立五大形塔婆、安置私所持仏舎利、興修講堂仏生会、或寺中寺辺荊棘苅掃、開塞道直餉所、其時人皆謂本願太子再

降臨給、随喜無極、而間建立三昧堂・曼陁羅堂二宇、私御領并御房人等私領畠、所被施入燈油料也。(下略)

南無仏の舎利に関わって注目されるのは、右の文中、金銅宝塔を作り太子御所持の舎利を安置したとあることである。それを行ったのは、法隆寺別当にこの解を上申した開浦院の住僧たちであった。彼らは浄土教信仰を背景とする聖であって、文中にも見えるとおり、薬師寺の律師(道静《どうじょう》)に率いられ、勝鬘経を講ずる勝鬘会を行うため、治暦年中(一〇六五—一〇六九)に寺内に移り住み、活動を始めた。法隆寺に限らず、平安時代後期から鎌倉時代にかけて、こうした聖による宗教活動が盛んとなることは、すでに注目されているところであるが、道静らの一団は、延久四年(一〇七二)、寺の許可を得て法隆寺西郊に庵室を営み、ここを拠点としつつ、法隆寺の僧とも協力して、さらに積極的な活動を展開した。文書にもあるように、庵室から発展した開浦院には、三昧堂や曼陁羅堂等の建物が造立される。この開浦院の地は、現在、法隆寺西里に地名を残す「桜」と見られ(6)(『太子伝古今目録抄』)、その経済的基盤としては、道静やその集団の人々の私領をもとに、平群郡八条九里、十里を中心として「燈油料」の畠地が設定され、その地子は、先の住僧らの解による申請が認められて、天永二年には免除の対象とされた(7)。こうした開浦院における聖たちの活動は、先の文書によれば、延久から多聞・吉祥二天の像が作られた承暦二年(一〇七八)に、一つのピークがあったと言えよう。道静が聖徳太子の再臨と仰がれたというのは、この活動がいかに法隆寺そのものからも高く評価されたかを示すと言わねばならない。法隆寺文書の承暦二年十月三日付金光院三昧僧等解(『平安遺文』三、一一五一号)からすれば、このころ開浦院は、単に地名に由来する名称だけでなく、金光院という法号をも持つようになっていたことが知られよう。

開浦院(金光院)が法隆寺の信仰に与えた影響の大きさを確かめる意味で、その後の展開に触れておくと、この院は、先述した僧侶の居住形態の変化と連動して、寺内に入り込み、三経院《さんぎょういん》に移ることとなった。即ち法隆寺文書の天承二年(一一三二)正月十四日付僧源義施入状案(『平安遺文』五、二二一六号)によると、開浦三昧堂は大治元年(一一二六)に場所を移して三経院に造立され、仏像、仏具、敷地、燈油料畠等が三経院に施入されている。この「開浦三昧堂」は、敷地の施入などから見ても、三昧堂だけに止まらず、開浦院全体を指したものに相違ない。三経院は、元来西僧房の南端部分を言い、法華・勝鬘・維摩の三経を毎夏講説する場とされたことからこの名があり、しかも西僧房は、先述のように、大治当時北端のみを残して焼失したままであったから、開浦院(金光院)の移転は、三経院の再興を意味した(8)。聖徳太子以来、三経講説の伝統を称する法隆寺の教学にとって、まさに画期的な出来事である。先に引用した天永二年の開浦院住僧等解には、薬師寺の聖の律師(道静)が、治暦年中、勝鬘会を修するため寺内に移住したことが記されていたが、それもすでに述べた境内地内の変化によって、寺内に空地が生じていた結果であろうし、道静は早くから寺内に活動の足場を築いていたと見られる。その後、承元四年(一二一〇)、金光院はさらに東大門から東院へ向かう道路の北側、現在子院の宗源寺がある場所に移って、文字どおり法隆寺の子院となったとされるが(9)(『古今一陽集』)、ここでは詳細に亘ることは控えておこう。

三　南無仏舎利の安置

前節では、一一世紀後半に法隆寺を巡って活発化した聖の活動をたどり、その一つとして聖徳太子の所持していたとされる舎利が顕彰されていることに触れた。天永二年の文書に挙げられた聖たちの事業は多岐に亘るが、「寺僧と共に夢殿の絵を図さ令め」たというのは、延久元年（実際には改元前の治暦五年）にほぼ出来上がった東院の聖徳太子絵伝を指すのであろう。[10] この絵は、夢殿の背後の絵殿に描かれたので、「夢殿の絵」と呼ぶのは正しくないが、単に「夢殿の絵」とあって詳しい言及が見られないのは、却ってそれが説明を要しないほど著名になったからと考えられ、ひいてはそれが太子絵伝であったことを示唆すると言えよう。「聖霊会料の御影を図絵せ令め」たということともあわせ考えれば、舎利の金銅宝塔への安置も重要な意義を持つ活動であったと判断すべきであろう。もっともこの宝塔が作られたのは、道静らの活動拠点が本格的に寺内に移る前であり、一概に南無仏の舎利に結びつけるのは問題かもしれず、開浦院に置かれた宝塔とも採れそうであるが、一連の活動には、前掲の絵伝や御影はもちろん、金堂での多聞・吉祥二天制作のように、明らかに寺内での事業が含まれている。天承二年（一一三二）、三経院に施入された開浦院の仏具中にもこれに当たる塔は見えない（僧源義施入状）。この聖徳太子所持という舎利こそ、後に東院舎利殿の本尊となる南無仏の舎利と考えるのが、最も当を得ているであろう。

この宝塔が現存するかどうか、これまでは問題とされていないが、その可能性のあるのが、現在法隆寺献納宝物となっている舎利塔である。この舎利塔については、鎌倉時代の顕真『太子伝古今目録抄』(聖徳太子伝私記)上、舎利殿条に見える次の品に当たるとされてきた。(11)

次舎利安置塔一基、金銅也。多宝也。

この記事に先立って舎利殿の宝物の一つとして拳内舎利が挙げられており、この「舎利」がそれを指すことは間違いないであろう。献納宝物の舎利塔は、金銅製で多宝塔形式であるから、この記事の舎利塔をこれに当てることにも問題はない。そこでこの塔の制作年代次第では、開浦院住僧等解の「金銅宝塔」が、(12)献納宝物の舎利塔である可能性も考えて見なければならない。舎利塔には次の二つの墨書銘がある。

(塔屋蓋部軒裏)

保延四年八月十六日ヨリ瑩始五師覚厳
廿四日瑩已了□□(泰印カ)

(木製下層基壇側板裏)

保延四年八月十六日ヨリ至廿七日此御塔瑩了以此功徳当来必結成仏因預五師覚厳敬白

銘文中の保延四年は一一三八年に当たる。基壇の銘文にある「瑩」の字は、かつては「営」と読まれ、この舎利塔の制作年代を示すと考えられていたが、塔屋蓋部の銘文が新たに発見され、「瑩」と判読されたことから、別の可能性が浮上した。即ち加島勝氏によれば、「瑩」は磨き輝かす意であり、制作時の銘文としては不自然であって、制作から時を経て、鍍金し直した時の銘文と見るべきであるという。その上で加島氏は、同様の形態の塔が一一世紀の絵画などに見えるところから、この舎利塔の年代も一一世紀に遡ると考えられた(13)。これに従えば、その制作は道静らの活動時期とも重なってくる。開浦院住僧等解に見える「金銅宝塔」こそ、この舎利塔であったと見ても不自然ではないであろう。しかし、このように二つの塔を結び付けて解釈するには、なお問題もある。

確かに従来の銘文解釈は再考の要があり、加島氏のように、鍍金に関わる銘文と考えるのが妥当であろう。しかしこれを鍍金のやり直しにのみ関わる銘文と解するのは、果たして適当であろうか。鍍金をやり直すような状態に至っていたのであれば、この舎利塔には他にも修補の跡などがあってよさそうなものであるが、銘文の調査に関わって実見した限り、状態は概して良好で、そのような痕跡は認められなかった。また、再鍍金に関する銘文というものも、寡聞にして他に例を知らない。むしろここで注意されるのは、先の開浦院住僧等解に舎利を安置する塔を作ったことが「金銅宝塔を鋳瑩き」と出てくることである。献納宝物の舎利塔銘文に「瑩」とあるのは、「鋳瑩」を簡略化して記した可能性を考えてみるべきであろう。鍍金の終了を以て、制作が完了したことを表したと解するのである。こう解すれば、舎利塔本体が完好なことも納得がゆく。「瑩」をこのように解釈するについては、鎌倉時代前半に成った『太子伝古今目録抄』(顕真自筆本)上に法起寺の塔露盤銘を引き、その文中の「露盤を営作す」の「営」に、顕真が「ミガキ」と読める訓を付けているのが想起される(14)。送り仮名は「キ」のみであるが、顕真が字体のよく似た「営」を「瑩」と誤認し、それを「ミガキ」と読ませようとしたことが明らかである。こうした誤りが引き起こされた背景には、単なる字体の類似だけではなく、露盤を完成したことを「瑩き作る」と表現しておかしくないとする意識があったものと思われる。実際、鍍金は金銅製品を作る場合の最終工程であり、平安後期から鎌倉時代にかけて、「瑩」には金銅製品の完成を意味するという意識が存在したのであろう。

そうなると、献納宝物の舎利塔と、道静らの作った舎利塔とは別物であったということになる。銘文に見える覚厳は、法隆寺一切経の勧進に関与したことは分かるが、開浦院住僧等解や源義施入状に現れず、道静やその一門とは直接の関係が見出せない。これも二つの塔を別の物と見る解釈を支証するようである。『太子伝古今目録抄』(聖徳太子伝私記)上、舎利殿条に見える舎利塔も、金銅製の多宝塔であったというだけで、献納宝物の舎利塔であった確証はないが、もし同一の塔であるとすれば、何らかの事情で当初の塔と入れ替わったことになろう。

舎利の安置装置に関する詮索はここまでとし、次に見ておかねばならないのは、南無仏舎利伝承の源がどこにあったのかということである。すでに第一節に引用した『七大寺巡礼私記』には、拳内舎利の伝えが東大寺の西室の延喜講師によって説かれたことが見えており、そうなればこの話そのものも、法隆寺の寺外から来たことになる。その「延喜講師」とは、『東大寺要録』巻四、天地院条に見える「延義講師」に他ならないであろう(15)。この延義は「昌泰之比」の人で、天地院で法華八講が開かれた際、講師となり、その聴衆の中に老翁として化現した文殊菩薩と論議し、やはり「初果聖者」として称えられ、生涯に文殊に遇うこと三度に及んだとある。伝承の生れた事情について具体的な史料がないのは遺憾であるが、少なくとも伝承の起源は九世紀末頃にあり、それが南都諸寺の間で受容発展していったのであろう。その成立が比較的遅かったことから、ほぼ同時期か、やや遅れてまとめられた伝暦には反映されなかったと判断される。

なお、ここで付け加えておきたいのは、『太子伝玉林抄』二に、「障子伝云、右手ヨリ出御舎利云々〈不云、在所〉」(障子伝に云わく、右手より御舎利を出だす、と云々〈在所《ありか》を云わず〉)とあることである。『障子伝』は、奈良時代末に成立した四天王寺の絵伝に付属する太子伝であり、そうなると、この伝承の萌芽は八世紀に遡るかも知れない。しかし引用された『障子伝』の記事は簡略で、後のような細部要素を伴っていたのかどうか、これだけでは疑問であろう。ただ、『障子伝』と同一または極めて近い本文関係にある『明一伝』の撰者、明一《みょういつ》は東大寺僧であり、南無仏舎利伝承の早いころの提唱者である延義もまた、東大寺の僧であったことは、何らかの形でこの伝承の展開に東大寺が関係していた可能性も垣間見える。今後の検討課題とすべきであろう。

四　法隆寺金堂の舎利と慧思後身説

以上、迂遠な論説に終始したが、九世紀末頃に成立した南無仏舎利の伝承が、一一世紀後半に聖たちの活動を通じて法隆寺に定着し、太子信仰の重要な要素となったことを述べた。最後に、道静やその門流の人々が取り上げた「太子御所持」の舎利は何に由来するものか、それに関する憶測を記して本章を閉じることにしたい。

この太子所持と伝える舎利が、本来法隆寺にあったものであることは、先の開浦院住僧等解に、この舎利とは別に「私に所持せる仏舎利」(道静の所持した舎利)が記されていることから確実であろう。太子所持の舎利が新しくもたらされたものならば、その由来が記されたはずである。そうなると想起されるのが、天平十九年(七四七)の『法隆寺伽藍縁起并流記資財帳』に次のように見える舎利である。

合舎利伍粒〈請坐金堂〉

右、養老三年、歳次己未、従唐請坐者(五二頁に書き下し文)

金堂に安置されていたこの五粒の舎利は、養老三年(七一九)に唐から請来されたものであった。資財帳にはもう一件、同じ由緒を持つ「檀像壱具」が挙げられているが、これらの檀像や舎利は、かつて論じたように、前年に遣唐留学から帰った道慈が請来して法隆寺に入れたものであろう。[16]その内の四粒については、その後の行方を詳らかにしないが、『七大寺巡礼私記』によると白色で大きさ小豆ばかりの一粒が、太子拳内の舎利として祀られるに至ったのではないであろうか。これ以外に古代の法隆寺における舎利の存在は知られず、こう考えても決して荒唐無稽な推測とはなるまい。

しかも金堂の舎利が太子の所持とされたについては、それがたまたま法隆寺に古くから存在したというだけの理由に止まらない可能性がある。そもそも八世紀以前の舎利は、寺院の塔の地下や相輪に安置される場合がほとんどで、九世紀以降のように堂内で単独に礼拝の対象とされることは稀であったとされる。[17]確かにそのような例は、文献上、四天王寺の五重塔・金堂と法隆寺金堂にしか見出すこ[18]

とができない。舎利を戒壇堂内の多宝塔に安置するというのも、八世紀半ばに唐僧鑑真が来日して始まった新しい形態と考えられる[19]。舎利を単独の礼拝の対象とすることは大陸には古くからあり、その形も飛鳥時代から受容されてはいたが、本格化するのは通説のように、平安時代に入ってからであろう。法隆寺金堂の場合、そのような安置形態は道慈の在唐体験に由来する可能性が強いが、その際、注意されるのは、彼が太子の慧思後身説の形成に大きく関わっていたらしいことである。即ち別稿で検討したとおり、彼は唐から一巻の細字法華経を持ち帰り、これを太子が前生の慧思の時代に所持していた経巻と位置づけたと考えられる[20]。後世まで慧思後身説の核となり太子の持物として尊重された、上宮王院伝来の細字法華経(現在法隆寺献納宝物)がそれである。しかも太子の慧思後身説を詳細に説いた現存最古の文献である『異本上宮太子伝』には、慧思の本拠とした衡山に慧思の身辺の遺物が唐代まで残されていて、その中に「肉舎利」のあったことが記されている[21]。道慈は衡山には赴かないまでも、慧思による舎利崇拝を、文献を通じても知っていたであろう。細字法華経をめぐる事情をあわせ考えれば、この慧思が所持していたという舎利の存在が、太子所持の舎利という発想を生む契機になって不思議ではない。養老三年、唐から請来された舎利が金堂に安置された時点で、すでにこの舎利が太子前生の持物であり、即ち「太子御所時」の舎利であるとの由来を付加されていたことは、十分に考えられると思う。

(1) 伝暦の成立年代をめぐる諸説については、榊原史子『『四天王寺縁起』の研究』(勉誠出版、二〇一三年)参照。

（2）東京国立博物館編『聖徳太子絵伝』1（法隆寺献納宝物特別調査概報XXVIII、二〇〇八年）三六頁。
（3）東京国立博物館監修『東京国立博物館』Ⅲ、法隆寺献納宝物（講談社、一九六六年）三五頁、同『法隆寺献納宝物』（便利堂、一九七五年）二四〇頁など。
（4）浅野清『法隆寺建築綜観』（便利堂、一九五三年）二一一頁。
（5）鈴木嘉吉「三経院及び西室」（奈良六大寺大観刊行会編『奈良六大寺大観』第一巻解説、岩波書店、一九七二年）。
（6）高田良信『法隆寺子院の研究』（同朋舎出版、一九八一年）。
（7）久野修義「中世法隆寺の成立と別所」（『日本中世の寺院と社会』塙書房、一九九九年）。
（8）鈴木嘉吉「三経院及び西室」（注5前掲）。
（9）高田良信『法隆寺子院の研究』（注6前掲）。
（10）絵伝の制作年代については、『法隆寺別当次第』や『嘉元記』暦応四年（一三四一）条によって、治暦五年二月から同年五月（四月に延久と改元）と知られる。
（11）東京国立博物館編『聖徳太子絵伝』1（注2前掲）二七六頁。
（12）加島勝「法隆寺献納宝物　舎利塔の修理と新発見の墨書銘」（『MUSEUM』五六九号、二〇〇〇年）。
（13）同右。
（14）東野治之「法起寺塔露盤銘」（『日本古代金石文の研究』岩波書店、二〇〇四年）。
（15）藤田経世編『校刊美術史料』寺院篇上巻の『七大寺巡礼私記』当該条頭注に、『東大寺要録』を参照文献として挙げるのは、この天地院条を念頭においてのことであろう。
（16）東野治之「太子信仰の系譜」（『日本古代史料学』岩波書店、二〇〇五年）、本書第Ⅰ部第二章。
（17）内藤榮「「仏舎利と宝珠」展概説」（奈良国立博物館編『仏舎利と宝珠――釈迦を慕う心』二〇〇一年）。
（18）東野治之「初期の四天王寺と『大同縁起』」（『史料学散策』雄山閣、二〇二三年）。
（19）東野治之「鑑真和上と東大寺戒壇院――授戒と舎利の関係をめぐって」（『大和古寺の研究』塙書房、二〇一一年。二〇〇五年初出)。
(20) 東野治之「太子信仰の系譜」(注16前掲書)、本書第Ⅱ部第一章。
(21) 竹内理三編『寧楽遺文』下(東京堂、一九六二年)八九四頁上段。

第四章　東院舎利殿の障子絵の主題をめぐって

中世法隆寺における太子信仰の拠点ともいうべき東院の舎利殿に描かれた障子絵については、その画題がどういう意味を持つか諸説があるが、太子の事績に直接関係させて理解できることを述べた。

一　呂尚と商山四皓

法隆寺の夥しい文化財の陰に隠れて、あまり目立たない存在ではあるが、東院の舎利殿は、前章で取り上げた聖徳太子所縁の南無仏舎利を祀る太子信仰の拠点である。(1)その内陣の障子絵は元禄五年(一六九二)に取り外され、長谷川等真による同七年の模本(図15)に入れ替えられたが、元来、南北朝時代に描かれたとみられる貴重な作品であって、現在は法隆寺献納宝物の一部として東京国立博物館の所蔵となっている。(2)ただ、この障子絵は、ようやく江戸時代中期の『古今一陽集』によって、主題が文王・呂尚《りょしょう》と商山四皓《しこう》の故事と分かるものの、法隆寺の昭和大修理で、舎利殿の解体修理が行われるまで、詳しい制作年代は明らかでなかった。(3)南無仏舎利への信仰が、近代以降、力を失ったこと、古いものが極めて多い法隆寺関係の文化財の中では、地味な存在であったことなどが、この作品への関心を低下させていたと言えないこともなかろう。その後、この作品の研究は、主として献納宝物研

図 15　東院舎利殿障子絵　商山四皓図第 1 面・第 2 面(法隆寺蔵)

究の一環として進められてきたが、中世の屏風絵、障子絵に対する関心が高まるに連れ、新たな視角からの研究も現れているのが現状である。ただ、仏画でも絵伝でもない絵画が、なぜ舎利殿に描かれたのか、今もって明確な答えは出ていないように思われる。原点に立ち返り、その主題が持つ意義を改めて検証してみたい。

まず、考察の前提として留意しなければならないのは、この問題を、狭義の画題研究の枠内で考えるべきではないという点である。いわゆる画題という観点に立てば、文王・呂尚や商山四皓は、近世の大画面によく描かれた君主の戒めとなる鑑戒画《かんかいが》との関係が問題となる。しかしこの障子絵を、そのような鑑戒画と同様に扱うのは妥当でない。文王・呂尚や商山四皓の図に限らず、鑑戒画は、注文主の為政者やその周辺人物が、それを見て自らの施政上の戒めや教訓を得るために制作されるのが建前である。この種の絵は、たとえ形式的にもせよ、それを眺める為政者がいてこそ意義がある。しかし舎利殿は、もとより居住空間ではないし、南無仏舎利を安置する場であった。そのような場所に、鑑戒画が描かれるのは不可解と言わねばならない。鑑戒画という観念から一旦離れ、主題の意味を考え直してみる必要があろう。

そのためには、二つの主題の典拠に遡ることが求められる。これらの故事は『史記』(斉太公世家・留侯世家)や『漢書』(張陳王周伝)等、諸書に見えるが、根本の『史記』から、まず文王・呂尚の記事を斉太公世家によって掲げる。原文と対照して挙げたのは、小竹武夫・小竹文夫両氏による現代語訳である。(4)

周の西伯(文王)は狩りをしたが、はたして太公に渭水の北岸で出会い、ともに語りあって大いに喜んだ。西伯が言った。「私の亡父太公のときから、「やがて周に聖人が現れ、その人によって周は興隆するだろう」と言い伝えられているが、あなたはまさしくそのかたでしょう。わが太公があなたを待望されたことは、久しいものでした。」よって呂尚を太公望とよび、車に載せて一緒につれ帰り、これを師と仰いだ。

周西伯猟、果遇太公於渭之陽、与語大説曰、自吾先君太公曰、当有聖人適周、周以興、子真是邪、吾太公望子久矣、故号之曰太公望、載与倶帰、立為師

これによれば、渭水のほとりで釣りをしていた呂尚は、文王に見出されてその指南役となり、文王の治世を助けることになる。

一方、商山四皓の故事も、同じく『史記』の留侯世家によって見てゆく。その内容はやや長文に亘るが、摘記すれば次のとおりである。

上(漢の高祖)は太子を廃し、戚夫人の子趙王如意を立てようとした。大臣は多く諫めたが、どこまでも主張する者はなかった。(太子の母)呂后は恐れて、なすところを知らぬ有様であった。ある人が呂后に、「留侯(張良)はよくはかりごとを策し、上は信用しておられる」と言った。そこで呂后は建成侯呂沢を使い、なかば留侯を脅かすように言った。「君は常に上の謀臣です。いま上が太子を変えようとしておられるのに、君はどうして枕を高くして臥しておられるのですか。」(中略)留侯は言った。「これは口先で諫められることではありません。思うに主上には、天下に招いて招けぬ人が四人あります。この四人は老人で、上を傲慢不遜だと思い、それゆえ逃れて山中に隠れ、相談して漢の臣とならないのです。しかし上はこの四人を高義としておられます(中略)。安車を具え、弁舌の士をやって懇請させられるなら、かの四人も来ることでしょう。来ればこれを賓客とし、時々従えて朝廷に入り、上に謁見させられるなら、上は必ず奇異に思し召してお問いになりましょう。問うて上がこの四人の賢を知らされるなら、主上説得の一助になりましょう。」　そこで呂后は呂沢に命じ、人をやって太子の書簡を奉持し、辞を低うし礼を厚うして、四人を迎えさせた。四人が到着して、建成侯のところに客となった。漢の十一年、鯨布が叛くと、上は病いに冒され、太子を将軍として鯨布を撃たせにやろうとした。四人の者が互いに言うよう、「我々がここへ来たのは、太子の位を護るためであった。太子が将軍となっては、事は危うい」

と。(中略)呂后はお手隙を伺って、主上に泣いて言うこと、かの四人の意のようであった。上は、「わしも、あの小僧では、遣わし甲斐がないと思っている。わし自身行くより他はあるまい」と言った。かくて上自ら軍を統率して東行した。(中略)漢の十二年、上は布の軍を撃破して凱旋した。上の病気はますます募り、いよいよ太子を変えようとした。留侯は諫めたが、聴き入れられなかった。(中略)宴会して飲酒したとき、太子がその席に侍り、かの四人の者が太子に従っていた。いずれも年は八十余歳、鬚・眉ともまっ白で、衣冠はまことに見事であった。上は不思議に思って、「彼らは何をしている者か」と問うた。四人は進み出て、それぞれ自分の姓名を答え、「東園公・角里先生・綺里季・夏黄公」と言った。上は大いに驚いて言った。「わしは数年、そなたたちを探したのに、そなたたちはわしを避けておられた。今そなたたちは、どうしたことでわしの子につき従っておるのか。」四人は口を揃えて言った。「陛下は士を軽んじ、よく人を罵られますが、私らは義としてそうした恥辱を受けられません。それゆえ、恐れて隠れていたのです。しかし、密かに聞きましたところ、太子は生まれつき仁孝恭敬で士を愛し、天下には遥に望んで、太子のために死ぬのを本望としないものがないとか。それゆえ、私らは出て来たのです。」上は、「そなたらを煩わすが、どうか最後まで太子を護りたすけてやってほしい」と言った。四人が主上の長寿を祝福し、終わって足早に立ち去った。

上欲廃太子、立戚夫人子趙王如意、大臣多諫争、未能得堅決者也、呂后恐不知所為、人或謂呂后曰、留侯善画計筴、上信用之、呂后乃使建成侯呂沢、劫留侯曰、君常為上謀臣、今上欲易太子、君安得高枕而臥乎、(中略)留侯曰、此難以口舌争也、顧上有不能致者、天下有四人、(中略)四人者年老矣、皆以為上慢侮人、故逃匿山中、義不為漢臣、然上高此四人、今公誠能無愛金玉璧帛、令太子為書、卑辞安車、因使弁士固請宜来、来以為客、時時従入朝、令上見之、則必異而問之、問之上知此四人賢、則一助也、於是呂后、令呂沢使人奉太子書、卑辞厚礼、迎此四人、四人至客建成侯所、漢十一年、鯨布反、上病欲使太子将往撃之、四人相謂曰、凡来者、将以存太子、太子将兵事危矣、(中略)呂后承間為上泣涕而言、如四人意、(中略)於是、上自将兵而東、(中略)漢十二年、上従撃破布軍帰、疾益甚、愈欲易太子、留侯諫不聴、(中略)及燕置酒、太子侍、四人従太子、年皆八十有余、鬚眉皓白、衣冠甚偉、上怪之、問曰、彼何為者、四人前対、各言名姓曰、東園公・角里先生・綺里季・夏黄公、上乃大驚曰、吾求公数歳、公辟逃我、今公何自従吾児游乎、四人皆曰、陛下軽士善罵、臣等義不受辱、故恐而亡匿、窃聞、太子為人仁孝、恭敬愛士、天下莫不延頸、欲為太子死者、故臣等来耳、上曰、煩公幸卒調護太子、四人為寿已畢趨去

即ち商山四皓とは、東園公・角里《ろくり》先生・綺里季《きりき》・夏黄公《かこうこう》の四人を言い、漢の高祖の姿勢を嫌って商山に隠れ住んでいた。高祖の后、呂后は、息子の太子がその地位を廃されるのを恐れ、高祖が敬仰する彼らを迎えて、太子の守護を依頼しようとした。四人はその依頼に感じて出山し、高祖を諫めて太子の地位を安泰にした、というのである。この太子が、高祖の跡を継いだ恵帝である。

野にある賢人を呼び寄せて登用するのは、為政者の学ぶべきことであり、また時の君主が良くなければ、潔く地位を捨てて山に隠れるのも、君子の範とすべき行動である。しかし前述のように、舎利

殿の場合、これらの故事が鑑戒画として描かれるとは考え難い。聖徳太子に関わる意味があったと見るべきであろう。参考となるのは、舎利殿に描かれた他の絵画である。舎利殿厨子の正面の壁には、現在は別置されているが、尊智筆の聖徳太子勝鬘経講讃図が貼り付けられていたとされる。またその厨子の北側の面には、これも別置されている蓮池図があったという(5)。これは純粋な世俗画であるが、太子が勝鬘経を講じた際、天から蓮弁が降り注いだという故事に因んだと解される。こうした講讃図やそれに関わる絵が用意されたのは、それが太子の生涯における重要な出来事であったからであるが、一方、講讃が推古天皇の要請に応えてなされたと伝えられるのは、注意されよう。これは太子の摂政としての役割を、仏教的にも認めたものと言ってよい。文王・呂尚や商山四皓の図も、このような観念との関わりで理解されるべきではあるまいか。

そもそも文王・呂尚の故事は、臣下の視点から見れば、文王を輔弼する優れた政治家についての挿話である。また商山四皓の方は、直接には皇太子に対する関係ではあるが、これを守護指導して即位に導く賢臣たちの伝承である。そこには、有能な臣下が主君を補佐するという共通の趣旨が見出せる。このような題材が採用されたのは、聖徳太子を呂尚や四皓にも匹敵する名臣として、顕彰する意味があったと考えるべきであろう。鑑戒という機能とは逆に、これらの絵を見る人々は、中国の賢人に擬えて、太子を称賛することを促されたのである。このように解すれば、一見、舎利殿とは無関係な障子絵が、明確に太子に結びついてくる。単に山から聖賢が現れるめでたい図様と解する説もあるが(6)、それでは舎利殿や太子との関係が、あまりに間接的で遠いと言わざるをえないであろう。

二　主題の典拠

障子絵の主題をこのように考えて残る問題は、こうした構想の立案者が、何を手掛かりにその発想を得たのかである。もちろん直接『史記』ないし『漢書』からということもあり得ないとは言えないが、詩文の述作の場合と同様、目に触れやすく利用しやすい媒体があり、一時に二つの故事が参照できたと推定するのが自然であろう。現に、中世の人々にとって文王・呂尚や四皓の故事が、決して縁遠いものでなかったことが、すでに指摘されている(7)。中でも重要なのが、『和漢朗詠集』との関係であろう。泉万里氏は、『和漢朗詠集』巻下、老人の項に左に掲げた句があることを指摘し、その影響が広く諸書に及んでいることを述べておられる(訓読は後述の『和漢朗詠集私注』に拠る)。

太公望之遇周文、謂浜之波畳面、綺里季之輔漢恵、商山之月垂眉

太公望の周文に遇《あ》いぬる、謂浜の波、面に畳めり、綺里季の漢恵を輔《たす》けしも、商山の月、眉を垂れたり。

平安中期、藤原公任の撰した『和漢朗詠集』は、その本来の撰述意図とは別に、習字手本や詩歌・文章作りの参考とされたばかりでなく、収載の詩文や和歌が様々な和漢の故事を踏まえるところから、初学者のためのいわゆる幼学書としても、近世まで幅広い読者を持った。前記の『和漢朗詠集』の語

句は、二つの故事が併せて取り上げられている点で示唆的であり、この書の圧倒的な普及度を考慮すると、これが導入的な役割を演じたとみて不自然ではない。もっともこの語句は、直接には大江匡衡の「寿考」をテーマとする対策文(のち『本朝文粋』巻三、対冊に全文が収められる)から採られているが、『史記』や『漢書』以上に、それが直接参照された可能性は低いであろう。また、『和漢朗詠集』に倣って平安末に作られた『新撰朗詠集』にも「呂尚父之面波、別渭水而猶畳、袁司徒之鬢雪、出商山而既寒」(呂尚父の面の波、渭水に別れて猶畳み、袁司徒の鬢の雪、商山を出でて既に寒し)という類句が採られている(巻下、老人)。これも『本朝文粋』巻二所収、巨勢為時の勅答から出ており、「袁」は「園」の誤りで、東園公を指すと見られる。しかしこの書も、『和漢朗詠集』程の影響力があったとは考えにくい。

とはいえ『和漢朗詠集』の語句も、それを見ただけで、優れた輔弼の臣という人物像が、ただちに思い浮かぶわけではない。そこで注意されるのが、『和漢朗詠集』に付けられた古注の存在である。一体、前近代の古典学習では、本文が単独で学ばれることはなく、必ず定評ある注と共に学ばれた。特に中国古典の学習では、本文が難解なこともあって、この学習法が古くから確立しており、その注も一定の権威あるものに限られるのが常であった。日本における各種古典の学習にも、この方式が踏襲されている。『和漢朗詠集』に関しても、これが幼学書として普及する過程で注が作られ、それを通じて本文を理解するのが通例であった。『和漢朗詠集』にも複数の注が残っているが、『和漢朗詠集私注』巻六を見ると、前記の句の四皓に関して「翼漢家四人事也」(漢家を翼《たす》けし四人の事なり)とある。この注は平安末期の僧覚明の撰で、全体に亘って詳しい注解が施され、のちの『和漢朗詠集永済注』

や近世の北村季吟『和漢朗詠集注』の源泉となった重要な古注である(8)。ここでは通常よく話題となる隠遁者としての側面が触れられず、「漢家」即ち中国の国家を助けた人物として、光が当てられている。実は『和漢朗詠集』や『新撰朗詠集』の典拠となった対策文や勅答でも、呂尚や四皓は、在野の遺賢としてではなく、老齢にもかかわらず天子を助けた人物として称揚されているのであって、私注は彼らのその面を簡潔に述べたに過ぎないし、それが彼らに対する鎌倉時代ごろまでの平均的な人物評価であったと見られる。摂政聖徳太子と呂尚や四皓を関連させる直接のヒントが、このような注釈にあったとしても不思議ではないであろう。

障子絵に対する『和漢朗詠集』やその古注の影響を以上のように考えた場合、障子絵では四皓が四人一組で扱われていないこともうなずけよう。『和漢朗詠集』や『新撰朗詠集』では、もとより四人を念頭に置いた上でのことではあるが、四皓の内の綺里季や「園公」(東園公)が顔を出すに過ぎない。これは、その原典である対策文や勅答をも含めて、古代中世には、四皓を一団として扱うことが、必ずしも徹底していなかった現れであろう。障子絵が四皓を終始四人で描いてはいないのも、同じ流れの中にあると考えられる。

以上、主に主題の選択という面から検討してきたが、『和漢朗詠集』の普及度から推すと、絵を見た人々が、その意味や太子との関連を理解するのも、また容易であったろうことを付けて加えて、この小考を終わることにしたい。なお蛇足ながら、遅くも鎌倉時代以前から法隆寺に伝来した遺品に、八臣瓢(現在は皇居三の丸尚蔵館蔵)がある。瓢の側面に八人の賢聖を表出した珍しい作例であるが、その賢聖には商山四皓が含まれている。あるいはこの作品の存在が、障子絵の主題の選択に幾分か影響を及ぼしたかも知れない。

（1）南無仏舎利の伝承の成立については、前章「「南無仏舎利」伝承の成立」参照。

（2）東京国立博物館編『文王呂尚・商山四皓図屏風』1（法隆寺献納宝物特別調査概報 XXXIX、二〇一九年）、同2（同 XL、二〇二〇年）。

（3）法隆寺国宝保存事業部編『法隆寺国宝保存工事報告書　第八冊　国宝建造物法隆寺東院舎利殿及絵殿並伝法堂修理工事報告』一九四三年、瀬谷愛「文王呂尚・商山四皓図屏風の伝来」（東京国立博物館編『文王呂尚・商山四皓図屏風』1、注2前掲所収）。

（4）世界文学大系5Ａ『史記』筑摩書房、一九六二年。訳文の仮名を漢字に改めた箇所がある。

（5）法隆寺国宝保存事業部編『法隆寺国宝保存工事報告書　第八冊　国宝建造物法隆寺東院舎利殿及絵殿並伝法堂修理工事報告』（注3前掲）参照。

（6）泉万里「法隆寺舎利殿障子絵」（『中世屏風絵研究』中央公論美術出版、二〇一三年）。

（7）同右。

（8）山内潤三・木村晟・朽尾武編『和漢朗詠集私注』（新典社、一九八二年）、三木雅博『『和漢朗詠集私注』の方法」『和漢朗詠集とその享受』（勉誠社、一九九五年）。

第五章 『天王寺秘決』を読む——四天王寺と法隆寺

研究の手薄な四天王寺系の史料を取り上げ、その性格や特色を、法隆寺と対比して論じた。

一 『太子伝古今目録抄』の同名異書

鎌倉時代の法隆寺僧顕真《けんしん》が、一三世紀前半に著した『太子伝古今目録抄』(聖徳太子伝私記)は、中世の法隆寺を考える際の最も重要な史料として知られているが、これと同名の書が、同じ顕真の著作として、『大日本仏教全書』(聖徳太子伝叢書)に収録されている。しかし早くから指摘があったとおり、両書は全く別物であって、同じ撰者の著とは考えられず、その内容的特色から、『大日本仏教全書』本は、四天王寺と縁の深い人物による著作と判断される。そのためこの書は、通常「四天王寺本『太子伝古今目録抄』」と呼ばれて学界に用いられてきた。この書名が不適切なことは改めて言うまでもないが、本書についての研究は必ずしも盛んではなく、今後の検討に俟つべき点は少なくない。ここではまず本書と顕真『太子伝古今目録抄』との関係を改めて整理した上で、本書の記事を手掛かりに、法隆寺と四天王寺をめぐる一、二の問題について触れてみることとしたい。

二 『天王寺秘決』の成立と伝来

いわゆる四天王寺本『太子伝古今目録抄』には、二つの古写本の存在が知られている。一つは尊経閣文庫所蔵の本であり(1)、もう一つは『大日本仏教全書』に翻刻された法隆寺所蔵の一本である(2)(図16)。どちらの写本にも、次のような奥書がある。

喜(嘉)禄三年応鐘下旬中明於天王寺東僧房書之

この奥書を撰述年代ととる説があり(3)、今日でもそれを肯定する論者が見られるが、その体裁からしても、早く飯田瑞穂氏が論じられているとおり、これは書写奥書と解すべきで(4)、撰者による著述の年月とは考えられない。そうなると成立年代が問題となるが、本文中を見渡すと、建仁元年(一二〇一)の年紀が見えるので、上限をこの年とする鎌倉時代初めの著作とみてよいであろう(5)。現存する最古の太子伝研究書の一つと言って差し支えない。

本書の書名は、法隆寺本に基づいて長らく『太子伝古今目録抄』とされてきたが、飯田氏によって、尊経閣本の表紙に次のような記載のあることが紹介された(6)。

上宮皇太子菩薩伝又有
聖徳太子御事

「聖徳太子御事」を中央に、左右に右記の文字があり、一行目は「上宮皇太子菩薩伝」が付載されていることを示し、三行目の「提婆《だいば》羅惹《らじゃく》寺摩訶所生秘決」は本書の書名と判断される。提婆羅惹とは四天王の梵名であるから、提婆羅惹寺は四天王寺に他ならず、この書名を直訳するなら、「四天王寺の摩訶(偉大な)所生(成立、起源)についての秘伝」ということになろう。本書は四天王寺についての所伝が中心をなすので、この書名はそれに適合するといえる。飯田瑞穂氏は、この本が古い太子伝関係書に、「提婆羅惹秘決」「天王寺秘決」「秘決」などとして引用されることに着目し、「提婆羅惹寺秘決」ないし「天王寺秘決」と呼ぶことを提唱され[7]、今日では「天王寺秘決」の称が一般化している。

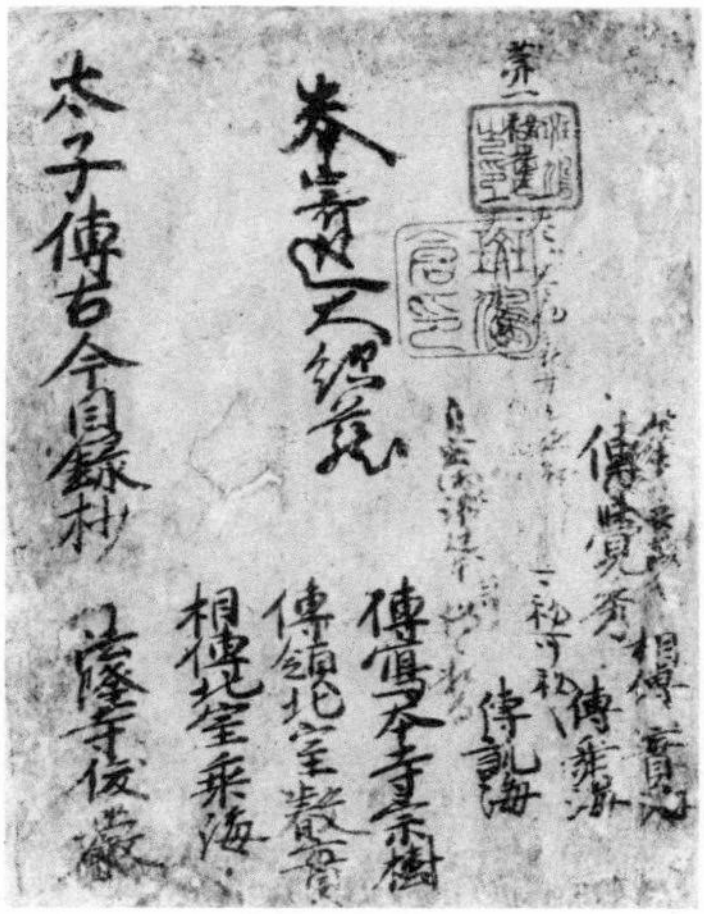
図 16 『天王寺秘決』表紙(法隆寺蔵)

ただ内容を見ると、概ね太子の前生から年代順に太子の生涯にまつわるテーマを列挙して解説する形となっており、前述のように一種の太子伝研究書である。尊経閣本表紙中央の「聖徳太子御事」は、書名として熟さない嫌いはあるが、一面では内容にふさわしく、最初はこの素朴な書名であった可能性を残しておくべきであろう。川岸宏教氏が「聖徳太子御事」を書名とされているのは[8]、そのような判断からではないかと推測される。

本書の二つの伝本は、『天王寺秘決』を中心に、「上宮皇太子菩薩伝」(『延暦僧録』所収)と顕真の『太子伝古今目録抄』から抄出された四天王に関わる記事を付載する点で共通するが、尊経閣本が、菩薩伝、目録抄の順になっているのに対して、法隆寺本はその順序が逆になっている点が異なる。(9)尊経閣本には次の奥書があって、鎌倉時代、正応四年(一二九一)、東大寺僧了敏の書写になることがわかる(〈　〉内は双行注の文。以下同じ)。

正応四年〈辛卯〉正月廿三日於南都東大寺
知足院南坊書写之了　　沙門了敏〈生年五十三　戒臈三十二〉

また「上宮皇太子菩薩伝」の末尾にも、同人による次の奥書がある。

正応四年〈辛卯〉正月廿三日於知足院書写了　　沙門了敏〈生年五十三　戒臈三十二〉

この本の裏表紙には「東大寺戒壇院公用」と大書されており、同院に伝来したことが知られる。(10)法隆寺本は、菩薩伝と目録抄の順序が違うものの、この尊経閣本の転写本である。そのことは次のとおり、冊尾に尊経閣本の正応の奥書を、書きさしたままにしていることから明らかである(図17)。

正応四年〈□〉

「四年」の下の字画は鍋蓋の形をした小さなものであって、「年」の右下に位置する。これは「辛卯」の「辛」の第二画までを書いて放棄した結果であろう。即ちこれは尊経閣本における了敏の奥書を、不完全に伝えたものと見なければならない。この本では、『天王寺秘決』の末尾には嘉禄（喜禄と誤る）の本奥書しかないから、この正応の奥書は、尊経閣本の「上宮皇太子菩薩伝」の末尾にある書写奥書を写そうとしたものであろう。法隆寺本について詳しく論じられた荻野三七彦氏が、なぜこの未完の奥書に全く触れられなかったのかは不明である。

法隆寺本に関しては、表紙に次に掲げるような伝領に関わる墨書があり、書写と伝来の経過が判明する[11]（二一一頁図16）。

図17 『天王寺秘決』奥書（法隆寺蔵）

伝覚秀　相伝実海
　伝舜海
　伝訓海
自実海定諭辻本ヨリ伝之頼尊
伝写本寺宗樹
伝領北室叡実
相伝北室乗海
太子伝古今目録抄　法隆寺　俊厳

このほかにも書入れはあるが、その詳細は荻野三七彦氏の研究に譲り、いまこの本を書写した宗樹までの伝領に限って述べると、左端の一行が最初の情報で、その下部に見える「俊厳」は、顕真の甥である。この本の原本は俊厳から右へ、乗海・叡実と伝えられ、宗樹が南北朝時代、一四世紀後半に、俊厳所持の原本を書写した。こうした事情から、所持・伝領者の名は、俊厳から宗樹まで四名分は宗樹の筆になっている。

ここで注意されるのは、この表紙と書名との関係である。『大日本仏教全書』は、左端の「太子伝古今目録抄」をこの写本の題名と解したのであろうが、これが題名ならば表紙中央に書されるべきもので、その位置が不可解である。法隆寺に蔵されるこの前後の写本を見ても、冊子本の場合、書名は皆中央に書かれている。(12) この「太子伝古今目録抄」が書名でないことは、その点からも明らかと言わねばならない。俊厳所持の原本が伝わっていない以上、荻野三七彦氏が言われたように検討には限界があるが、(13) この「太子伝古今目録抄」は、写本末尾の『太子伝古今目録抄』の引用を意識した俊厳が、メモ的に書き入れたものではなかったろうか。

また、この左端の一行を子細に見ると、冒頭から「俊厳」まで一筆で書かれながら、「抄」のみはやや細身で墨色が薄く、しかも「古今目録」は右に流れるような筆勢で書かれている。それにもかかわらず、「抄」にはその傾向が見られない。これは宗樹が初めに「太子伝」と書き、次に「古今目録」を書き加えたのち、更に「抄」を追筆した結果であろう。即ち少なくとも俊厳は、ある段階まで単に「太子伝古今目録」と略記していた可能性がある。そのことで思い合わされるのが、『太子伝玉林抄』巻七における本書の引用である。『玉林抄』は、「俊厳古今目録云」という形で、本書の第一四〇項を引用している。『玉林抄』の成立は室町時代の文安五年(一四四八)であるが、もしこれが単なる脱字でないとすれば、「抄」が加えられたのはかなり遅れてのことであったかもしれない。また、俊厳所持の段階では、単に「太子伝」とだけ書かれていた可能性も残っている。いずれにせよ、「太子伝古今目録抄」は法隆寺本の書名ではなく、顕真が四天王寺の所伝に対抗して同名の著書を書いたとする蔵中進氏の説は[14]、全くの見当違いと言える。

三 『天王寺秘決』の特色

次に『天王寺秘決』の内容であるが、本文は箇条書き的に全一六八項目にわたり、太子伝に関する話柄を挙げて記述する形をとっていて、緊密な構成にはなっていない。冒頭に四天王寺の別院を列挙した後、絵堂の記事に続くのは、そこに描かれた絵伝の解説に資する意図があるのかもしれない。引用される典籍や史料は、直接引用か間接引用かの問題はあるにしても六〇種を超え、独自の見解も少なくなく、撰者は相当深い学識の持ち主であったと推定できる。内容的にめだつ点を見てゆくと、古くから注意されてきたのが、『大同縁起』の引用である。これは延暦二十二年(八〇三)に撰述された四天王寺の伽藍縁起資財帳を抄出したものと考えられ、古い残存史料に乏しい七・八世紀の四天王寺を知る根本史料である[15]。この縁起から見た四天王寺の歴史については別稿に譲るが[16]、そこに見える施薬院については、後段で触れる。

四天王寺と言えば、必ず言及されると言ってもよい西門にまつわる阿弥陀浄土信仰について、本書が全く沈黙しているのは特徴的であるが、その一方、法隆寺への言及は極めて多い。奈良時代以来、法隆寺は四天王寺と並んで太子信仰の中心寺院であったから、太子伝を主題とする本書が、法隆寺に言及するのは当然といえば当然で、以下のような項目が目に付く。

1　東院絵殿障子絵の「誤り」(四項)

法興寺(飛鳥寺)を中宮寺の姿で描く

「法隆寺障子絵」は『法隆寺絵所日記』によれば延久元年(一〇六九)の制作(一四一項)

2　『法隆寺縁起』の記事引用(一八項　一一四項　一一五項　一六四項)

3　金堂釈迦光背銘・天寿国繍帳銘・法起寺塔露盤銘の利用(三一項)

太子の享年を考証

4　秘仏夢殿救世観音への言及(四六項)

『七大寺巡礼私記』による

5　小野妹子将来経(細字法華経)について

欠落箇所の指摘(八九項　九〇項)『七大寺巡礼私記』によるか

小野妹子将来経に提婆達多品が存在(九〇項)

長寿三年奥書の引用(一二一項)

6　阿佐王子の呼称に関する法隆寺と四天王寺の所伝(九二項)

7　法隆寺宝蔵の健陀国納袈裟(一〇八項)

8　「法隆寺斑鳩宮安置」の金銅薬師三尊(一一〇項)

母皇后のための造立とするが、実物は不明

9　「法隆学問寺」の経典と研究その効果（一三〇項）
　毎年の三部経の講説
10　「法隆寺御影」（聖徳太子像）への関心（一四三項　一四六項）
11　太子建立寺院の一覧（一六五項）

以上の全てに関説するのは避けるが、撰者の関心を窺う上に意味深いと思われるものを見ておこう。

1は、撰者が延久元年に完成した法隆寺東院の太子絵伝に関心を寄せていたことを示すだけでなく、法興寺での無遮大会《むしゃだいえ》の場面で描かれている伽藍が、中宮寺のものであることを指摘するほどの観察を見せていることが注意される。『天王寺秘決』は実質上、四天王寺の絵堂から記事が始められているといってよいが、それに引き続いて、撰者が法隆寺絵伝の誤りとして右の事実に言及しているのは、撰者の法隆寺への関心の強さを物語るであろう。実際ここに描かれているのは、飛鳥の法興寺（飛鳥寺）ではなく、創建時の中宮寺と見てよいが(17)、撰者の言うところそのままに、単純な誤りとすることはできない。中宮寺には、少なくとも奈良時代以降、法号として法興寺の称もあった。『異本上宮太子伝』（いわゆる『七代記』）に、太子建立八寺の一つとして法興寺を挙げ、「時俗呼為鵤尼寺」（時俗、呼びて鵤尼寺と為す）とあるのは、その証である。なお、制作年代の徴証として挙げられた『法隆寺絵所日記』は、現在見ることができない。

3は、異説のある太子の没年について、銘文を使って論じているのが注目される。同様なことは『上宮聖徳法王帝説』の八世紀半ばに加えられたとみられる部分に先蹤があり、顕真の『太子伝古今目録抄』では、三種の銘文が揃って考証材料とされているが、3はこれに先んじている。とりわけ見逃せないのは、天寿国繡帳銘と法起寺塔露盤銘の引証である。まず法起寺塔露盤銘は、永保元年(一〇八一)に存在が知られた史料で[18]、撰者がその冒頭部を引用するのは不合理ではないが、管見ではその最も早い言及である。また天寿国繡帳が法隆寺の綱封蔵から発見されたのは、周知のとおり本書撰述後の文永十一年(一二七四)であり、撰者は写本として伝来した銘文を参照したとみられる。撰者のこうした考証態度は、先進的なものとして評価されるとともに、法起寺塔露盤銘を含め、法隆寺系の史料に対する造詣が並々でなかったことを示している。特に露盤銘などは、中央の記録に現れず、法隆寺を介する以外に見ることは難しかったのではないかと思われる。その点に関して注意されるのは、法隆寺に伝来した『上宮聖徳法王帝説』(一一世紀初頭以前の書写)[19]が、釈迦三尊の光背銘を「光後銘」として引用していることである。この称は本書と共通する。『法王帝説』が参照されたか否かは明らかでないが、一応留意されてよかろう。

4・5は、間接的な情報がもとになっているであろうが、同じく法隆寺の史料に関する撰者の知識を語るものである。10の御影が具体的に何を指すかは不明であるが、唐本御影《とうほんみえい》あるいは摂政像などであろうか。いずれにせよ、10も4・5と同じように理解される。

さらに9の法隆学問寺という称呼は、撰者が法隆寺に敬意を払っていたことを示すもので、本書の中でも興味深い点の一つである。法隆学問寺という称呼は、現存史料の中では、天平十九年(七四七)『法隆寺伽藍縁起幷流記資財帳』の縁起部分に現れるのが最も古い。そこでは推古天皇と太子の造立した寺院を列挙する際、この名称が使われている。それ以降では、法隆寺関係者が太子に仮託して作ったとみられる四節文[20](『聖徳太子伝暦』所引)、さらに鎌倉時代に入って、顕真の『太子伝古今目録抄』

などにも見える。しかし直接法隆寺に結びつかない古い著作で、この称が使われているのは珍しく、その背景を考えてみることも必要であろう。本書ではこの称が次のような文脈の中で使用されている。

又云わく、法隆学問寺に住する僧俗、毎年九旬、法花・勝鬘・維摩三部の経を講ぜ令む。法輪常に転じ、而して万民を済《すく》う。三宝を紹隆し、以て率土を護ると云々。

又云、住法隆学問寺僧俗、毎年九旬、令講法花・勝鬘・維摩三部経、法輪常転、而済万民、紹隆三宝、以護率土云々

法隆寺は毎年九〇日にわたり、法華・勝鬘・維摩の三経典が講義される研究道場であり、そのことが万民の救済と護国につながるという理解である。三経の講説は奈良時代に遡る法隆寺の重要な活動であり、そこに着目してこの称が使用されたのに違いない。

本書は名称が『天王寺秘決』と改まっても、なおそこに四天王寺側の法隆寺に対する対抗意識や優越意識を読み取るべきであるとする論調が優勢である。(21) 確かに本書には、四天王寺と法隆寺を対比した記事がまま存在するが、前にも触れたとおり、両寺が太子信仰の拠点寺院であってみれば、それは無理からぬところであろう。しかし先述のように撰者は法隆寺の史料によく通じ、法隆寺を学問寺と捉えていた。むしろ法隆寺と四天王寺の交流の深さを、本書から汲み取るべきであろうと思う。

四　法隆寺と四天王寺

『天王寺秘決』の撰者が、法隆学問寺という認識を持っていたことは既に述べたとおりであるが、その背景には、法隆寺の経典研究に対し、四天王寺を仏教的な社会活動を実践する寺とする意識があったのではなかろうか。最後にこの点について述べて置きたい。四天王寺については、聖徳太子に仮託された『四天王寺御手印《ごていん》縁起』に、敬田《きょうでん》院・悲田《ひでん》院・施薬《せやく》院・療病《りょうびょう》院という四つの院からなる伽藍構成が記されている。敬田院は三宝を恭敬供養する一郭で、通常の伽藍部分、悲田院は病人・貧窮者への施与を行うための一郭、施薬院は病人への投薬を行う一郭、療病院は治療のための一郭である。仏教的な福田《ふくでん》思想による太子の社会福祉事業として有名であるが、こうした施設を伴う形が創建以来の四天王寺の姿かどうか、疑問も呈されてきた(22)。しかし、遅くても奈良時代末期には、このような構成になっていたことが、以下に引く『天王寺秘決』所引の『大同縁起』逸文から言える。

大同縁起云、施薬院地五段、伏見村云々（一六五項）

これによれば、摂津国の伏見村（おそらくは『和名抄』の西成郡伏見郷）に施薬院の財源に資する水田が設定されていた。八世紀末、四天王寺施薬院が機能していたことは確かであろう。それが飛鳥時代まで遡るという証拠はないが、少なくとも奈良時代半ばまでは引き上げて考えることができる。手掛かりになるのは、光明皇后が行った社会福祉事業である。天平二年（七三〇）五月、光明皇后の家政機関である皇后宮職に施薬院・悲田院が設置された(『扶桑略記』)。この二つが光明皇后晩年の八世紀半ば過ぎまで活動していたことは、東大寺境内出土の木簡や、(23)『続日本紀』天平勝宝八歳(七五六)十二月乙未条に載せる葛木戸主《かずらきのへぬし》の業績などから推定できる。『延暦僧録』が光明皇后の伝の中で、次のように述べているのも、それを裏付けるであろう(『延暦僧録』仁政皇后菩薩伝、『東大寺要録』巻一所引)。

A 皇后又立薬院、給諸病苦(皇后又薬院を立て、諸々の病苦に給う)

B 皇后会悲敬二田、興建三宝(皇后、悲・敬の二田を会し、三宝を興し建つ)

Aは施薬院の設立と療病院に相当する事業の実施を言い、Bは皇后が悲田と敬田の二つを統合し、仏教を起こし建てたと記す。Bは換言すれば「仏像・堂塔の尊崇と社会福祉事業を一体で行い、仏教を盛んにした」ということであろう。(24)

これより先、養老七年(七二三)、興福寺に施薬院・悲田院が置かれているが(『扶桑略記』)、興福寺が皇后の出た藤原氏の氏寺であることを考えれば、これも皇后の意向から出たことが推測されよう。その際、皇后の念頭には、四天王寺の四箇院が意識されていたのではあるまいか。法隆寺東院の造営に見られるとおり、光明皇后は熱心な聖徳太子信仰の持ち主であった。太子の社会事業が、皇后の模範となっても不思議ではない。なお、興福寺の施薬院・悲田院には、皇后晩年の天平宝字元年(七五七)、越前国の墾田百町が施入されており、活動の継続していたことがわかる(『続日本紀』十二月辛亥条)。

このような社会事業の源が、太子に結びつくのではないかと思われる史料としては、天平十九年

（七四七）の『大安寺伽藍縁起并流記資財帳』に「悲田分綿」と「悲田分銭」のあることが注意される。単に「悲田」とあるだけなので、大安寺には悲田院は置かれなかったと見られるが、綿や銭を財源に、病人・貧窮者への施与を実施していたことがわかる。大安寺の前身は、舒明天皇の建てた百済大寺で、源をたどれば太子の発願した熊凝精舎に至る。縁起には即位前の舒明が、太子の遺志を継いで造営したといい、実際その遺跡である吉備池《きびいけ》廃寺跡では、創建法隆寺と同じ文様の軒平瓦が出土している。(25) 大安寺で行われていた社会事業も、その起源を太子の時代に持っていた可能性がある。

こうして見てくると、四天王寺関係者である『天王寺秘決』の撰者は、長い歴史を持つ四天王寺の社会的役割を認める一方、それと対照的に、三経の研究を伝統とする法隆寺のあり方にも注意し、好意的理解を示していたと考えられる。先に『天王寺秘決』には四天王寺の西門についての言及が見られないことを指摘したが、撰者は四天王寺の浄土信仰よりも、太子信仰に大きな意義を見出していたのであろう。四天王寺と法隆寺をライバル的に捉える従来の図式的な理解では、本書や『太子伝古今目録抄』の性格を見誤る恐れがないとは言えない。今後、より客観的な視点から『天王寺秘決』の性格を眺めなおすことによって、本書の史料価値をさらに引き出すことが求められていると言えよう。

（1）尊経閣文庫架号四―四（尊経閣文庫編『尊経閣文庫国書分類目録』五四六頁）。本文は、榊原史子『『四天王寺縁起』の研究』（勉誠出版、二〇一三年）に一応翻刻されている。

（2）法隆寺古記録番号5（法隆寺昭和資財帳編集委員会編『法隆寺の至宝』8、小学館、一九九九年）。

（3）たなかしげひさ「四天王寺僧中明撰の太子伝古今目録抄の研究」（『奈良朝以前寺院址の研究』白川書院、

一九七八年。一九六三年初出)。

(4) 飯田瑞穂「小野妹子法華経将来説話について」(『聖徳太子伝の研究』吉川弘文館、二〇〇〇年。一九六二年初出)注4。同様な記述が同「『上宮皇太子菩薩伝』について」(同上書所収、一九八二年)にも見える。

(5) 同右。

(6) 同右。

(7) 同右。

(8) 川岸宏教「太子伝研究の軌跡と課題――『聖徳太子伝暦』以後」(『国文学 解釈と鑑賞』五四―一〇、一九八九年)。

(9) 両写本については、棚橋利光「日本最初の太子伝研究書――天王寺秘決」(『大阪の歴史』四〇号、一九九三年)に概説的な説明があるが、本文に後述する正応四年の奥書を「正和四年」と誤っている箇所がある。また挿入された法隆寺本の表紙の書入れ釈文は、『大日本仏教全書』のままで、荻野三七彦『聖徳太子伝古今目録抄の基礎的研究』(法隆寺、一九三七年)七九頁と八一頁の釈読が反映されていない。

(10) 飯田瑞穂注4前掲論文。

(11) 荻野三七彦『聖徳太子伝古今目録抄の基礎的研究』(注9前掲)七五頁参照。

(12) 法隆寺昭和資財帳編集委員会編『法隆寺の至宝』8(注2前掲)参照。

(13) 荻野三七彦『聖徳太子伝古今目録抄の基礎的研究』(注9前掲)七九―八一頁。

(14) 蔵中進「中世太子伝変奏の序曲――『太子伝古今目録抄』」(『国文学 解釈と鑑賞』五四―一〇、一九八九年)。

(15) 村田治郎「四天王寺創立史の諸問題」(『聖徳太子研究』二号、一九六六年)、福山敏男「初期の四天王寺史」(『寺院建築の研究』上、中央公論美術出版、一九八二年)。

(16) 東野治之「初期の四天王寺と『大同縁起』」(『史料学散策』雄山閣、二〇二三年)。

(17) 絵伝の画と中宮寺伽藍との関係に関しては、とりあえず東野治之「文献史料から見た中宮寺」(『史料学

遍歴』雄山閣、二〇一七年。二〇一三年初出)参照。

(18) 東野治之「法起寺塔露盤銘」(『日本古代金石文の研究』岩波書店、二〇〇四年)。荻野三七彦氏は、本書の引用書は全て間接引用であるとされているが(注9前掲書)、この露盤銘はそうとは言えず、引用書全体が間接引用と断ずるのは妥当でなかろう。

(19) 東野治之校注『上宮聖徳法王帝説』(岩波文庫、二〇一三年)八〇―八一頁参照。

(20) 山口哲史「『聖徳太子伝暦』所引「四節文」の成立と四天王寺」(『日本歴史』七六一号、二〇一一年)、榊原史子『『四天王寺縁起』の研究』(注1前掲)第二部第五章。

(21) 榊原史子『『四天王寺縁起』の研究』(注1前掲)など。

(22) 田中卓「四天王寺御手印縁起の成立を論じて本邦社会事業施設の創始に及ぶ――聖徳太子と四天王寺四箇院」(『古典籍と史料』国書刊行会、一九九三年。一九五一年初出)。

(23) この木簡の解釈については、東野治之「東大寺大仏の造立と木簡」(『書の古代史』岩波書店、一九九四年)参照。

(24) 『延暦僧録』については、蔵中しのぶ『『延暦僧録』注釈』(大東文化大学東洋研究所、二〇〇八年)があるが、該書には関連の注はない。なお、該書翻刻中の「楽院」は「薬院」、訓読中の「三賓」は「三寶(宝)」の誤植である。

(25) 奈良文化財研究所編『大和　吉備池廃寺』(吉川弘文館、二〇〇三年)。

第六章　『太子伝古今目録抄』からみた撰者顕真の人物像

『太子伝古今目録抄』(聖徳太子伝私記)は法隆寺史や太子信仰の研究に不可欠の文献であるが、撰者の顕真についてはとかくの議論がある。残された自筆本からその実像を明らかにする。

一　書名と伝来

中世の法隆寺僧顕真の撰になる『太子伝古今目録抄』が、法隆寺の歴史や文化財、聖徳太子信仰を論ずる上に欠かせない史料であることは言うまでもないが、本書には撰者顕真の自筆本が伝わっているため、文化財としての独自の価値を供えている。即ちものとしての情報を読み取り、それを併せ考えることによって、記載内容をより深く理解することが可能である。そのような観点から従来の研究を振り返り、今一度、本書の性格と、そこにうかがわれる顕真の人物像を検討してみることにしたい。

最初にすでに周知のことではあるが、本書の書名についてふれておく。現在公刊されている『太子伝古今目録抄』には、内容を異にする三種のテキストがある。一つは法隆寺に伝来し、現在法隆寺献納宝物として東京国立博物館に所蔵される顕真の自筆本であるが(1)、この内容を改編したテキストが別に存在する。同じ法隆寺献納宝物に含まれる巻子本の『古今目録抄』三巻(鎌倉時代後期)がそれであり、法隆寺には、調巻は二巻に改められているが、その忠実な写本(室町時代)があって、『大日本仏教全書』(聖徳太子伝叢書)に活字翻刻されて流布した。現在はその影印本も出ている。(2)第三のテキストは、同じ『大日本仏教全書』に、はやり顕真撰として翻刻されている異本である。この本は、自筆本や巻子本と全く内容が異なり、その正しい題名は『提波羅惹寺麻訶所生秘決』(通称『天王寺秘決』)であることが、既往の研究で明らかになっている。(3)『大日本仏教全書』の題名や撰者名は全くの誤りであったが、その流布の広さから、長らく別本とみなされて通用してきた経緯がある。このような誤りが生じた原因は、慎重な言い回しながら、かつて荻野三七彦氏が推測されたとおりであろう。(4)即ち法隆寺に蔵せられる書名を欠いた『天王寺秘決』に、古く「古今目録抄」という書名が書き入れられ、それが『大日本仏教全書』の編者によって、本来の書名と見誤られたのである。今日、依然としてこの本を四天王寺本『古今目録抄』と呼ぶことも行われているが、(5)根拠のないことであり、速やかに改められるべきである。

なお、本書自筆本の重要文化財としての指定名称は『古今目録抄』であるが、本書の外題や内題は次のように多様であり、「聖徳太子伝私記」という称呼も用いて差し支えあるまい。

「聖徳太子伝私記　亦名古今目録抄」(上下巻内題)

「聖徳太子伝私集　太子伝古今目録抄」(上下巻表紙)

この自筆本は、その後いかに伝えられたか、明らかにする史料を欠く。鎌倉時代末から室町時代後期にかけては、聖霊院に安置されていた可能性があるが、(6)確証はない。永正十七年(一五二〇)に舎利預の尊英が寄進して函が作られ(現在の内箱)、舎利殿に収められた。しかしいつの頃か舎利殿から出たらしく、一七〇〇年前後に地蔵院の覚賢によって勧学院に寄進された。上下巻の巻首にある「勧学院経蔵印」と「法隆学問寺」印の押捺は、その後この順になされたものと見られる(7)。

二　自筆本の研究史

自筆本の価値に早く注目したのは荻野三七彦氏であって、昭和十二年(一九三七)に刊行されたその翻刻と研究(8)は、第二次大戦後盛んとなった聖徳太子信仰の研究にあっても、常に拠りどころとされてきた。翻刻に用いられた記号には若干の問題があり、翻刻文と影印の対照に不便さを残すなど不満もあったが、錯綜した自筆本を研究者の利用に供するようにした功は減せられるものではない。

自筆本の成立年代について荻野氏は、上巻が嘉禎四年(暦仁元年、一二三八)、下巻が延応(元年は一二三九年)から寛元(元年は一二四三年)ごろとしたが、これも大筋で承認できる。ただ下巻に関しては、林幹彌氏が論じたように(9)、やや遡らせて寛喜二年(一二三〇)から延応・寛元ごろの成立と考えるべきであろう。

また自筆本は、影印でも明らかなとおり、不統一な用紙、数多い訂正・追記、用紙の切り継ぎによる改変など、極めて複雑な形状を呈するが、荻野氏はこの特色に注目し、数々の示唆に富む言及を行っている。原本と真剣に対峙した研究者ならではの視点と言えよう。その後現れた研究では、自筆本のこうした姿はあまり関説されないが、後述のように、これは本書の性格を理解する上に重要な意味を持つ特徴であって、荻野氏の視点を継承してゆくことが求められよう。内容に関する研究動向はのちに譲る。

三　自筆本の姿と内容

さてその自筆本は、上下二冊からなる折本である。本文に付けられた朱や墨の返り点、送り仮名、傍訓、声点などを含め、全文が顕真の自筆である。この本がなぜ折本の形をとっているかであるが、それは顕真が現状をさらに更新してゆく考えを持っていたからであろう。もしこれを袋綴装や綴葉装その他の冊子にしてしまったなら、紙を挿入あるいは切除して書き換えることが困難となる。また巻子とした場合、目指す箇所を探してたどり着くのが面倒である。この二冊が現在の形で残されたのは、顕真が最晩年に至っても、なお自著の更新を考えていた証拠といえよう。大きさが枡型本であるのも、携行の便を配慮した結果と思われる。

この自筆本で、今一つ興味深い点は、顕真の学識、教養の程度をうかがわせる特徴が、随所にみられることである。漢字で書くべきところを空白とし、その読みだけを振り仮名の形で残している場合があるのは、顕真が発音を覚えているだけで、その字を知らなかったか、にわかに字を思い出せなかったからであろう。一、二例を挙げるなら、「半　《シトミ》」(上巻表37b)、「　《コウリャウ》梁」(上巻裏29a)、「　《クミレ》天井」(上巻裏23b)などである。「クミレ」は「組入」であるが、さほど難しくないこうした字が空白になっているのは、顕真がクミレという発音を知っていても、漢字と結び付けて認識していなかった可能性が高い。また、かつて指摘した「塋」と「瑩」を取り違えて送り仮名をつけた例[10](上巻表67b)も、不十分な漢字理解の結果と判断される。顕真は自ら記した『吉祥御願御行旧記』[11](建長四年、一二五二)の中で、「不限文字狼藉、悪筆誹謗又多」(文字の狼藉に限らず、悪筆の誹謗また多し)と、自己の悪筆ぶりを認めているが、確かに自筆本全体を見渡しても、延幹の歌を臨書した部分(下巻裏25ａ―24ａ)を除けば、決して優れた書とは言えないであろう。顕真の教養のほども推測がつく。

それと関連して注意を喚起しておきたいのが、自筆本のほぼ全体に施された返り点や送り仮名、振り仮名である。これらも後人が加えたとは考えられず、まぎれもなく顕真の自筆であるが、終生身辺に置いた自身の草稿とも言える著述に、こうした手間をかけたのは、何を意味するのであろうか。もちろん、自筆本には他書からの引用も少なくはなく、それに本来あった訓点を写したり、読みを付けて備忘の資にしたりすることはあってよいであろう。しかし、自らの書いた地の文に詳細な訓点を付けたのは、顕真の文字言語に対する教養が、それらを必要とするレベルにあったためと考えるのが妥当である。自筆本が、他見を想定する必要のない未定稿であったからこそ、顕真は思うままに心覚えとして、こうした訓点を付けていったものと思う。自筆本のこのような特徴は、内容を理解するためにも有用であるが、それについては後段で触れるところがあろう。

顕真が自筆本に記した記事の中で大きな割合を占めるのは、太子の生没年を巡る諸説、太子の前生についての諸説、その他、太子の諸伝記間での異説など、太子伝に関わることがらである。『太子伝古今目録抄』という書名が、正確にどのような意味を含んでいるのかは不明であるが、平氏伝(聖徳太子伝暦、二巻伝)や松子伝など、いくつかの太子伝の内容を摘記ないし比較して論ずる本書の内容からすれば、太子伝関係の記述が主となるのは当然と言えよう。また本書には、法隆寺の宝物や遺跡、行事、太子ゆかりの寺院に関するまとまった記述があり、その割合も、太子伝関係の記事に劣らない。これらも、東院の宝物・遺跡の場合に明らかなように、太子伝と密接不可分のものとして取り上げられたのであろう。反面、太子に直接関わらない宝物の扱いは軽い（一五七頁注8参照）。

その中にあって看過できないのが、主として下巻を中心に展開される調子丸関係の記事である。平安時代前期に成立した『上宮聖徳太子伝補闕記』には、太子の忠実な舎人として、調使麻呂《つきのおみまろ》の事蹟が出てくるが、この人物は、時代が下ると百済の宰相の子、調子丸となり、顕真は自らをその子孫と位置づける。この調子丸伝承は、主に本書下巻の随所で語られ、これが定着して後代にも伝えられていった。その意味でこの自筆本は、調子丸伝承の源泉と言っても過言ではない。

このような自筆本の内容は、先述した同名の巻子本と比べると大差がある。巻子本では、自筆本での重点の一つ、調子丸伝承が消え、ひとことで言えば法隆寺の寺誌に近い形に改編されている。巻子本の末尾に、法隆寺の銘文や関連寺社の縁起が登場するのも、自筆本にない要素であって、整理された寺誌にふさわしいものと言えよう。こうした異本が顕真の自筆本を基に作られた事情については、いまだ本格的な研究はなく、今後の検討課題である。

四　顕真と調子丸

自筆本において調子丸伝承が大きなウエイトを占めることは前述したとおりであるが、荻野氏以後、この点について大きな影響力を持つ研究が現れた。調子丸伝承を顕真の作為の結果と見る林幹彌氏の研究[12]がそれである。林氏は、自筆本撰述の過程で、顕真が自らを調子丸二一代の子孫とする系譜を作り上げ、法隆寺内での優位な立場を確立するとともに、調子丸伝承を朝廷や鎌倉幕府への宣伝材料とし、法隆寺の権威づけに用いたと論じた。この説を支持する研究者は多く、いまや太子信仰の研究では通説となった感がある[13]。また四天王寺本『太子伝古今目録抄』という書名の誤りが気づかれないまま、顕真の『太子伝古今目録抄』は、四天王寺を中心とする太子信仰に対抗する意図のもとに撰述されたとの解釈が行われ[14]、現在でもそのような解釈の名残がある[15]。

しかし、調子丸伝承が顕真によって作為され、それがいわば政治的に利用された可能性には、早く荻野氏が疑問を呈していた。おそらく荻野氏はそのような解釈が出ることを想定して、顕真の調子丸に関する記述には、断定しない表現や異説の併記があることを述べ、「彼の本書における主張は、決して利己的ではない。(中略)その筆致にあくどさが少しもない」と、それを否定している。荻野氏の行論はいささか晦渋であって、真意が理解されにくかったのかもしれないが、その見通しは説得力に富む。たとえば、調子丸を巡る次のような記述はいかがであろうか(上巻裏60b、原文は漢文)。

世上語り伝えて云わく、藤福寺は駒の廟并びに調子の廟と云々。此の調子は、則ち調子丸かと云々。百済国より来たるの時は、調子丸と云々。文字不審也と云々。

これは太子の愛馬黒駒の廟及び調子丸の廟とされる寺の所在を記したくだりである。「と云々」(という)がどの文末にも付いているが、これは軽い意味で使われることもあるので暫く措く。しかしそれにしても、調子丸の伝承を積極的に肉付けしようという意図があったなら、「調子」は調子丸であると断定的に表現しておかしくないであろう。顕真は伝えられた「調子」の語を、調子丸に結びつけるのに、かくも慎重で控え目であった。

また林氏らが顕真の偽作という「聖武天皇宣旨状」に関しても、そう決めるには疑問が多い。この文書は、次のような文面を持ち、自筆本の下巻に調子丸の出自を明らかにする証拠として引かれている(下巻裏34b、原文は漢文。〈 〉内は双行注)。

大政官下す　法隆学問寺

右、正三位藤原朝臣宣す。勅を奉《うけたまわ》るに、伝え聞く、調子丸は百済国の聖明王の輔臣宰相の一男なり。而れども功を厩戸皇子に奉らんがため、馬台に進めらるるものなり。然れば則ち聖王常侍の侍者、動止見聞の僕従なり。仍りて彼の子々孫々の伴類を以て、当寺代々世々の奴婢となし、更に違失する可からず、てえれば、寺宜しく承知し、宣に依りて之を行え。

天平十〈より下、雨露の為め朽損破壊し見えず。故に写さず〉

見られるとおり、内容は、調子丸が百済の宰相の一男であって、厩戸皇子に仕えさせるため遣わされ、太子の侍者・僕従となったので、その子々孫々まで法隆寺の奴婢として仕えるよう定めるというものであるが、文書の名称や形式、年紀下のわざとらしい文言など、これが偽文書であることは改めて論ずるまでもない。しかし問題は、これが顕真の捏造したものかどうかである。注目したいのは、ここにも顕真自筆の返り点、送り仮名が丁寧に付されていることであって、自ら捏造した文書を載せたにしては不自然というほかない。この特徴は、精粗に若干の差はあっても、他の調子丸関係記事にも当てはまる。原文の「奉功」は位置を誤って書き直しているが、最初、読み下したままを文にし、のちに誤りに気づいて訂正したのであろう。またこの文書には、日本を指して「馬台」という語が用いられている。これは中世に行なわれた野馬台詩(16)という予言詩をヒントに案出された表現と思われるが、先に見たような顕真の学識、教養には、そぐわない感があると言わねばならない。

以上に見た以外の記事を含め、調子丸関係の様々な史料や伝聞は、たとえ顕真に好都合なものであったとしても、おそらく熱心な太子信仰の持ち主と自他共に認めた顕真のもとに、多様なルートを介して集まってきたものであろう。それを顕真が記録したと解すべきである。林氏のように、顕真の捏造を広く想定する解釈は、自筆本からうかがわれる顕真の態度と、あまりにも落差があると感じる。

なお、顕真が自らを調子丸の子孫と称したことも、僧侶の系譜として不審であって、胡散臭いと見られても致し方ない面がある。調子丸から数えて二八代という主張はともかく、顕真は少なくとも康仁以来、七代の直系の系譜を挙げ、各人いずれも僧侶としている(下巻裏35ａ)。妻帯がなければありえないことと言えよう。しかし日本の仏教では、僧侶の妻帯は事実として奈良時代からあり、平安時代以降、特定の僧には妻帯を公許した例さえ見られる(17)。調子丸以来という伝えはさておくとしても、調子丸子孫として妻帯が公認されてきたと見るべきで、父子相承は顕真の捏造ではなく、少なくとも平安時代からあったと考えてよいであろう。

五　自筆本からみた顕真

自筆本を見て思い描かれる顕真のイメージは、必ずしも学殖豊かではないが、きわめて実直に、孜々として太子伝研究に打ち込んだ人物である。自筆本の姿や内容はその証であり、この本から発する迫力が、この草稿ともいうべき本を、そのままの形で現在まで伝えさせたと言えるであろう。顕真の人物像は、林氏の論に基づく先入見をひとまず措いて、この自筆本が持つ多彩な情報から、改めて検討されなければならない。

(1)　東京国立博物館編『古今目録抄』1―4(法隆寺献納宝物特別調査概報XXXV-XXXVIII、二〇一五―一八年)は、本写本のカラー印刷による影印と翻刻である。『太子伝古今目録抄』の引用はこの刊行物に拠る。
(2)　法隆寺昭和資財帳編纂所編『法隆寺史料集成』4(ワコー美術出版株式会社、一九八五年)。
(3)　本書第Ⅱ部第五章「『天王寺秘決』を読む」参照。
(4)　荻野三七彦『聖徳太子伝古今目録抄の基礎的研究』(法隆寺、一九三七年)。以下で言及する荻野氏の見解は、全てこれによる。
(5)　榊原小葉子「古代中世の対外意識と聖徳太子信仰」(『日本歴史』六一七号、一九九九年)。
(6)　荻野三七彦『聖徳太子伝古今目録抄の基礎的研究』(注4前掲)。
(7)　本書の外形については、東京国立博物館編『古今目録抄』(注1前掲)の他、必ずしも厳密に再現したとは言えないが、鵤叢刊会(代表荻野仲三郎)発行の複製『古今目録抄』(一九三四年)参照。

（8）荻野三七彦考定『聖徳太子伝古今目録抄』（法隆寺、一九三七年）、同『聖徳太子伝古今目録抄の基礎的研究』（注4前掲）。
（9）林幹彌『太子信仰の研究』（吉川弘文館、一九八〇年）。
（10）東野治之『日本古代金石文の研究』（岩波書店、二〇〇四年）三二一頁。
（11）荻野三七彦『聖徳太子伝古今目録抄の基礎的研究』（注4前掲）八二頁所引。
（12）林幹彌『太子信仰の研究』（注9前掲）。以下、林氏の見解は、この著書に拠る。
（13）たとえば武田佐知子『信仰の王権――聖徳太子』（中公新書、一九九三年）など。
（14）榊原小葉子「古代中世の対外意識と聖徳太子信仰」（注5前掲）。
（15）榊原史子『『四天王寺縁起』の研究』（勉誠出版、二〇一三年）。
（16）野馬台詩については、東野治之「野馬台讖の延暦九年注」（『日本古代史料学』（岩波書店、二〇〇五年）参照。
（17）石田瑞麿『女犯』筑摩書房、一九九五年。顕真妻帯のことは、東野治之「調子丸と顕真」（法隆寺編『法隆寺夏季大学　令和五年』二〇二三年）でも詳しく述べた。法隆寺史編纂所の山内都氏の御教示によれば、『吉祥御願御行旧記』には、時代はやや降るが、観応三年（一三五二）、妻女出産による血の汚れで、仏事を欠勤した僧も見える。その他、妻帯は確言できないものの、父子関係を記される例は、『嘉元記』に珍しくない。

第七章　幕末の法隆寺とその紙幣

大坂冬の陣への出征に際し、徳川家康が法隆寺に立ち寄った縁で、幕末まで寺内に東照宮があったが、その修復を理由に発行された紙幣を紹介し、太子信仰が間接的に及ぼした影響を明らかにする。

はじめに

法隆寺に関係する紙幣といえば、昭和に発行された聖徳太子肖像入りの高額札が、ゆかりの各種文化財を図案に取り込んでいて有名であるが[1]、幕末に法隆寺そのものが発行した紙幣のあることは、一般にはほとんど知られていない。それには大きく分けて二種あり、いずれも法隆寺の子院である阿弥陀院と中院《ちゅういん》から発行されている。額面は銀立てで、次の計六種類である。

阿弥陀院札　銀二匁　銀一匁

中院札　　銀二匁　銀一匁　銀三分　銀二分

このような紙幣は、大名の発行した藩札や大商人の発行した私札などと同類で、一八世紀以来、主に西日本を中心に各地域で発行され流通していた。銀札、手形などとも言われ、発行元が額面金額での正貨兌換を保証し、引換えの実務を地域の有力者に請負わせた紙幣である。こうした古紙幣をめぐっては、商品経済の発展に伴って現れた、近代の銀行券などと性格を同じくする「信用貨幣」と見るか、大名や旗本などの権威を背景に強制通用させた一種の「政府紙幣」と見るかで、長らく学界の意見が分かれてきた。しかし恐らく一概に規定するのは正しくなく、発行される環境によって、いずれかの性格が主となると考えるべきであろう。従って発行目的も単一ではなく、銀立て取引の一般的な西日本では、秤量《しょうりょう》貨幣である銀貨の不便を補う意味が、もともと大きかったのであろうと思われる。(2)もちろん、発行元としては、正貨での支払いを紙幣で代行でき、購入代金の支払い先延ばしや新規事業の費用調達という利点があったことは確かであり、請負った有力者には、間に立って手数料を得る魅力があったことは間違いない。では法隆寺の場合、なぜこのような紙幣が発行されたのであろうか。

一　銀札の解読

大和国に限っても多くの寺社が銀札を発行しているが、法隆寺の札は、明確な造営修理の目的で発行されているのが大きな特徴である。(3)それは文面に表れているので、阿弥陀院札と中院札の銀二匁札を例に、その文面を見てみよう(一部読点を付した。改行は/で表す)。

阿弥陀院札(図18)

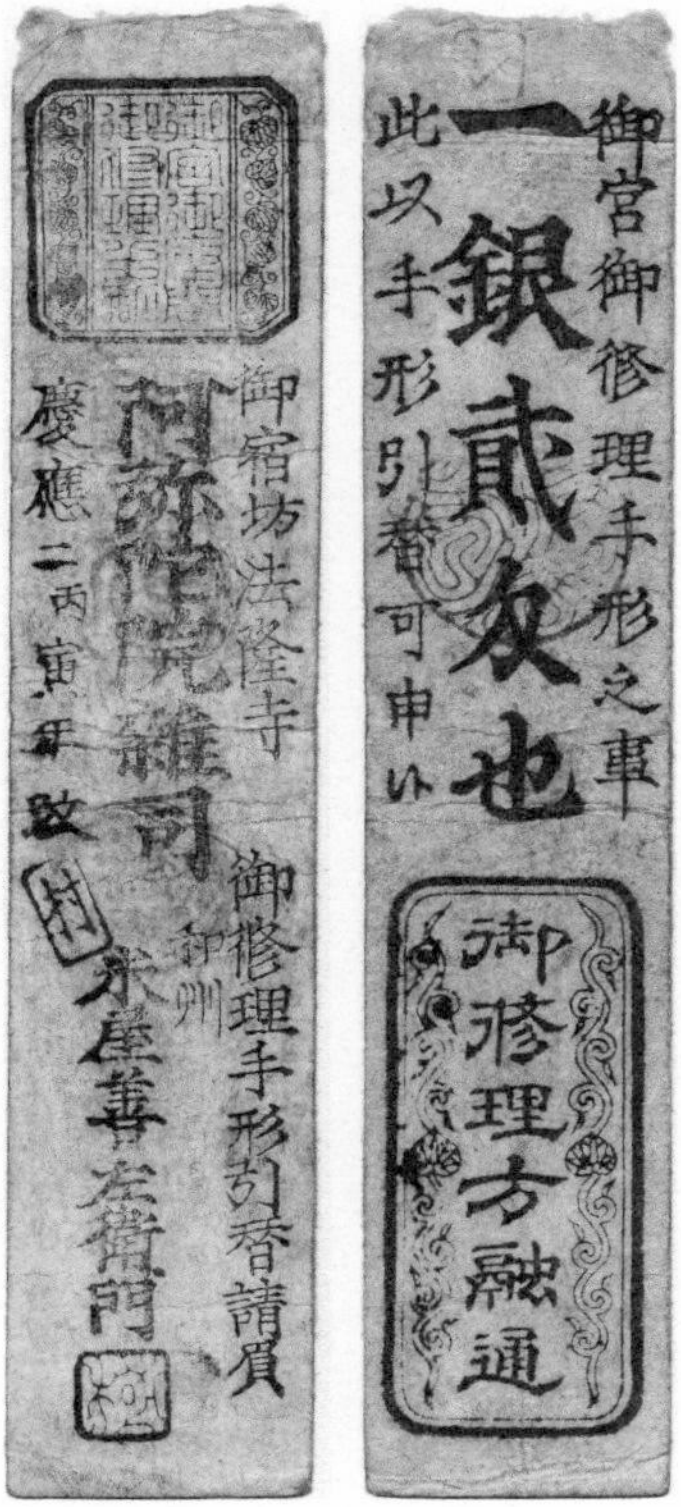

図 18　阿弥陀院札　表裏（縦 17 cm）

〔表〕
御宮御修理手形之事
一、銀弐匁也
此以手形引替可申候
〔裏〕
御宿坊法隆寺
御修理手形引替請負
阿弥陀院雑司
和州
慶応二丙寅年改
米屋善左衛門

＊表面下段黒印「御修理方融通」　裏面上段黒印「御宮御座間／御修理手形」

中院札（図19）

〔表〕

銀壱匁

〔裏〕

覚

一、銀壱匁也

右之銀子、此手形持参次第、引替

相渡可申候、以上　支配中院家

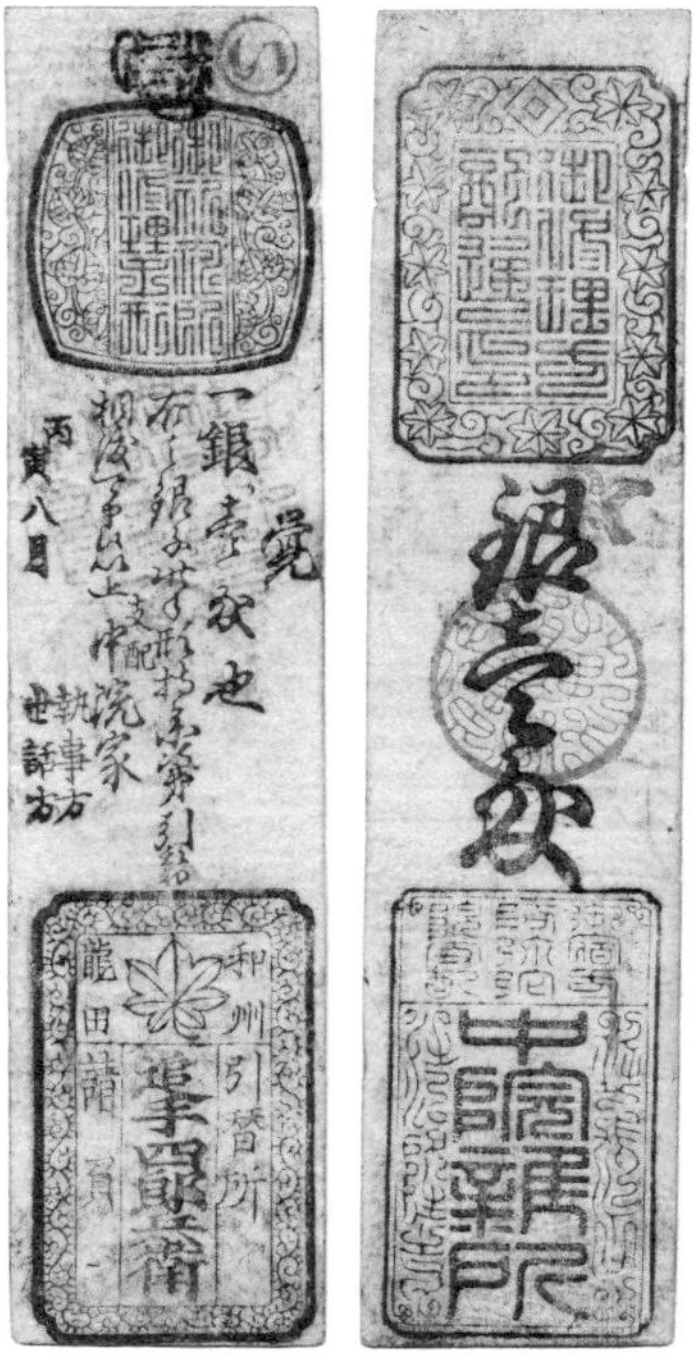

図19　中院札　表裏（縦15.5 cm）

丙寅八月　　　執事方
　　　　　　　世話方

＊表面上段黒印「御修理方／融通印」　表面下段黒印「御宿坊／阿弥陀／院支配」「斑鳩山／法隆寺」「中院雑所」
　裏面上段黒印「御祈神所／御修理手形」　裏面下段黒印「和州／龍田」「引替所／請負」「追手四郎兵衛」

両札とも「御修理」の語が見えることから、堂舎の修理に関わって発行されたことは明白である。しかし漠然と法隆寺の伽藍修理ではなく、阿弥陀院札の裏面上段黒印にあるとおり、「御宮御座間」の修理のため出されたことがわかる。この「御宮御座間」とは何か。それを解く鍵となるのが、「御宿坊法隆寺／阿弥陀院雑司」(阿弥陀印札)や「御宿坊／阿弥陀／院支配」「御祈神所／御修理手形」(中院札)の語句である。この場合の「御宿坊」は普通名詞ではなく、徳川家康の宿坊となった阿弥陀院をさす特別な用法である。家康は慶長十九年(一六一四)に大坂冬の陣が起きた際、京都から大坂に出撃する途中、大和を経て法隆寺に宿し、聖徳太子の守屋討滅にあやかろうと戦勝祈願を行った。豊臣家の造営工事に関わった大工の棟梁中井大和守正清は、法隆寺伽藍に隣接する法隆寺西里の出身で[4]、城攻めに先立って関連の情報を得る目的もあったとされる[5]。この時の宿所が即ち阿弥陀院であった。阿弥陀院は、現在西院伽藍から東院に向かう東西の道路の南側、実相院の西半にあった子院[6]で、近代には廃絶したが、現在はその故地に門標が掲げられている。先に挙げた「御宮御座間」とは、その出来事を受け、家康の没後建立された東照宮と、家康滞在の場所とされた御座の間に他ならない。「御

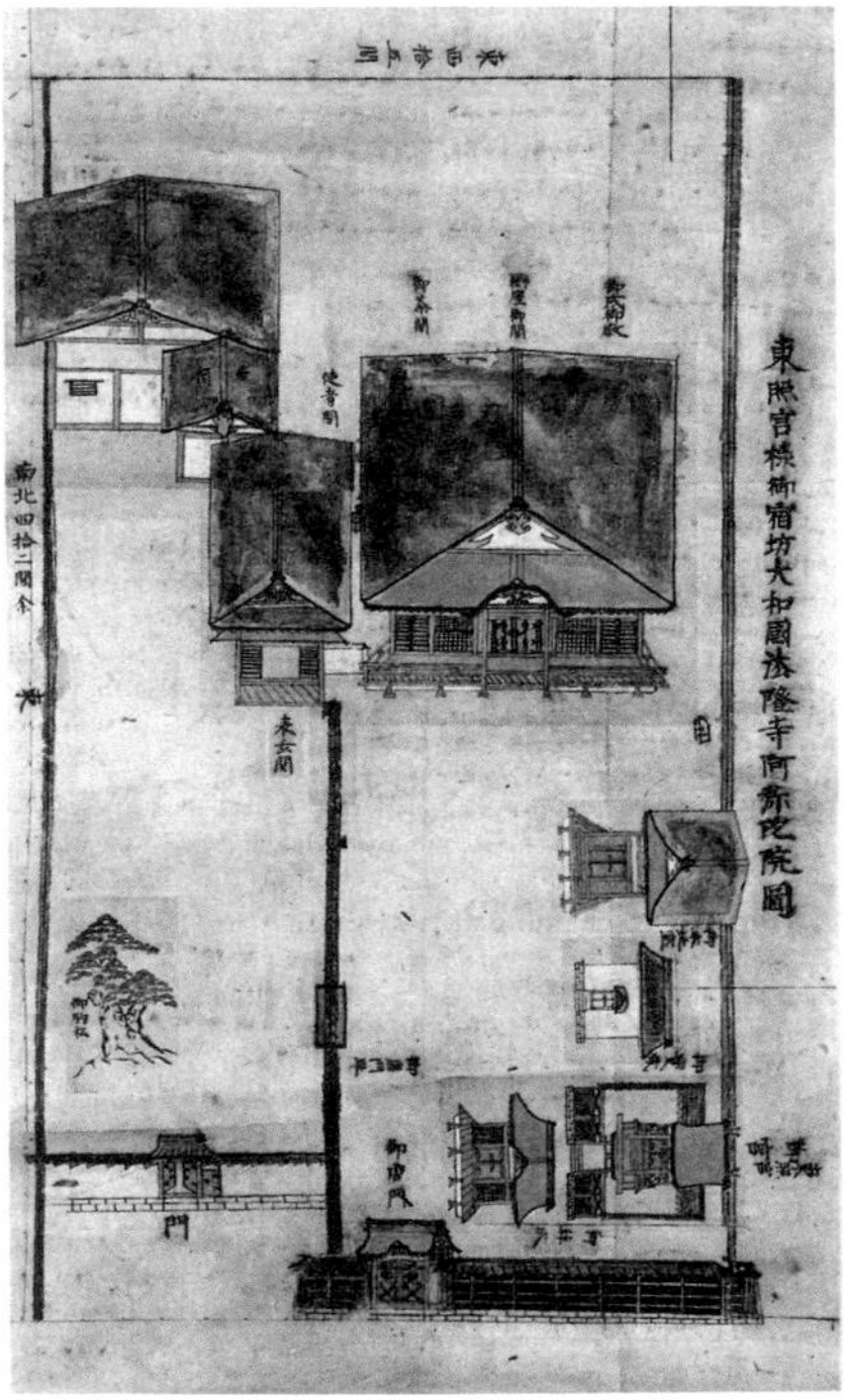

図 20　阿弥陀院図(法隆寺蔵)

祈神所」の「神」も東照大権現家康を指すと見てよかろう。阿弥陀院は、寺内では聖霊院の真南に場所を占め聖霊院を拝するには絶好の立地であり、それが家康の宿所に選ばれた理由ではなかったかと考えられる。

ともあれ二種の銀札は、東照宮と御座の間の修理が必要となり、それを実施する資金を調達するため、慶応二年(一八六六)に発行されたと言える。阿弥陀院札の裏面上段にある黒印に、葵の唐草がデザインされているのも心憎い配慮である。以上のいきさつから、阿弥陀院が発行元となるのは当然であるが、中院も加わっているのは、代々聖霊院主を兼ね、法隆寺内の有力子院として幕府との関係も深く、阿弥陀院を「支配」(管轄)する立場にあったからであろう。ただ東照宮や御座の間の修理は、これが最初ではない。法隆寺に伝わる阿弥陀院の近世の絵図を見ると、阿弥陀院の建物配置には三種類ある。(7) 一つは一八世紀半頃と見られる古い配置図、(8) あとの二つは院地の西寄りに、北から東照宮、そのやや南に南北棟の御座の間が建ち、これらを囲む築地塀に唐門が開く図と、さらに東照宮の位置は変らないものの、御座の間が方形に近い平面となって北面し、唐門は無くなって「御唐門趾」と表示されている図(図20)である。これら二図の作成年次は明らかでないが、後の図の内容は、寛政九年(一七九七)の伽藍絵図(9)と合致していること、唐門の廃絶は当然後から起こったと見られることから、後の図が新しく、幕末時点では後の図のような建物が存在したものと考えられる。改築されて長くても半世紀ほどにしかならないが、後述のように地震等で荒廃が進んでしまったのであろう。

二　銀札発行に関わる関連文書

以上によって銀札発行の目的は明らかとなったが、法隆寺の大野正法師にこれらの紙幣の実物が法隆寺に保管されていないかどうかお尋ねしたところ、紙幣自体は存在しないものの、発行経緯その他を語る興味深い史料が現存していることを、法隆寺史編纂所の山内都氏を通じて教示していただいた。いずれも天理図書館保井文庫に収蔵される以下の文書である。

1　阿弥陀院境内東照宮修復引請手形覚扣　一冊

日付　慶応二年五月
差出　阿弥陀院役人織田大膳
宛先　手形請負方槙田善左衛門
同　　　喜兵衛

2
法隆寺阿弥陀院東照神君御宮修理約定手形書写　一冊
日付　欠
差出　阿弥陀院執事方織田大膳
宛先　築山村　善左衛門

3
阿弥陀院東照宮修理手形請負方覚(草稿)　一冊
日付　六月九日
差出　葛下郡築山村善左衛門
宛先　阿弥陀院様御役人中

4
法隆寺阿弥陀院御修理手形御下渡員数請取帳　一冊
日付　慶応二年八月—慶応三年二月
差出　葛下郡築山村　米屋善右衛門
同　善左衛門
宛先　阿弥陀院様御役人中

5
阿弥陀院東照宮御修理方諸用材買上払帳　一冊

日付　慶応二年二月―慶応四年七月
保管　阿弥陀院執事方

以上の内、1は丁寧に清書されて阿弥陀院役人織田大膳の印が捺されている。また4、5は阿弥陀院に保管されていた帳簿である。2と3は文書の草稿で、本来関係者のどちらかのもとにあったはずであるが、4、5の存在を考え合わせれば、それは法隆寺阿弥陀院しか考えられない。1は恐らく同じ文書が二通作られ、うち一通が阿弥陀院に保存されたのであろう。これらはすべて法隆寺旧蔵の古文書と見てよい。

内容を簡単に述べれば、1は銀札発行に当たって、阿弥陀院側から請負人に示した発行条件の取り決めである。2はその草案、3はこれを受けて請負人側が出す請書(誓約文書)の草案である。3は本来請負人が作るべき文書であるが、便宜、阿弥陀院で文章を作成したのであろう。4は実際に銀札が発行され、阿弥陀院から請負人に引き渡された額を、札種ごとにその都度確認した帳簿である。5は修理に要する材木を購入した際の代金、人足料などを書き上げた帳簿で、おおむね日付順であるが、一部前後している箇所もある。銀札発行に先立つ購入も含まれることからすれば、代金は銀立てで記されているものの、銀札で支払われなかった購入も入っていると見なければならない。銀札の発行は、すでに始められていた修理事業を補完する意味で行われたと判断されよう。

近世の紙幣の各種実物は、厖大な量が遺存しているが、その発行条件や引渡しの状況が史料として残ることは極めて稀である。その意味で寺外に流出したとはいえ、このような史料が存することは、

図21　阿弥陀院の旧東照宮

大変意義深いといえよう。寺の所蔵でないため、その全体を示せないのは残念であるが、たとえば1によって、請負人は発行の権限を委託される代わりに、冥加を上納する決まりであったこと、銀札を引替るに当たっては、持参人の希望に沿って、渋らずに金・銀・銭・米にも引替ること、銀札を持参して引替を望むものに対し、できるだけ円滑に対応できるよう、寺の門前などに「宿坊引替所」の名を明示して、滞りがないようにすることが確認されている。上納する冥加の額は、4によると百分の一であった。請負人の槙田善左衛門、米屋善右衛門、追手四郎兵衛らについては、今後の検討に俟たねばならない。

また1では、銀札発行に至る経緯も詳しく記している。その箇所を書き下し文にして示しておこう。

東照宮様其の外御修理之儀、薄録〔禄〕ニテ自力相成シ難ク候処、猶亦近来地震等ニテ、御座間・御供所諸建物等、追々大破弥増シ候ニ付キ、先例ヲ以テ諸国御免ノ勧化ニ相預リ、右助成ヲ以テ御修理致ス可キ心組ニ候得共、何分御時節柄必多ニ付、精々仕法相立て（下略）

かつて一八世紀前半に行われた伽藍修理のための全国的な勧進事業については、聖徳太子絵伝下貼文書で状況をうかがえるが[10]、政情が混迷を深め、関西と関東が安政の大地震に見舞われたあとではそれもならず、銀札発行という「仕法」に行き着かざるをえなくなったということであろう。

おわりに

こうした中で緒についた修理事業であったが、それが無事完成を見たかといえば、決してそうではなかった。高田良信氏は、明治初年に撮られたと見られる阿弥陀院の東照宮の写真を著書に紹介されているが、[11] その惨状は目を覆うばかりである(図21)。少なくとも東照宮が修理されないまま明治維新に至ったことは確実であろう。5の帳簿から、用材の調達が行われていたことは間違いないが、それらは阿弥陀院の修理にはほとんど遣われないままになったと考えられる。御座の間の具体的な状態は知る手がかりがないが、前節に引いた1の文書にあるように、地震による破損は大きかったと見られる。文中の「地震」は、嘉永七年(安政元、一八五四)に起きた南海地震であろう。この時は寺内でも五重塔の塑像に被害のあったことが判明している。[12] 先の東照宮の異常な荒廃ぶりも、やはりこの地震によると推定される。

そもそも家康の御宿坊の存在は、幕府が健在であればこそ、法隆寺にとって大いに意味もあったが、政権が交代すれば、かえってお荷物であり、御宿坊が存在したことを抹消するに如くはなかった。阿弥陀院が廃絶したのも尤もである。その結果、法隆寺と徳川家との稀有な因縁は、今日ほとんど忘れ去られ、一般に取り上げられることも極めて少ない。大坂冬の陣から丸四〇〇年、慶応の法隆寺札は、僅かにその記憶を伝える証人として、今一度見直されてもよいであろう。

（1）東野治之「昭和の紙幣と法隆寺・正倉院の文化財」（『文化財学報』三〇集、二〇一二年。奈良大学図書館リポジトリにも掲載）参照。
（2）東野治之『貨幣の日本史』（朝日選書、一九九七年）九七頁以下参照。
（3）解読には、大鎌淳正『大和紙幣図史』（柳沢文庫、一九八一年）と日本銀行調査局編『図録日本の貨幣』一一（東洋経済新報社、一九七六年）付表を参照した。中院札裏面上段の黒印は新たに読んだ。
（4）谷直樹「世界遺産をつくった大工棟梁――中井大和守の仕事」（谷直樹・新谷昭夫編『世界遺産をつくった大工棟梁　中井大和守の仕事』大阪市立住まいのミュージアム、二〇〇八年）参照。
（5）吉田恵理「法隆寺と徳川家」（奈良国立博物館・法隆寺監修『法隆寺展』読売新聞社、二〇一四年）参照。
（6）高田良信『法隆寺子院の研究』（同朋舎出版、一九八一年）参照。
（7）奈良文化財研究所編『法隆寺古絵図集』（二〇〇一年）、一四―一六頁。
（8）岡田英男・山岸常人解説「東照宮様御宿坊阿弥陀院図」（法隆寺編『法隆寺昭和資財帳調査秘宝展』1、一九八三年）。
（9）奈良文化財研究所編『法隆寺古絵図集』（注7前掲）一一頁。
（10）東京国立博物館編『聖徳太子絵伝下貼文書』一、二（法隆寺献納宝物特別調査概報 XXVI、XXVII、二〇〇六・二〇〇七年）。
（11）高田良信注6前掲書一〇八頁。
（12）太田博太郎『南都七大寺の歴史と年表』（岩波書店、一九七九年）三八六頁。
（付記）阿弥陀院については、初出稿以後に刊行された法隆寺編『法隆寺史』中（思文閣出版、二〇二三年）の関係部分も参照されたい。ただし銀札発行のことや保井文庫の旧法隆寺文書については言及が見られない。

第八章　聖徳太子の人物像と千三百年御忌

古い太子信仰が力を失った後、新しく登場した太子像は理想化の甚だしいものであったが、その影響は現在に及んでいる。このイメージの形成に大きく関わった千三百年御忌（一九二一年）の意義と影響を検証する。

はじめに

日本の歴史上の人物で、生存年代が極めて古いにも拘らず、聖徳太子（五七四―六二二）ほど時代を越えて言及、論評される例は稀である。もちろんその評価は、時代によって大きな差異が見られるが、歴史上もっとも著名な人物の一人であることは疑いない。これには中学・高校の教科書に、その存在や業績が取り上げられていることや、かつて長く高額紙幣の肖像となっていたこともあずかって力があろうが、太子を主人公とする漫画やドラマが制作されたり、令和三年（二〇二一）から翌年に及ぶ太子千四百年遠忌が、単なる仏教行事の範囲を超えて注目されたりするといった現象は、歴史知識の広がりというだけでは説明できず、太子の人物像自体、一つの研究課題と言っても差し支えなかろう。こうした観点から太子観を歴史的にたどる試みもなされていないわけではないが(1)、なお事実を発掘し検証していくべき点は少なくない。特に大正年間の太子顕彰の動きは、これまで主要な論点とはされていないが、現在に至る聖徳太子観を確立したものとして、より詳しく検討しておく必要が感じられる。この章では、大正十年(一九二一)の太子千三百年遠忌を機に設立された聖徳太子奉讃会に焦点を当て、それが現代に続く太子観の形成に、どのような役割を演じたかを論じてみたい。なお、取り上げる人物については、すべて敬称を省略した。

一　従来の太子像と実在の太子

まず論の前提として、現在一般的とみられる太子の人物像を見ておこう。今日行われている平均的な太子のイメージをまとめれば、ほぼ次のようになろう。

A　天皇中心の政治を目指した皇太子
「摂政」「皇太子」として、父用明天皇の妹で叔母に当たる推古女帝を助け、豪族の横暴を抑え、憲法十七条を作って和の精神を宣揚し、中央集権国家建設の理想を掲げた。

B　遣隋使を派遣して、隋との国交を開き、大国中国に対等外交を主張した。

C　仏教・儒教をはじめとする中国文化を積極的に摂取し、古代日本の文明化を促した。

D　一時に一〇人の訴えを聞くなど、卓越した能力の持ち主で、仏教経典の講義や注釈を行った。

こうした人物像は、主として『日本書紀』(養老四年、七二〇年成立)の記述をもとに導き出されたものである。太子が推古天皇の即位とともに「皇太子」に立てられ、「万機を録摂した」という書紀の記述をそのままにとれば、太子在世中の推古朝の施策は、悉く太子の領導したものということになる。

この人物像は、戦後の高校、中学の教科書などで同様な認識が流布されたこともあって、広く一般に浸透することにもなった。後述するような変化を受けて、高校の日本史教科書では、かなり扱いに変化が生じているが、義務教育である中学の社会の教科書では、現在もほぼ従前どおりの記述がなされている。太子は、政治・外交・文化の各面で活躍した超人的偉人ということになろう。

しかし、現在の古代史研究では、推古朝に「皇太子」という地位や職のあったことや、天皇大権のすべてを代行する「摂政」があったことは否定されており、これには異論がない。天皇の後継者として皇太子を立てる制度は、持統十一年(六九七)に持統天皇の皇太子となった軽皇子(のちの文武天皇)に始まる。これは浄御原令の規定に拠ったものとみられ、律令制が導入される以前、七世紀代の皇位継承は、兄弟による継承が主で、直系男子による継承という原則は確立していなかった。また「万機を録摂した」という記述にも拘らず、推古朝には、たとえば仏法興隆の詔のように、天皇が太子や蘇我馬子に命じて行わせた政策がみられる。天皇に代わって有力な皇子が政治を行うのは、斉明朝の中大兄皇子(のちの天智天皇)をもって最初としなければならない。このようにみれば、前記のようにすべてを太子の業績に帰する見方が成り立たないことは明らかと言わねばならない。では、実在した太子は、どのようにとらえられるであろうか。

その問題は、太子をめぐる様々な史料が、どこまで信用できるのかということと深く関わっている。平成十一年(一九九九)に「聖徳太子」はいなかったという大山誠一説が提起され[2]、近年でも話題となることが少なくないが、この説は太子関係の史料の信憑性を徹底して疑い、結局、一皇族としての「厩戸王」は実在しても、数々の業績やエピソードで讃えられるような「聖徳太子」はいなかったと結論する。しかし、この説もまた全面的に信頼するには問題が多い。様々な史料が分析、批判され、疑わしいとされるのはよいが、その疑わしさが誤りと証明されずに積み重ねられ、なし崩し的に事実でないとされていく。これでは確実な結論は得られないであろう。

太子の実像を論ずるのは、ここでの主旨ではないので、既刊の拙著[3]に譲り、要旨のみ略述しておくが、上記の議論の中で後代のものとされた法隆寺金堂釈迦三尊像の光背銘は、決して後からの撰文ではなく、三尊像とともに推古三十一年(六二三)ごろ完成したものである。そのことは、銘文を入れるため、正方形より一回り大きく平坦なスペースが、像と光背の制作過程で準備されていることからわかる。その平坦な面には、表面の鍍金が部分的に飛んで付着しているので、明らかに光背の制作と同時の仕事である。この銘文が太子の没した直後のものであるとすると、文面から、辛巳年(推古二十九、六二一)に太子の母后が亡くなったこと、太子が、その翌年(壬午年)二月二十二日に亡くなったことを確定できるばかりでなく、当時、法興の年号が行われていたことや太子が晩年「上宮法皇」と尊称されていたことも判明する。太子の仏教への傾倒と造詣が、並一通りでなかったことは、その尊称がよく物語っている。また法興という独自の年号は、おそらく朝鮮新羅などの先例に倣ったもので、この時期が仏教興隆の画期と認識されていたことを示して余りがある。これらの点は、太子その人や時代の動向を知る確実な足掛かりと言ってよかろう。

では『日本書紀』のような太子像ができた原因がどこにあったかといえば、極めて優秀な能力を持つ皇子が実在し、将来の即位への含みを残しつつ、天皇の職務の一部を代行したという事実が存在したからであろう。これを太子関係資料の中で、比較的信頼度の高い伝記、『上宮聖徳法王帝説』でみると、そこでは、太子が「王命」(ミコノミコト)と呼ばれている。ミコノミコトは、史料によって皇子命、皇子尊なども表記されるが、そう呼ばれた皇族は太子が最初であって、それ以後の皇族の例から類推すれば、単なる尊称ではなく、のちの皇太子につながっていくような特別な地位を意味したと考えられる。ただ、太子が関わったとみられる政策や事績はさほど多くはなく、憲法十七条の制作、仏教の興隆、仏典の講義・注釈等に限られ、外交に直接関与した形跡は見られない。太子の役割は、推古天皇や蘇我馬子の統治に対するアドヴァイザーに終始したのではなかったかと推察される。

二 江戸時代までの太子像と近代

歴史上の人物としての太子は以上のように考えられるが、少なくとも八世紀以降、太子は中国の高僧慧思や、観世音菩薩の生まれ変わりとして、仏教信仰の対象となって近代に至った。即ち太子の母、穴穂部間人皇后は、夢に「金人」を見て太子を懐妊したといい、この金人は救世観音であるとされた。また二歳の時、東方に向かって合掌した太子の手から、仏舎利がこぼれ落ちる奇瑞があり、その舎利は南無仏舎利と呼ばれて、法隆寺東院舎利殿に安置され、太子信仰の中核を形成してきた。長じた太子は、後の平安京遷都を予言するなど、予知能力を発揮し、仏教の保護者として四六カ寺を建立したという。

こうした仏教的な太子像は、一〇世紀に成立した伝記『聖徳太子伝暦』によって主に広がったが、その源は七世紀末に遡り、天智九年(六七〇)に焼失した法隆寺の再建期には、すでにその萌芽があった。そのころ新たに作られたとみられる法隆寺金堂薬師如来像の光背銘では、太子を「聖王」「東宮」と呼んでおり、慶雲三年(七〇六)の法起寺塔露盤銘には、「聖徳皇」という諡号が登場している。

それが一層明確な形をとるのは、天平十一年(七三九)頃完成した法隆寺東院である。[4] これは現存する夢殿の一郭であって、もとは太子の斑鳩宮の跡地であった。八世紀前半まで、焼け跡はそのまま放置されていたようで、東院の由来に関する古史料「皇太子御斎会奏文」(法隆寺献納宝物)には、「万獣の曝骸を積む」と記すが、これは蘇我氏の軍勢を欺くため、山背大兄王が獣の死体を投げ込んで火をかけた、その獣骨の燃え残りということであろう。このゆかり深い地に、光明皇后や阿倍内親王(のちの孝謙天皇)らが中心となって造営された東院は、金堂(いわゆる夢殿)に太子等身と称する飛鳥時代の観音像(救世観音)を祀り、以後、太子を観音の化身と崇める太子信仰の一大拠点となってゆく。このように太子を仏教的な信仰対象とする流れは、様々な追加的要素を加えながら発展し、江戸時代までの標準的な太子観を形づくった。

ただ、その一方で、近世には儒学や国学の展開、発展があり、それらの立場から太子に対する批判的な見方が起こってきたことも注意される。太子は仏教ばかりを重んじて、固有の神祇信仰を軽んじているという批判や、蘇我馬子が行わせた崇峻天皇の弑逆に、太子は何ら反対も抗議もしていないという非難などがそれである。[5] 仏教偏重という非難には、一応『日本書紀』推古十五年(六〇七)二月の記事にみえる神祇祭祀などを材料に反論可能であったが、天皇弑逆についてははかばかしい反証もなく、負のイメージは知識人の間で長く尾を引くこととなった。後述のように、近代になって新しい太子像が提起されるが、その先駆の一つ、薗田宗恵の『聖徳太子』(仏教学会、一八九五年)では、末尾の

第七章を「聖徳太子の真相」と題して、この問題に当て、太子の弁護に努める一方、太子の感化があったからこそ、その没後、遂には馬子も推古天皇の意に逆らうことをしなかったのであると説く。このような章がわざわざ立てられているところに、太子への反感がいかに強かったか読み取るべきであろう。

明治維新を迎えて、神仏分離の動きなども現れてくる中、近代的な歴史学の興隆とも相俟って、著しく仏教色を帯びた太子像は見直されることとなった。太子信仰の中核を形成していた法隆寺東院の宝物類が、法隆寺献納御物の一部として、明治十一年(一八七八)に皇室に献上されたことも、信仰にとって打撃であったが、歴史研究の面でも、面目を一新した太子伝が現れてくる。薗田宗恵の『聖徳太子』(前掲)や久米邦武の『上宮太子実録』[6](井冽堂、一九〇五年)が、その代表である。これまで太子の伝記として最も権威のあった『聖徳太子伝暦』は、その荒唐無稽な内容が批判されて伝記としての意義を失い、代わって『上宮聖徳法王帝説』や金石文への評価が高くなった。

『上宮聖徳法王帝説』は、江戸時代後期に、いまだ記紀を見ない人の撰であるとして狩谷棭斎が注目し、注釈を著していたが、太子の伝記史料として第一級の評価を確立する。[7] 現在の時点では、一〇世紀に成立した書で、七世紀の伝えをかなり含むと見るのが妥当であるが、『聖徳太子伝暦』はもちろん、『日本書紀』の太子関係記事よりも客観性が高く、太子伝として基本となる史料であることは間違いない。[8]

法隆寺金堂の薬師像や釈迦三尊像、天寿国繡帳の銘文など、広く金石文が注目されるようになったのは、それらが太子と同時代の史料であるとの認識に基づいていた。西洋の実証史学での金石文に対する高い評価が、日本古代にも適用された例といえる。ただ、日本の場合、寺院の縁起に関わる銘文が多くを占めており、それらには成立の年代や事情に関して史料批判を要するものも少なくない(9)。そのため、金石文が第一等の同時代史料とはいえず、当時導かれた結論には、そのままには従えないが、近代史学の方法が、太子伝の構築に導入されたことには意義があった。

しかし『聖徳太子伝暦』の影響が全く跡を絶ったということはできない。そもそも聖徳太子には、早くから多くの異なった称呼があり、古くは上宮王、上宮太子、上宮法王(法皇)などがむしろよく使われ、「聖徳」が付く場合も「聖徳皇太子」と呼ばれることが多かった。「聖徳太子」の「太子」は「皇太子」の略称であるが、その略称を一般化し、簡明な「聖徳太子」とした功は、やはり『聖徳太子伝暦』に帰されるであろう。しかも伝暦の影響はそればかりではない。伝暦には既述のとおり、荒唐無稽な伝えが多いが、それらは多くの場合、『日本書紀』の記事をもとに、それを敷衍したものであって、伝暦独自の叙述を除去していくと、『日本書紀』の記事内容が残ってくる。たとえば、他の古い太子伝が、太子の没年を推古三十年(六二二)とするのに対し、伝暦は『日本書紀』に従って推古二十九年に置くが、それは伝暦の骨格が基本的に『日本書紀』に拠っていることを象徴する例である。従って伝暦の否定は、『日本書紀』への回帰を意味したことに注意しておく必要がある。

先に触れた薗田宗恵や久米邦武の太子像も、結局のところ、正史ということもあって、『日本書紀』の太子記事を大きな拠り所として組み立てられていた。先述のとおり、『日本書紀』が言うような太子の立太子や摂政を肯定するなら、推古朝の政策の大半は太子の行ったものとなる。二人の描いた太子像は、確かに仏教的な色彩を払拭してはいたが、『日本書紀』の記述に立脚していた点で、意外に伝暦と通じるところがあった。

三　一千三百年御忌奉賛会から聖徳太子奉讃会へ

ところで近代に登場した太子伝は、それが直ちに一般化したわけではない。大正期に入って、法隆寺の存在とも関係して、新しい太子像を、近代国家にふさわしく顕彰しようとする動きが顕在化する。法隆寺が、数々の飛鳥時代以来の文化財を擁し、世界的にも極めて意義深い存在であることは、明治二〇年頃から進展した全国的な文化財調査の中で判明していたが[10]、明治三十年代から、『日本書紀』天智九年(六七〇)紀に見える法隆寺火災記事の信頼性を巡って、いわゆる法隆寺再建非再建論争が起こり、それが法隆寺の美術的歴史的価値を一般にも広く知らしめた。その法隆寺を後世に伝えようと、天心岡倉覚三や鐸嶺平子尚の提唱でまず設立を見たのが、大正二年(一九一三)の法隆寺会である。

『日本書紀』によれば、太子は推古二十九年二月五日に亡くなったとされるから、来るべき大正十年(一九二一)は、その千三百年忌に相当する。これを期して法隆寺会を発展させ、太子の事績とされるものを更に大々的に顕彰しようと企画されたのが、大正七年に儲けられた「聖徳太子一千三百年御忌奉賛会」であった。法隆寺会からここに至る経緯とその後の展開に関しては、別に豊富な資料を付した通史が公刊されているので[11]、詳細はそれに譲ることにするが、この奉賛会は、法隆寺会のメンバーであった国史学者の黒板勝美や仏教教育家の高嶋米峰、仏教学者高楠順次郎をはじめ、建築史家伊東忠太、美術行政家正木直彦らが中心となり、華族、官僚、実業家など、幅広い層の人々を巻き込むものとなった。御忌奉賛会の直接目的は、いうまでもなく法要のための募金集めであったが、その前提として御忌に向けた啓発活動、即ち太子の偉大な事績を宣伝、普及させることに力が入れられた。具体的には、聖徳太子の伝記の一般公募、讃仰唱歌の選定、美術展覧会(日本画、西洋画、彫刻、工芸の各部門)の開催などが実施されている。そのために各分野の著名な識者、専門家が委員として大規模に動員された[12]。詳細は省略するが、支援者や賛同者、諸委員の顔ぶれを見ると、もはや国家事業と言っても過言でない状況であったことが判明する。

この会の会長には、紀州徳川家の当主で、史蹟・名勝等の保護活動に熱心であった徳川頼倫、副会長には渋沢栄一が奉戴されたが、渋沢の参画に至る経過に関しては、会の理事であった高嶋米峰によって興味深い挿話が伝えられている[13]。即ち大正五年、黒板・正木・高嶋の諸氏が、募金の発起人となることを依頼するため、渋沢に交渉したところ、渋沢は即座に「はあ、聖徳太子ですか、それは私は御免こうむります」と述べて謝絶した。黒板がその理由を尋ねると、渋沢は自分が水戸学を学んだ人間であり、水戸の学者たちは、太子が崇峻天皇暗殺を黙認するような、大義名分に悖ることをしたとして罵っていたと答えたという。しかし黒板や正木が、一時間以上にわたり、太子の偉大さや日本文化に対する功績を説明したところ、渋沢は一転して、何も知らないまま太子を誤解していたばかりか、非難する側に立っていたことは慙愧に堪えないと謝り、快く発起人となるのを承諾する。さらに会長就任の要請を受けると、自らは副会長となり、会長にふさわしい人物を推薦することを約したという。奉賛会の活動が軌道に乗るきっかけとなった出来事を、まことにドラマティックに語った回顧談である。しかし、この話はそのまま事実とは受け取れない。渋沢のこの時の対応は、このとおりであったかもしれないが、渋沢がこの時まで、聖徳太子の事績について何も知らず、水戸学流の嫌悪感を抱いていたというのは真実でなかろう。水戸藩主ともゆかりの深い水戸市の善重寺には、鎌倉時代の聖徳太子十六歳像があり、それを祀った太子殿の再建が明治時代末に行われたが、渋沢がこの事業に寄付した記録が存在している(14)。寄付者名簿には渋沢家の執事が記名押印しているが、渋沢自身が全く関知していなかったというのは不自然である。おそらく渋沢は、奉賛会やその役員の性格を確かめるべく、一場の芝居を演じて見せたのであろう。

このほか、高橋義雄の日記『萬象録』(大正八年十月二日条)に見える、奉賛会の募金活動に関する記事も、当時の実態を語って興味深い(15)。その集まりが床次竹二郎内務大臣官邸での晩餐会として用意され、奉賛会側からは徳川会長、渋沢副会長、加藤正義理事長らが出席、黒板勝美の講演があり、記主の高橋はもちろん、大倉喜八郎以下三〇名余りの歴々が参会したという。ここにも単なる私的な活動を越えた性格が看取されると思う。なお、高橋が危惧した募金の実績については、渋沢の協力を取り付けたこともあってか、最終的には後述のとおり目標額を超える成果をあげ、高橋の心配は杞憂に終わった。寄付者の筆頭は、岩崎小弥太、三井八郎右衛門であった。

このようにして準備が進められた千三百年御忌の法要は、大正十年四月十一日から十七日の一週間にわたり、法隆寺で挙行された。法要の総裁には久邇宮邦彦王《くにのみやくによし》が奉戴され、奉賛会の役員はもちろん、連日著名人士が集う大変な盛儀であった。日替わりで各界からの太子頌徳文が呈上されたが、四月十五日には、鷗外森林太郎が帝国美術院長として奉呈した頌徳文が代読されている。彼の全集に収められたその全文を見ると(16)、太子は美術を始め日本文化の各方面を指導して発展させた偉人とされており、後述する奉賛会の太子像が広く浸透していたことが分かる。

法要終了後の決算では、奉賛会が集めた募金が支出を大きく上回っていた。そこでこれを基金として財団法人を設立し、太子顕彰事業を継続していくことが提起され、大正十三年十二月、一千三百年御忌奉賛会は聖徳太子奉讃会に発展改組した。総裁、会長、副会長は御忌奉賛会と変わらず、理事等の役員も大きな変化はなかった。

奉讃会の目的は「聖徳太子の偉徳鴻業を奉讃闡明」することで、そのための事業として、次のようなものが立案、実行された。講演会、記念展覧会の開催、聖徳太子の遺蹟、具体的には主に法隆寺の保護、五〇年毎の遠忌法要の奉讃、聖徳太子に関する研究・調査の委嘱と研究給費生の採用、研究成果の出版、有志医療機関による施療施薬などである。今日までその機能を発揮している法隆寺の防火施設は、大正十四年に起工されたもので、総工費約三〇万円の内、八割が国庫負担、残りを寺が二万円、奉讃会が三万円を支出して完成された[17]。法隆寺会以来、懸案の事業であり、奉讃会が力を注いだのも当然で、その資金力もよく表れている。しかし、背後の丘陵に貯水池まで築いたほどの設備であったにも拘らず、のちの金堂罹災を救うことはできなかった。

奉讃会が顕彰しようとした太子の事績が、どのようなものであったのかは、早くから一連の事業に参画した高嶋米峰が著した小冊子『聖徳皇太子』[18]や、御忌奉賛会で募集した伝記について審査委員を務めた黄洋境野哲の『聖徳太子伝』[19]、理事である黒板勝美の『聖徳太子御伝』[20]（聖徳太子奉讃会、一九二三年）等から窺うことができる。その趣旨は大同小異であって、やや国体論が正面に出過ぎている感はあるが、「聖徳太子は実に皇祖皇宗の威霊が、この大使命を果さしめんが為めに御降しになつた救世の偉人で」「推古天皇の摂政として内治外交、文学宗教、美術工芸、その他あらゆる方面に於いて目覚しい改革を行」われたとする黒板の総括が、全体を代表している。文中の「この大使命」とは、その前段にある「我が国体の上から外来文化を取捨選択し、これを鎔鋳消化して一大革新を加へる」という役割である。この三著は、崇峻天皇の弑逆について太子が直接的な行動をとっていないことを、共通して弁護した。これは御忌奉賛会以来の主張であり、こうした宣伝によって、江戸時代から太子の汚点とされた部分は完全に払拭されたといえよう。また、太子が目指した大豪族の弱体化は、在世中には十分に成功をおさめなかったが、その精神は大化改新に受け継がれ、太子が理想とした天皇中心の体制が実現したこと、それは明治維新に比すべき意義を持つこと、太子の憲法十七条は、明治天皇の五箇条の御誓文の精神に通じることが共通して述べられていることも注意される。大化改新は明治維新の先駆けとなる王政復古とする史観は、薗田宗恵の伝記にすでにみられるが、以後長く日本史の学界の通説となった。

こうして見てくると、大正期に御忌奉賛会や聖徳太子奉讃会が、太子のイメージ形成に果たした役割の大きさが改めて注目される。奉讃会は民間団体ではあったが、太子が皇族であったということもあり、皇室の援助や府県の協力を得て、国家を挙げてのキャンペーン組織という性格を帯びた。奉讃会が提示した太子像は、『日本書紀』のそれを一層肉付けしたものであって、近世以前の仏教的な太子信仰とは全く異なるが、史実とはかけ離れた超人的な人物とする点で共通性がある。またその活動は、法隆寺と密接に関わっていたから、全く宗教色がなかったとは言えない。奉讃会が行った講演会をみても、実施地域は全国にわたり、対象も各種の学校の生徒はもちろん、警察官など広い職種の国民に及んでおり、年一回はＮＨＫラジオを通じた全国放送も行われた。このような活動は一種の布教活動といってもよく、まさに新しい形の太子信仰を創出したものといっても、言い過ぎにはならないであろう。御忌奉賛会や聖徳太子奉讃会によって宣伝された太子像は、国定教科書の叙述に取り入れられることで、その影響力を広げて行ったと考えられるが、教科書の叙述の変遷に関しては、別に詳しい報告もあるので、参照されるよう希望しておく。(21)

四　昭和天皇と聖徳太子

奉讃会の活動が国家的な色彩を持っていたことは上述したが、これまでの研究でも、太子の「摂政」就任が、帝国憲法における摂政規定の制定に影響を与えた可能性や、裕仁皇太子の摂政就任が太子の前例を参考とした可能性が、推測として述べられたことがあった。(22)これらを立証することは難しいが、少なくとも大正末期において、裕仁皇太子とイメージを更新された聖徳太子が結びついたことは、考えられてよい。裕仁皇太子が摂政となったのは、あたかも御忌法要から半年余り後の大正十年（一九二一）十一月であった。皇族の摂政は七世紀以来ということで広く注目を引いたことは、当時の新聞報道からも判明する。(23)十二月には早速、聖徳太子奉讃会で、和田英松が「聖徳太子の摂政に就いて」と題する講演を行っている。(24)和田はその中で、推古天皇の即位時に一九歳になっていた太子が、なぜ即位しなかったのかという問題について、このころの天皇に求められたのは、経験に富む熟年の人物で、太子は即位にふさわしい年齢に達してはいなかったと論じたが、これは近年の研究で説かれるところと同じで、見落とされてきた卓見である。ともあれ、太子の摂政を主なテーマとする論考は、これ以後、戦後まで出ていないことを見れば、少なくとも日本史の学界では、当時、太子と裕仁皇太子を連動させてとらえる考えが存在したことは確かである。

このような気運が一般にもあったらしいことを物語るのが、高額紙幣への太子肖像の採用であろう。この問題については、かつて専論を書いたので省略に従うが[25]、最初に太子肖像の採用された百円紙幣が昭和五年(一九三〇)に発行されるに先立ち、大正十二年(一九二三)の大震災前から図案改訂の動きがあったことは事実であり、そこに当時の情勢が反映していた可能性は高いであろう。裕仁皇太子の妃(後の香淳皇后)の父が、奉讃会の総裁、久邇宮邦彦王であったことも、あるいは偶然ではないかもしれない。いずれにしても、聖徳太子の肖像が最高額面の紙幣に採用されたことで、奉讃会のような太子像を国民の間に浸透させるための権威ある媒体が誕生したことは疑いない。

一方、奉讃会が標榜した聖徳太子の遺蹟を顕彰するという面では、昭和九年から、大規模な修理が法隆寺を対象に開始された。戦後の昭和二十九年まで続いた法隆寺国宝保存事業である。江戸時代以来、根本的な修理の機会がなかった法隆寺伽藍について、順次解体修理してゆくという事業で、文部省内に法隆寺国宝保存事業部を設置し、部長には事務次官を当てる特別な体制が取られた。「聖徳太子の寺」を後世に守り伝えるための大事業である。このいわゆる昭和大修理は、大戦期から戦後の混乱期にかけても細々ながら継続され、最後となった金堂の解体修理が、壁画模写の遅れで延び延びになる中、昭和二十四年(一九四九)一月に金堂から出火して、金堂初層と壁画を焼損するという事態を招いた。これが契機となって文化財保存の法制が抜本的に見直され、史蹟・名勝や天然記念物、無形文化財の保護まで含む文化財保護法の制定を見ることになったが、その施行が焼損の翌年五月という速さであったのは、国家の威信を掛けた修理事業で、思いがけない失態を演じたという反省があったからであろう。

このように昭和戦前期は、奉讃会の太子像が更に浸透していく過程であったともいえるが、太平洋戦争の敗戦は、そのような太子像にも当然修正を迫った。戦前の国体観念に密着した太子像が、そのままで通用しないのは自明であり、全面否定されても無理はなかったと言えよう。奉讃会自体、解散が議論されたこともあった。しかし、その太子像は、一部修正を受けるものの、大枠で生き延びる。平和国家、文化国家の建設に尽力し、指導した人物という人間像に変容させたからである。憲法十七条では、戦時中に強調された「詔りを承っては必ず謹め」(第三条)に代わり、「和を以て貴しとなす」(第一条)が脚光を浴び、対外関係についても、隋に対して対等外交を主張したことよりは、積極的な外国文化の受容が強調されるという具合である。これらの点は、昭和天皇が、戦後は平和憲法の下、文化国家を目指す民主的な君主として、その地位を維持したのと軌を一にしている。太子と裕仁皇太子(昭和天皇)との関係は、こうした形で戦後にも受け継がれたといえよう。占領下で禁止された他の紙幣肖像と異なり、太子の肖像の存続が認められたのは、この状況を象徴するが、それも先の別稿で論じたとおりである。また昭和二十五年、最高裁判所大法廷に太子に関わる大壁画三面(間人皇后御慈愛・聖徳太子憲法御制定・聖徳太子御巡国)が、堂本印象の筆で描かれたことなども、同じ潮流の表れとして理解できよう。

おわりに

以上に述べてきたとおり、江戸時代以前の太子信仰が排除された後、実証に基づく歴史的人物としての聖徳太子が立ち現れたわけではなく、御忌奉賛会や聖徳太子奉讃会の下で、新しい形の「太子信仰」が「布教」され、一般人の間にまで広まっていった。第一節の初めに挙げた現在通有の太子像の源がそこにあることは疑いない。大正期以降、太子顕彰事業の中で流布されてきたイメージの影響力が改めて実感される。聖徳太子奉讃会は、財政的に困難な中、平成十年(一九九八)に解散するまで、研究生への給費事業や講演会等の啓発事業を行ったが、総裁職が久邇宮邦彦王の子から孫へ、会長職が旧熊本藩主家の細川護立、細川護貞父子に継承され、戦前の役員や、奉讃会から給費を受けたことのある研究者が役員に連なっていたことからしても、その基本的性格に変化はなかった。戦前は奉讃会から支援を受けた法隆寺が、戦後はむしろ奉讃会を支える立場となり、事業の一部は法隆寺に受け継がれているが、戦後、法隆寺が法相宗《ほっそう》から独立し、一寺だけで太子を開祖と仰ぐ聖徳宗を立てたことも、法隆寺が御忌奉賛会や聖徳太子奉讃会と、終始表裏一体の関係にあった歴史に由来すると見てよい。戦前戦後に法隆寺管長であった佐伯定胤《さえきじょういん》が、専従の僧職としてただ一人、帝国学士院と日本学士院の会員であったことも(27)、奉讃会と歩んだ法隆寺の特殊な性格と無関係ではなさそうに思える。

最後に古代史研究との関りに言及して、冗漫に亘った本章を閉じることとしよう。大化改新を太子の政治思想の実現とする史観が奉讃会等によって広められたことは既に述べたが、これはやや姿を変え、大化改新の前提としての推古朝政治という形で、古代史での主流の考え方として踏襲された。一九七〇年代になって、『日本書紀』の大化改新像を疑う、いわゆる大化改新否定論が現れ、改新を明治維新になぞらえる論の不当なことが論じられもしたが、太子の時代との連続性について、踏み込んだ具体的な議論がなされたとは言えない。かえって否定論者の中には、太子即位説を唱えた研究者もある。(28) また『日本書紀』に現れた太子の人物像や事績を疑う研究者は、津田左右吉、小倉豊文など、戦前から戦後にかけて出なかったわけではなく、近くは第一節でふれた大山誠一の研究もあるが、近代に作られた太子像への関心は薄かった。太子の人物像をどうとらえ、それと推古朝以降の政治との関係をいかに考えるかは、律令国家の成立過程を理解する上に避けて通れない課題である。(29) 律令国家を太子の理想の実現とした奉讃会的な歴史のとらえ方を批判的に検討し直すことは、将来に託された大きな課題であろう。

(1) 新川登亀男『聖徳太子の歴史学』(講談社選書メチエ、二〇〇七年)。
(2) 大山誠一『〈聖徳太子〉の誕生』(吉川弘文館、一九九九年)。
(3) 東野治之『聖徳太子——ほんとうの姿を求めて』(岩波ジュニア新書、二〇一七年)。なお、以下に言及する太子関係の伝記や金石文についても、とりあえず本書を参照されたい。
(4) 法隆寺東院の性格については、本書第Ⅱ部第一章「奈良時代の法隆寺と太子信仰」参照。
(5) 『日本書紀』推古十五年二月戊子(九日)条及び甲午(十五日)条。神祇祭祀の行われた日が、釈迦入滅の日であることから、事実かどうかは極めて疑わしく、『日本書紀』の太子像をほぼそのまま認める坂本太郎『聖徳太子』(吉川弘文館、一九七九年)でさえ、『日本書紀』編者の捏造と考えている。

（6）本書は後に『聖徳太子実録』（丙午出版社、一九一九年）として再刊されている。

（7）狩谷棭斎の注を刊本とした最初は、長田権次郎校訂『法王帝説証注』（裳華房、一九一〇年）で、平子鐸嶺『補校　上宮聖徳法王帝説証註』（丙午出版社、一九一三年）がそれに次いで古い。

（8）東野治之校注『上宮聖徳法王帝説』（岩波文庫、二〇一三年）参照。

（9）東野治之「法隆寺金堂薬師像の光背銘と天寿国繡帳の銘文——その史料的性格をめぐって」（『史料学遍歴』雄山閣、二〇一七年）。

（10）明治期の文化財調査と法隆寺の関係については、新川登亀男『聖徳太子の歴史学』（注1前掲）第五章参照。

（11）増山太郎編著『聖徳太子奉讃会史』（永青文庫、二〇一〇年）。本書を典拠とする記述は原則として断らない。

（12）恣意的な挙例になるが、たとえば御伝審査委員には露伴幸田成行、上田萬年、魯庵内田貢、三上参次、三宅米吉、唱歌選定委員には井上通泰、佐佐木信綱、芳賀矢一、与謝野晶子等の名がみえる。事業の成果についても、増山太郎『聖徳太子奉讃会史』（注11前掲）に詳しいが、それに漏れた事実を付け加えると、伝記については、入選作が決まり、加筆修正などが行われながら刊行されず、本文後述の黒板の伝に置き換えられた。また選定された讃仰唱歌は、増山前掲書には載せられていないが、その歌詞（堀沢象子の当選作）と楽譜（東京音楽学校教授島崎赤太郎作曲）とは、高嶋米峰注18後掲書に見える。『聖徳太子奉讃会史』の編集実務に当たられた三橋広延氏の教示によれば、この唱歌の譜面は、カルピス製造株式会社（三島海雲氏）によって、大正十四年四月に一〇万部の施印が行われている。

（13）高嶋米峰『米峰回顧談　続高嶋米峰自叙伝』（学風書院、一九五一年）。本書は、『伝記叢書』一三二巻（大空社、一九九三年）に『高嶋米峰自叙伝　米峰回顧談——続高嶋米峰自叙伝』として復刻されており、当該部分は増山太郎『聖徳太子奉讃会史』（注11前掲）にも抄録されている。

（14）四天王寺・大阪市立美術館・サントリー美術館・日本経済新聞社編『千四百年御聖忌記念特別展　聖徳

太子　日出づる処の天子』(日本経済新聞社、二〇二一年)三〇八頁。
(15) 大濱徹也他校訂『萬象録　高橋箒庵日記』巻七(思文閣出版、一九九〇年)三五四頁。徳川会長は関係する史蹟保存の活動に関連して、史蹟を所管する内務大臣とは懇意な間柄であったとみられる。
(16) 森林太郎「聖徳太子頌徳文」(『鷗外全集』第三八巻、岩波書店、一九七五年)。
(17) 法隆寺防火設備水道工事事務所『法隆寺防火設備水道工事竣功報告書』(一九二八年)。この報告書は、全文が奈良国立文化財研究所・奈良県教育委員会編『法隆寺防災施設工事・発掘調査報告書』(法隆寺、一九八五年)に再録されている。
(18) 高嶋米峰『聖徳皇太子』(聖徳太子奉讃会、一九二五年)。奥付によれば、御忌の年、一九二一年初版のようであるが、いま手もとにある三版による。
(19) 境野黄洋『聖徳太子伝』(丙午出版社、一九一七年)。本書にも先行する『聖徳太子伝』(文明堂、一九〇四年)及び『増補　聖徳太子伝』(丙午出版社、一九〇八年)がある。本書はそれらを改稿、増補したもので、論述の趣旨は一貫して変わらない。
(20) この黒板による伝記は、前注の境野黄洋の伝とともに聖徳太子奉讃会監修『聖徳太子全集』四巻、一九四二年)に再録されている。
(21) 戦前の教科書における太子の扱われ方については、新川登亀男『聖徳太子の歴史学』(注1前掲)第六章に詳しい。
(22) 新川登亀男『聖徳太子の歴史学』(注1前掲)一七六頁、一八九頁。
(23) たとえば東京日日新聞大正十年十一月二十五日掲載の三上参次談話など。
(24) 和田英松「聖徳太子の摂政に就いて」(『国史説苑』明治書院、一九二九年)。
(25) 東野治之「昭和の紙幣と法隆寺・正倉院の文化財」(『文化財学報』三〇集、二〇一二年。奈良大学リポジトリで閲覧可能)。
(26) たとえば五十嵐祐宏『憲法十七条序説』(藤井書店、一九四三年)など。五十嵐は、本書によると当時、教学錬成所錬成官であった。

(27) 昭和四年(一九二九)選定、同二十七年逝去退任。日本学士院編『日本学士院要覧』(二〇二一年)による。

(28) 門脇禎二『「大化改新」史論』上巻(思文閣出版、一九九一年)第一章第二節参照。なお同書下巻の付章は、改新否定論の考え方を見る上で有益である。

(29) 筆者の断片的な考えは、東野治之「聖徳太子の時代」(『日本古代史料学』岩波書店、二〇〇五年)などで述べた。

第III部　法隆寺研究の周辺

第一章　壁画撮影の先駆者・田中松太郎

金堂壁画の火災による損傷前に、現状を記録する試みとして実施された最初の写真撮影が、どういう経緯で実現され、どのような意義を持つかを明らかにした。

一　金堂壁画と模写・写真の意義

法隆寺金堂壁画は、日本のみならず東洋美術の傑作として世界に知られている。その制作年代については諸説あるが、堂内に仏像や台座・天蓋が安置されて後は、描くのが極めて困難なことから、金堂が完成した七世紀末の作品であることは疑いない(1)。須弥壇《しゅみだん》直上にある内陣小壁《こかべ》の飛天はもちろん、新たに壁画を描こうとすれば、模写の場合とは違って、相当の引きがなければ不可能である。しかし周知のとおり、この世界的な至宝は、昭和二十四年(一九四九)一月の金堂火災によって大きく焼損してしまった。焼損した壁画は、往時の彩色をほとんど失い、収蔵庫に保管されているが、罹災前はカビの発生で黒ずんでいた、堂内東面から北面にかけての諸壁が、火災の熱に遭って、かえって図様が明晰となった感があり、その芸術的迫力は、今なお健在と言えよう。ただ壁体自身が崩落した箇所や、色彩の喪失は如何ともしがたく、罹災前の盛観は様々な記録によって偲ぶほかないのが現状である。

ただ、名品だけあって、幸い早くから模写や写真撮影が行われてきたのは他の作品にみられない特徴である。それらの価値は、時代が経過するにしたがってますます高まっており、先年、昭和戦前期に撮影されたガラス乾板が重要文化財の指定を受けたのは、まことに時宜を得たものと言える。(2) 戦前から金堂罹災まで続いた日本画家たちによる原状模写は、不幸にも完成しなかったが、現在に残る部分も、やがては指定の対象とされる日が来るであろう。

未完に終わった壁画模写事業のあとを受け、その後、この模写や原色版刊行物等を参考に、罹災前の状態を再現する企ても起きたが、絵画としての効果を狙って、原画そのままでなかったり、なによりも制作者の個性が意図しないまま現れたりして、客観的な模写とは異なる性格が露呈しているのは、やむを得ないところであろう。

以上のような認識に立つと、昭和期に先立つ時代の模写や写真についても詳細な調査研究のなされることが望まれるが、これは壁画自体の研究にも資するところが少なくないはずである。それと言うのも、模写や写真撮影の始まった明治大正期以来、徐々に壁画の劣化は進行していたから、いささかでもその進行度合いの少ない状態を記録した模写や写真は、貴重な意味を有するからである。しかし残された模写や写真の調査研究はまだ緒についたばかりと言ってよく、基本的な事柄で確認してゆくべき点が多々存在する。幸い本格的な現状模写として最古の桜井香雲による模写については、本格的な研究も始まっているので、(3) ここでは最初の体系的な写真撮影である田中松太郎による写真撮影を取り上げ、基礎的な調査検討の結果をまとめておきたい。

二　田中松太郎の撮影

今日、現状記録という意味で模写より有効なのは、写真である。しかし明治も早いころの写真は、建築や彫刻はともかく、絵画作品を十分に再現できるほど精度が高くはなかった。壁画の写真を載せた古い出版物としては、明治二十四年(一八九一)の『国華』二四号や、『稿本日本帝国美術略史』(農商務省編、一九〇一年。仏語版一九〇〇年)、『特別保護建造物及国宝帖』(内務省宗教局編、審美書院、一九一〇年)、『帝国美術資料』第二輯(東京帝室博物館編、尚美館、一九一二年。同館編『日本美術集成』第一輯上、隆文館図書、一九一六年にも再録)があるが、『特別保護建造物及国宝帖』がやや優るかと思われる以外、良い効果を上げているとは言いがたい。その中にあって、明治四十一年(一九〇八)に工藤利三郎が出した『日本精華』第一集に見える一〇号壁の部分写真は、左脇侍の右腕が完存する状態を、比較的明瞭に留めていて貴重である(図22)。一方、写真の技術革新は目覚ましく、少なくともモノクロ写真は、大正期になると十分な精度を備えるようになる。大正七年(一九一八)に東京美術学校から出版された『法隆寺大鏡』は、その好例であろう。折しも具体化した壁画保存事業の中で、全壁画の写真による記録が企図されたのは当然

図 22　金堂壁画第 10 号壁左脇侍

図23　金堂壁画撮影風景

であったと言える。その具体的方法に関しては、文部省の報告書に詳しい[4]。金堂外陣に、大型カメラを取り付けたまま移動できる装置を組み上げ、壁面と平行移動しながら、ガラス乾板を用いて撮影を実施するというやり方は、昭和戦前期に便利堂によって採用された方法と同じであり[5]、その先駆をなしたものであった(図23)。相違点は、全面を分割して原寸大の撮影をするか否かだけである。

この撮影方法を採用し、大正五年十二月に撮影を実施したのが、のちに原色版の印刷で有名な半七写真工業を興した田中松太郎(号は半七、一八六三—一九四九)であった。彼は一九〇〇年のパリ万国博覧会を機に渡欧、そのままオーストリアのウィーンで原色版について学んだ人物であったが、少年時代には日下部鳴鶴のもとで書の修業をしたといい、帰国後は、明治四十一年(一九〇八)に発足したパンの会の一員となって活動していたようであるから、日本・中国の古美術にも関心を有したのであろう。パンの会における田中の姿は、後年、木村荘八が筆をとった油彩画「パンの会」[6](昭和七年、一九三二)に、復原的に描き込まれている[7]。

幸いにして彼の撮影した壁画の写真は、『法隆寺大鏡』の別集四分冊(一九一八)に収められており、同じ写真は、これらを合冊再編して単行された、白石村治編『法隆寺壁画』上下(東京美術学校、一九二〇)でも見ることができる。使用した英国製のガラス乾板は一五三枚であった。その精細な出来栄えもさることながら、注目されるのは壁画の原寸大写真が、初めて撮影、出版されたことである。図版の縮尺について特記されているわけではないので、注意しなければ見落とすが、その寸法から見て、次の諸図は原寸大である。確認に当たっては、便利堂がかつて法隆寺展(二〇〇一年三月、大阪高島屋)会場で市販した六号壁中尊と左脇侍のガラス乾板密着焼付を用い、他はそれとの比例関係から類推した。便利堂の原寸大コロタイプ写真と照合すれば正確であろうが、手元で簡単に参照できないので、便宜この方法による。

一号壁　中尊面部　左右脇侍面部　十大弟子面部
六号壁　中尊面部　同上印相　左右脇侍面部
九号壁　左脇侍面部
一〇号壁　中尊面部　左右四脇侍面部　左右四神将面部

即ち大壁の主要諸尊の顔面は原寸大ということである。この他、原寸大撮影と共に特筆されるのは、これらの図版が、昭和期ほど剥落の進まない状態の壁画を鮮明に写し出していることである。その精緻さは、二〇一九年、奈良国立博物館が公開したガラス乾板に拠るデジタル画像に、優るとも劣らない。図版からうかがわれる壁画の旧状として、目立つ箇所を挙げれば、六号壁左脇侍の観音菩薩像面部がある。ここでは、のちの画像に見られる左眼の掻き傷がない(図24・25)。この傷は、大正十三年に刊行された『原色　法隆寺壁画』(辻本写真工芸社)の図版にも現れておらず、昭和四年(一九二九)に撮影された便利堂の原色写真に確認される。[8] 大正五年以降、それまでの間に生じた傷である。また八号壁での樹脂による硬化実験[9]が行われた大正七年以前の撮影であるため、当然のことながら、焼損後

図 24　金堂壁画第 6 号壁観音像頭部(1918 年)

図 25　同右(1947 年)

まで残った変色痕跡は存在しない。詳細にのちの画像と比較参照すれば、さらに多くの情報を拾える可能性があろう。(10)

早くから原色版に注目していた田中が、この撮影でなぜ色分解の写真を撮らなかったのか、その理由は不明である。あるいは撮影が行われたかもしれないが、少なくともその証跡は残っていない。おそらく様々な技術的課題があって実行できなかったのであろう。

三　写真から印刷へ

ところで、完成度の高い田中の原板を見事に再現した、『法隆寺大鏡』のコロタイプ印刷のレベルの高さも注目に値する。コロタイプ印刷は習熟した職人技をまって、初めてその効果を十全に発揮するが、家蔵の『法隆寺大鏡』別集第一には、次のような次回配本予告(大正七年四月付)が挟み込まれている。資料として興味深く、この紙片が保存されている例も少ないと思われるので、以下に全文を掲出しておく(引用に当たって常用字体に改め、句読点と振り仮名を付した)。

粛啓　予《かね》て詳細に貴意を得申候法隆寺大鏡別集金堂壁画は、漸く一部の印刷を畢り候に付、不取敢《とりあえず》高覧に供へ申候。実は右別集を三月末の発行に予定致置き候為めに、同月の大鏡発行を見合せ候事に致候処、何を申も壁画印刷は、老練なる一人の技術者に丹念に刷らせ居《おり》候事なれば、漫《みだり》に急がせ候儀も難成訳《なしがたきわけ》にて、予想通りの進捗を見る能《あた》はず、遂に今日まで延引仕り候。自然に本月の大鏡と同時に発行致候様に相成申候間、此段御諒察被下度希上《くだされたくねがいあげ》候。扨《さて》又大鏡には毎冊挿図の解説を附し候事に致居候へ共、金堂壁画は堂内壁面に画かれたる統一ある一大仏画にて彼是と引離して説明を加へ得べき性質のものに無之候に付、全部完了候上にて詳細なる目録及び解説を作り、之を別冊として御覧に入れ候手筈に　御座候間、御含み置き被下度希申候。

頓首

大正七年四月　　法隆寺大鏡編輯掛

各位

尚々先般委曲申述候通りの事情に付、別集金堂壁画は、毎部金三円の実費を申受け候儀に御座候間、これ亦御含みを願上候。

「何を申も壁画印刷は」云々のくだりを読めば、印刷に当たり、まさに版画を刷るような名人芸の駆使されていることが分かる。その優れた効果は、同じ原板を使い昭和戦前期になって再版された『南都十大寺大鏡』第二、壁画篇の鈍い図版と比べてみれば瞭然であろう。今日、壁画の写真撮影と言えば、便利堂の事業ばかりが喧伝されるが、こうして見てくると、開拓者としての田中の功は滅せられるべきではない。

なお、田中の撮影になるガラス乾板がどうなったかは、本章の初出稿執筆時には明らかでなく、「東京芸大ないし東京国立博物館などに現存する可能性はないであろうか」と述べるにとどまったが、「法隆寺金堂壁画と百済観音」展準備の過程で、東京国立博物館から『南都十大寺大鏡』の乾板のデュープ(複製)と見られるガラス乾板が大量に発見された。[11] 残念なことに、先述の原寸大撮影の乾板が見当たらず、どの段階のデュープかも特定はできていないが、これもまた極めて価値高い資料であり、当然文化財として保護される価値があろうと思われる。

(1) 松田真平「失われた法隆寺壁画の再現研究」十六、『聖徳』二〇一号、二〇〇九年(『合本版 失われた法隆寺壁画の再現研究』創藝社に再録)、東野治之「法隆寺と聖徳太子」(『史料学遍歴』雄山閣出版、二〇一七年)。
(2) 奈良国立博物館『重要文化財 法隆寺金堂壁画写真ガラス原板――文化財写真の軌跡』(二〇一九年)。
(3) 鈴木廣之「桜井香雲「法隆寺金堂壁画模写」とアーネスト・サトウ」(『MUSEUM』六八四号、二〇二〇年)。
(4) 文部省『法隆寺壁画保存方法調査報告』(一九二〇年)。
(5) 便利堂の撮影方法については、有賀祥隆「金堂壁画の模写と複製」(「法隆寺金堂壁画」刊行会編『法隆寺金堂壁画 ガラス乾板から甦った白鳳の美』岩波書店、二〇一一年)に概説されているが、便利堂編『便利堂創業一三〇周年記念出版 時を超えた伝統の技』(便利堂、二〇一六年)に撮影、印刷時の写真が見える。
(6) 田中の履歴については、山村仁志「「ウィーン、生活と美術 一八七三―一九三八」展ノート――田中松太郎について」(『府中市美術館研究紀要』五号、二〇〇一年)が詳しいが、壁画撮影について言及はなく、木村荘八の絵にも触れていない。また半七写真工業のウェブサイトも参考になる。なお、えびな書店古書目録『書架』一四三号(二〇二三年)には、ウィーン時代の日記一冊を含め、田中の資料が新たに発掘、掲載されている。

(7) 北野美術館『北野美術館蔵品図録』(一九九一年)。

(8) 京都市立絵画専門学校編『日本名画譜』仏画篇第四刊(便利堂、一九三〇年)。撮影年は有賀祥隆「金堂壁画の模写と複製」(注5前掲)に拠るが、書名は『壁画篇』と誤っている(二五〇頁)。なお、北川桃雄『法隆寺』(アトリエ社、一九四二年)の巻頭原色版口絵二点(六号壁中尊と左脇侍)は、色調の類似から見て、この原版に基づくものであろう。また、初出稿では、『原色　法隆寺壁画』の図版で左脇侍観音の左眼瞼に白色を認めたため、この刊行物の段階で、すでに傷が生じていたとしたが、白色部分の方向は、右下ではなく左下に向かっているようであり、原画の色の薄い部分が白く表れたとみられる。『原色　法隆寺壁画』の段階では傷がなかったとする松田真平氏の見解(注10)に従いたい。

(9) 文部省『法隆寺壁画保存方法調査報告』(注4前掲)。

(10) 松田真平「失われた法隆寺壁画の再現研究　拾遺編5」(『聖徳』二四四号、二〇二〇年)は、その試みの一端と言えよう。

(11) 本展は二〇二〇年三月十三日から五月十日まで、東京国立博物館で開催の予定であったが、いわゆるコロナ禍のため、開催は中止となった。

第二章　正木直彦が贈った百済の石燈籠

近代の太子信仰を支えた人物の一人、東京美術学校校長の正木直彦が、聖霊院前に寄進した百済の石燈籠が、場所を変えて現存する。その寄進の経緯と文化財としての意義を示した。

明治から昭和戦前期にかけて、長く東京美術学校校長を務めた正木直彦《まさきなおひこ》は、法隆寺管長の佐伯定胤とも親交があり、陰に陽に法隆寺の外護者としての役割を果たした人物として、忘れることのできない存在である。この点で、正木が長年にわたって書き継いだ『十三松堂日記』は、近代の法隆寺を知る上でも欠くことのできない史料と言えるが、その昭和十四年(一九三九)三月三十日の条に次のような事実が見える(『十三松堂日記』第四巻、中央公論美術出版、一九六六年。句読点は筆者)。

今日、所蔵扶余《ふよ》より将来したる百済時代石燈籠を、法隆寺聖霊院尊前に奉献せんとて送り出す。

正木が所蔵していた百済時代の石燈籠を、聖霊院の前に奉献するため、自宅から送り出した、という記事である。この石燈籠はどのようなものであったのか、また現在も法隆寺にあるのかどうか、寡聞にして私は知るところがなかった。しかし、法隆寺境内をよく知る方なら、現在、少なくとも聖霊院の前にそれらしい燈籠がないことは、先刻承知のことと思う。そこで脳裏に浮かんだのが、いま寺務所(本坊)の玄関に向かって右手前、中庭に立つ石燈

図 26　法隆寺寺務所玄関前の石燈籠(高さ 178 cm．南東から)

籠であった(図26)。その燈籠は、明らかに通常の日本の石燈籠とは異なり、特異な形姿と構造を備えている。寺務所の整備されたのは昭和五十三年(一九七八)のことと聞くから、もと聖霊院の前にあった燈籠がここに移されたというようなことも、あっておかしくない。早速、法隆寺の大野正法師にお尋ねしたところ、定胤師の日記に関係資料のあることを教示いただいた。

四月初一日

(中略)

一、正木直彦来書。

拝啓、かねて申上置候、朝鮮扶余より来候、百済時代の石燈籠、聖霊院宝前に奉献いたし度、本日運送店に托送申候。法隆寺駅に着《(ママ)》いたし候ハハ、御受取御据ゑ給り度候。云々。

(中略)

三月三十日

正木直彦

法隆寺和上様

これは四月一日条に写し取られた正木の書簡である(句読点は筆者)。扶余請来の百済の石燈籠を、聖霊院前に奉献したい意向と、法隆寺駅に向け発送のことが記されていて、まさに『十三松堂日記』の記事と照応している。日記のこの前後の記事には、ここに至るまでの事情は見えないが、この書簡によれば、正木と定胤師との間には、前もって寄贈の話が進んでいたのであろう。

さらに定胤日記の四月六日条には、新聞記事の切抜きが貼り込まれていて、その記事には次のようにあり(句読点は筆者)、確かにこの燈籠が法隆寺に入ったことがわかる。

正木氏の石燈籠　法隆寺境内へ
前東京美術学校長正木直彦氏が、朝鮮扶余の古蹟から自宅に移した石燈籠一基を、このほど法隆寺に贈り届けて来たので、同寺では近く山内聖霊院附近に立てることとなった。

そこでこの燈籠の設置された場所であるが、大野正法師によると、法隆寺にも正確な情報は残っていないようである。ただ、寺務所が完成して現在地に立てられるまでは、この燈籠は福園院本堂の西側(聖徳会館の東側)にあり、そこに立てられたのは聖徳会館の落成時(昭和三十六年、一九六一)であったという。それがどこから移動してきたかは定かでないが、聖霊院西側の閼伽《あか》井付近にあった可能性があるとのことである。ただ、最初の所在が確定できない以上、正木の寄贈した石燈籠が、現在寺務所の中庭にある燈籠であるかどうか、確認は難しいと言うほかはないであろう。

しかし、翻って考えると、正木がこのような燈籠を奉献していた事実は、寺務所中庭の石燈籠を考える上に重要な意味を持つと思う。というのは、こうした寄進による石燈籠は、その由来から言っても、素材から言っても、簡単に破壊されたり破損したりするものとは考えられないからである。たとえ場所は移動しても、寺内のどこかに現存すると見るのが妥当であろう。ところが、現在寺内に存する石燈籠を見渡しても、ほとんどは在来の日本の燈籠であって、この寺務所中庭の燈籠だけが様式を異にしている(法隆寺昭和資財帳編集委員会編『法隆寺の至宝』2、小学館、一九九六年、参照)。その点からすると、この燈籠こそが、正木の奉献にかかるものとして不自然ではない。問題は、これが百済時代の燈籠として、不都合はないかということであろう。

そこでまずこの燈籠の形状を確認しておくと、現在は小さな不整形の台石の上に八角柱の竿石が乗り、その上に縦長の直方体の火袋が置かれる。火袋の四面には、やはり長方形の刳り抜き部が作られ、火窓としている。火袋は、降《くだ》り棟のある屋蓋で覆われ、その頂部に、露盤と九輪を一体で刻み出した、断面が四角の石柱が載せられている。試みにこれを古代朝鮮の石燈籠と比べてみると、現在知られている作例は、ほとんどが統一新羅時代以降のもので、竿石・火袋・屋蓋とも八角形の断面を持つのが一般的のようである(鄭永鎬編『韓国美術全集』7「石造」、同和出版公社・大日本絵画巧芸美術、一九七四年、金元龍他編『韓国文化財大観』六、韓国文化財保護協会、一九九〇年など。図27参照)。従って今取り上げている燈籠とは大きな相違があるが、竿石が八角であるのは共通し、しかも火袋に刳り透かされた縦に狭長な火窓は、新羅の燈籠のそれによく似ている。また九輪が二つしか刻出されていないのも、相輪部が短い新羅の燈籠と通ずるところがある。火袋を受ける上台がなく、直接竿石につながるのは大きな相違点であるが、これは簡素な台石とともに、本来の姿であったかどうかは確言できず、もとあった上台や、竿石の乗る下台・基台が失われていることを想定すべきであろう。むしろ、最も特徴的な火袋や火窓の形状からすると、これが朝鮮半島製である可能性は高いのではなかろうか。

この燈籠が、全体を通じて八角形の断面を備えていないのは、朝鮮半島製と見るうえに障害となるかもしれないが、統一新羅以前の燈籠が完全な形で伝わっていない現状では、決定的な難点とは言えないであろう。三国時代の素朴な形態が、時代を降るにつれて、華やかで複雑な様式に発展していったこともありえないとは言えない。それよりも注目すべきは、この燈籠の低平な屋蓋や相輪部の雰囲気が、扶余の定林寺址の五層石塔や、日本の滋賀県にあって百済様式の石塔として知られる石塔寺の三重塔などに共通することである。

図 27　韓国浮石寺無量寿殿前の石燈籠，統一新羅時代

こうした諸点を総合すれば、この石燈籠こそ、昭和十四年に正木直彦が法隆寺に奉献した作品と判断するのが妥当であろう。たとえ完全ではなく、また扶余請来かどうか確証はないとしても、まとまった形で三国時代の石燈籠の遺例が伝えられている例は本国にもなく、極めて貴重であり、今後も十全な形で守られていくことが、正木の奉献の意図に応える

所以でもあろうと思う。

終わりに臨んで、寺内の資料や情報に関して御教示を頂いた大野正法師に厚く御礼申し上げたい。

第三章　古代寺院の僧房と僧侶の持戒生活

古代寺院の僧房生活は、法隆寺の建築と資財帳を重要な参考資料として考察されてきたが、『日本感霊録』によるとそれには問題があり、実態はこれまで考えられていたのとは相当異なっている。これは日本仏教の根幹にも関係する重要な問題である。

はじめに

古代寺院の僧尼が、寺院に設けられた僧房ないし尼房で起居し、仏教の戒律に則った集団生活を送ったとされていることは、いまさら述べるまでもないであろう。その具体的な様相を解明するには、実在した僧房等の規模がまず問題であり、そこに住した僧尼の人数に関する情報も把握されていなければならないが、これらの点については、文献史料や発掘調査の成果によって、諸寺の僧房の知られる例は少なからずあり、また僧侶の数を記す史料もなしとしない。特に早くからこの問題に着目して、史料と建築・遺構の両面から研究されてきた鈴木嘉吉氏が体系的な業績を成就されており(1)、それに加えられるところは極めて少ないといってよいであろう。しかしながら、これまでの研究を見直すと、なお着目されてこなかった史料も僅かながら存在する。平安時代前期に著作された『日本感霊録《かんれいろく》』に見える三つの説話などがそれである。ここにそれらを含む若干の史料を紹介し、そこからどのような僧房居住のあり方がうかがえるかを検討することとしたい。古代における戒律受容の実態を考える一助ともなれば幸いである。

一　『日本感霊録』に見える僧房

本章で主要な史料とする『日本感霊録』は、種々の仏教的霊験譚を集めた書で、平安前期に本元興《もとがんごう》寺《じ》僧の義昭《ぎしょう》が撰したものである(2)。折々に見聞した信仰にまつわる霊異奇譚を書き留めたらしく、文中に使用された年号には、延暦・大同・弘仁・天長・承和などがあり、承和十五年(八四八)を著しく下らない頃にまとめられたと推定されている。伝本としては奈良県龍門文庫所蔵の写本が最も古く、高山寺の旧蔵で久安三年(一一四七)の本奥書を持つ。本書はもと上下二巻から成っていたようであるが、この写本は完本ではなく、一五話のみを収める抄録本である。ただ現存の他の写本は、いずれもこの系統に属し、他には佚文として『東大寺要録』巻四所引の一話と『南法華寺古老伝』所引の一話が伝わるに過ぎない。しかし本書は仏教説話集として『日本霊異記』についで古く、早くから注目されて『続群書類従』釈家部に活字化される一方、コロタイプによる複製が作られており(3)、注釈も辻英子氏による詳細なものが刊行されている(4)。それにも拘らず、本書がやや忘れられた感があるのは、古写本の各丁に目立った欠損があり、各話の内容が十分把握しにくいところに原因があろう。しかし僧房での生活をうかがわせるという点で、これほど具体的な材料を提供してくれる史料は、他に見出しがたいと言わねばならない。つぎにその三つの話をまず引用し、そこにうかがわれる僧房利用の状態を整理しておく。書き下し文による引用としたのは、その内の一話については欠損があまり影響しないが、他の二話には大きな欠損があり、原文では行文が理解しにくいからである。文中の□は、その欠損部を表すが、欠損の大きさを伝えるために、書き下し文の改行は、なるべく原文の改行に合わせた。また原文に割注となって挿入されている音義は、引用を省略した。（ ）内は推定される文字、〔 〕は、欠損が進行した龍門文庫本では失われているが、諸本の残画から想定される文字、〈 〉内は割注である。なお前記辻英子氏の注釈にも書き下し文が載せられているが、ここではそれに従わず、新たに通常の漢文訓読体で、筆者の理解するところを書き下し文とした。本章末尾に参考として原文を掲げたが、詳しくはコロタイプ複製本及び辻英子氏の注釈を参照されたい。

① 龍門文庫本第一話

己が咎を隠さんと欲して、同法に於て構架を至し、横死を得る縁
法師聖護は、元興寺の僧なり。其の本居・俗姓、明了に非ざる〔也〕。
其の寺の西方の北行、馬道より西の第三の房の高□□(戸屋カ)に居住する
也。同じき小子房に住止せる勝寧師、去る延暦年〔中〕を以て、□
聖護師と山階寺の若僧、倶共《とも》に親厚に交〔通〕し□
年を(歴たり)。時に勝寧師、小子房に於て黙然として住す。□□□□(山階カ)
寺の若僧、其の僧の高戸屋より□

房、中の間に於て此の綾⌈
此の寧師指し示さむと欲せし頃、護〔師〕⌈
自らの房⌈　⌋此に寧師、心中に思えらく、⌈
之を取り納めば誤り失うべからず、と。〔嘿して〕⌈
童子に白して其の座具を乞う。護〔師〕⌈
童子、手空しくて去る。既にして〔至り〕⌈
言わく、「一昨、僧の座具、此間に忘れ⌈
看出だせる人、否や」と。

② 龍門文庫本第六話

恒に道人、般若を誦して霊の怖怪を摽《う》ちし縁
苾蒭《びっしゅ》慈寿は、元興寺の沙門也。去る大同年中、
其の寺の西北の馬道以東、第二の房に居住する也。而して其の房は、
伽藍を建立して以来、人に而して住する無し。然る所以は、房中に於て霊
鬼等有り、種々の災怪、数々顕現し、人をして患い悩ましむ。爰に
慈寿師、虚実を試みんが為め、彼の室に住し、昼夜、理趣⌈
若を読誦し、未だ曽て休み廃さず。

③　龍門文庫本第十話

四王像に祷り願い、疫病を消除せし縁

大法師徳慶は、那良の都左〔京〕□川氏也。其の寺の新房の南より□性質直にして、慈悲仁嬢〔譲〕、志意〔和雅〕□病患、苦む心有る無し。天長年中、□中の諸童子等、皆共に病み悩めり。但だ和上のみ独り□病む童を救わんと、手を澡《あら》い口を漱ぎ、中門の四天に参詣し、〔種々誓〕願して還りて房に臥す。然る間、日晩れて漸く二更に逮ぶ。而るに卒病の童、皆共に〔驚き〕脅え、惆慞惶怖し、和上の息《やす》める大房の裏《うち》に奔り竟〔競〕いて入り来たる。（中略）寔《まこと》に斯れ四大天王の霊助のしからしめしこと、之を疑う可からず〈同房・比室、共に伝うる所也〉。

各話の内容に入る前に、全体に関わることとして注意しておきたいのは、本書の内容はあくまで霊験譚であることである。従って元々事実や事件の客観的な記述とは異なっている。ただ、これらの話がそれを受容する人々に広く訴えかけようとしていることからすれば、現実から完全に乖離したことを語っているとは考えられない。甚《はなは》だしく現実離れした状況を設定しては、話の持つ効果が著しく減衰することになるからである。話の進行に多少の虚構性が含まれようとも、それが起きた舞台は、当時の人々にとって納得できる自然なものであったと考えられよう。

そこで①であるが、ここでは元興寺の僧房に住んでいた聖護と勝寧という二人の僧の間に起きた紛争が主題である。欠損部があるために文意が明確でない点があるが、大房と小子房の間に忘れた恐らく山階寺の若僧の座具を、聖護が取り込み、それを勝寧が見ていた。後に若僧がその座具を探していると、勝寧は聖護が持っていることを明らかにするが、聖護は盗みの疑いをかけるのかと、立腹するくだりである。(5) 辻英子氏の注釈は、勝寧が座具を取り込んだと解しているが、それでは山階寺の若僧を登場させる意味がなく、先のように解するのが妥当であろう。聖護と山階寺の若い僧とは長年交友関係があり、大房には聖護が、小子房には勝寧の居住していた様子がうかがえる。「高戸屋」は「中の間」を挟んで小子房と対していたらしいから、大房を指すと見て誤りない。辻英子氏の注釈は「高戸屋」をタカヘヤと読むが、ヘヤの語は平安前期までの古い用例がないようで、果たしてそう読んでよいかどうかは明らかでない。また元興寺僧房の復原立面(6)では、大房の小子房側に面する二つの窓は、高い位置にあるので、戸と窓の相違はあるが、あるいはこの立面に関係する称呼であろうか。

次に②は、やはり元興寺の僧房の一室が舞台で、霊鬼が住み着いて人を恐れさせていたその房に、慈寿という僧が居住し、遂にその霊鬼を退散させたという話である。その場所は「西北の馬道以東、第二の房」とあるだけで、大房、小子房の別を記さないが、この房には伽藍建立以降、誰も住んでいなかったという記述からすると、大房と小子房の両方を含んでいると解すべきであろう。僧房の中には無住となっている区画もあったことになる。

③には、元興寺の「新房」の一室に居住する徳慶という僧が、疫病が流行して諸童子らが病み伏す中、元興寺中門の天王に祈って、全員病から回復したという霊験を記す。「新房」という名称が、何

に由来し、またどこに所在したか明らかでないが、南から数えてその場所を記すところから、南北棟の僧房であったことは確かであろう。元興寺の伽藍復原で想定されている僧房は、いずれも東西棟で、南北棟の僧房は、当初の伽藍には存在しなかった可能性が強い。後に追加された僧房ということで、「新房」と称されたのかもしれない。いずれにせよ「大房」という用語も見えるので、この話の舞台も一般的な僧房としてよいであろうが、ここでこの霊験が「同房・比室」に伝えられたという点が注意される。②のように無住の場合はやや特殊で、同室者や隣の房の居住者がいるのが、やはり普通であったということであろう。

二　僧房居住の実態

さて以上に見たような僧房居住の状態は、いかなる意味を持つであろうか。これまでの研究では、一房当たりの居住人数はかなり過密であったとするのが通説である(7)。それは復原される僧房建築と、法隆寺などの資財帳に見える所属の僧侶数から導き出されたもので、大房と小子房を組み合わせた一区画当たり、平均十二、三人が居住していたという。単位面積を僧侶の数で割って出されたこの数字は、説得力に富み広く支持されてきた。ただ『日本感霊録』の記述を参照すれば、果たしてそのように考えてよいのかどうか、疑問を感じざるを得ないであろう。

先の①では、もし童子を含めるとしても、一区画当たり四人の使用者があっただけで、他に同房の人物がいた気配はない。ここに出ていないだけと解せないこともないが、もし多人数の同居者がいたなら、座具の行方をめぐって目撃者が出てきてよく、話の運びからしてその可能性は否定されよう。②に関しては、無住の房が舞台であり、この区画は大房、小子房とも居住者がなかったと解される。ただ無住の房の存在を過大視することができないことは、すでに述べたとおりである。③では、徳慶の同室者を特定はできないが、少なくとも罹病した「諸童子等」の中には、徳慶に仕えていた童子も含まれていておかしくなく、「同房・比室」云々からも、複数の居住が確認できる。

かくて『日本感霊録』の記事から導かれるのは、過密どころか、どちらかといえば閑散とした僧房の利用状況である。『日本感霊録』が撰述された平安前期は、南都の官大寺が前代以来の経済力を維持し、その宗教的役割を十分に発揮していた時期であり、これが寺勢衰退の結果とは考えられない。残るのは一時的な僧侶数の減少など、元興寺のみの特殊な事情という可能性であろうが、特にそのような条件を想定すべき理由は見出しがたいと思われる。『日本感霊録』に見えるような状況が、古代の官寺における常態であったと判断するのが自然であろう。

そのように考えて、従来の算定基準とされてきた史料に立ち返ると、直接には『法隆寺伽藍縁起并流記資財帳』(天平十九年、七四七)の次のような記載が根拠とされている(〈　〉内は原文では割注)。

合見前僧弐佰陸拾参口〈僧一百七十六口、沙弥八十七口〉

僧房肆口〈一口長十七丈五尺、広三丈八尺。一口長十八丈一尺、広三丈八尺。一口長十五丈五尺、広三丈二尺。一口長十丈六尺、広三丈八尺〉

建造物として僧房が復原でき、しかも僧侶の数が判明するのは、この例とされてきた。この四棟から成る三面僧房の面積を、僧と沙弥を合せた僧侶数二六三人で割った結果が、先に触れた一区画平均十二、三人という数字である。しかし、これまで取り上げられていない同様な史料には、異なる様相を示すものもある。『西琳寺文永注記』に引かれた「天平十五年西琳寺資財帳」(8)がそれである。『西琳寺文永注記』には、東僧房、西僧房、東小子房、西小子房が挙げられ、僧房について各々その規模が次のように記されている。

東僧房　長十丈、広三丈三尺

西僧房　同上

これに対する住僧の数は、左のとおりである。

僧・沙弥并廿二口、僧十六〈見廿口、之中、二僧借住、四不知去、三死〉

僧と沙弥あわせて二二人のうち、僧は一六人、現住の僧・沙弥の合計人数は二〇人で、二僧は仮住まい、四僧は行方不明、三僧は死没しているという。従って実数としては一三人となる。法隆寺と比較すると、小子房の規模は不明ながら、西琳寺の僧房は概略法隆寺の六〜七割の規模があり、面積に比して、居住人数が極度に少ないことが分かる。官の大寺ではない地方の小寺院とはいえ、こうした僧房居住の例があることは注意されてよい。

また、唐招提寺についてみると、『招提寺流記』（承和二年、八三五）に見える僧房の中に、「大和上室」とか「少僧都如宝大師室」などと、個別の僧の名を冠する区画のあることが注目されよう[9]。大和上は開山の鑑真、如宝は三代目の和上であるから、特別とはいえ個人に占有される房があったことになり、それに仕える同房者を考慮に入れても、空間的には余裕のある居住形態をとっていたのではなかろうか。全体として過密な状態であれば、到底実現できないことである。後代の伝承とはいうものの、元興寺の極楽院の前身が僧智光の住房であるという由緒[10]なども、これと考え合わせれば、全くの虚構と退けられない面がある。

その点に関して想起されるのは、興福寺の僧房の場合である。平城京の東三坊大路を北に延長したところから出土した告知札に次のようなものがある[11]（〈　〉内は双行）。年紀はないが、ともに出土した木簡から、天長年間、八三〇年前後のものと見られる。

往還の諸人に告知す。走り失す黒鹿毛の牡馬一匹〈験有り。片目は白。額少しく白し〉。件の馬、今月六日、申の時を以て、山階寺の南の花薗の、池の辺にして走り失すなり。若《も》し、見捉うる者有らば、山階寺中室の南端より第三の房に告げ来たる可し。

　九月八日

告知　往還諸人。走失黒鹿毛牡馬一匹〈有験　片目白　額少白〉。件馬、以今月六日申時、山階寺南花薗池辺而走失。若有見捉者、可告来山階寺中室、自南端第三房。

九月八日

現在の猿沢池の付近で失踪した馬の捜索に関わる札であるが、その所有者は山階寺、即ち興福寺の僧侶であり、通報先として僧房の内「中室の南端より第三の房」が指定されていることに注意したい。もしここに多人数が起居していれば、こうした指定方法では混乱するはずで、その房の住人は、これで誰と十分に同定できる程の少人数であったと見なければならない。『日本感霊録』の話とほぼ同時期、興福寺もまた類似した状況にあったと理解される。こうして見てくると、奈良時代から平安前期にかけて、中央・地方の寺院の僧房は、さほど込み合った居住状態ではなかったということになる。それでは法隆寺の場合は、いかが考えるべきか、次節で検討したい。

三　僧房と古代仏教――結びに替えて

前節までの考察を踏まえると、法隆寺の例から導かれた、僧房の一区画当たり十二、三人という収容人数には、疑問を呈さざるをえない。過密な居住状態という推定を補強する事例として、東大寺戒壇院の僧房や同寺二月堂参籠所の場合が挙げられているが[12]、それらにおける僧房や参籠所の使用は、授戒の儀式や修二会の際の、いわば臨時的なものであって、にわかに日常の居住形態を推し測る事例とはできないのではあるまいか。そうなると、やはり比較的小人数での使用が常態であったことになるが、法隆寺のように多数の僧や沙弥を擁する寺院で、実際どのように運営されていたのかが問題となる。
それについて思い浮かぶのは、次の三つの可能性である。
A　資財帳の僧・沙弥数は実数ではない。
B　僧・沙弥は所属寺院を離れて他寺に住むことがあった。
C　僧房外に居住する僧や沙弥が多数存在した。
まずAについて言うなら、資財帳は公文書であるだけに、記事の信頼度が高い半面、逆に公文書にありがちな、虚偽や作為が含まれる可能性も排除できない。「天平十五年西琳寺資財帳」は欠員に関する注記を丁寧に付けているが、そのような記載のない法隆寺や大安寺の資財帳に見える住僧数は、かえって事実をそのままに記載していない懸念も、ないとは言えないであろう。ただ、その場合でも、実人数が記載の人数を大幅に下回るようなことは考えにくく、人数の多さは事実として残ると思われる。

Bについては、『日本感霊録』の①で、山階寺の若僧が聖護の房に入り浸っていたこと、「天平十五年西琳寺資財帳」に「二僧借住」とあることが参考になる。①の「親厚に交通」していたという表現は、単に親密であったというよりも、より特殊な関係を暗示しているのかもしれないが、いずれにせよこの若僧は事件の展開に関与して現れるから、聖護とは頻繁に往来する以上の間柄であったと考えられる。また資財帳の「借住」は、仮住まいとも借りて住んだとも読めるが、おそらく仮住まいの意であろう。しかしこれらの事例も、他寺の僧が大挙して同居していたというような状態を想定させるかと言えば、それには否定的にならざるを得ない。これが特異な事情であるからこそ、「親厚」さが強調され、あるいは「借住」と注記されているのであろう。

かくして最後に残るのはCである。今のところ特定の寺院に所属する僧や沙弥で、寺外に居住したことが明らかな例が見いだせない以上、Cと断言するのは憚られるが、現状で最も高い可能性が認められるのではなかろうか。一体、僧尼令の条文を見渡しても、僧尼が僧房・尼房に居住しなければならないという規定はない。あるのは、僧房や尼房に異性を引き入れることを禁じる規制のみである(僧尼令11条)。また僧尼が路上で高位の貴族などに会った場合の対応法が定められているとおり(僧尼令19条)、僧尼が私的に寺外に出ることが禁止されていたわけでもなかった。従って僧尼がその所属寺院へ、いわば通勤することもありえたと見るべきであろう。官人でも番上官の場合は、京から隔った畿内一円からの出勤者が少なくなかった(13)。僧尼の場合も、事情は類似していたと想定できよう。

しかし仏教本来の趣旨から言うなら、僧伽という自律的な信仰集団を形成し、俗世間とは切り離された空間で、戒律に従った生活を全うするのが原則である。沙弥・沙弥尼にいたるまで、煩瑣なまでの規律が日常生活を規定していたから、それを履行するには、僧房での起居や食堂での摂食など、集団での生活が不可欠であった。僧尼令が僧房居住を強制する規定を設けていないのも、仏教としてはそれが大前提で、あまりにも当然であったからであろう。ところが、これまでの考察結果は、寺院制度が最も整った奈良時代から平安時代前期においても、僧侶の僧房居住は部分的にしかなされていなかったことを物語っている。日本における戒律への関心は、飛鳥時代においても低調であり、正式な授戒の手続きも、仏教公伝後二〇〇年を経て鑑真が来日するまで確立されなかった(14)。しかもその手続きすら、早くも平安前期には形骸化し(15)、天台宗における大乗戒の提唱なども相俟って、戒律に厳格でない傾向は、長く日本仏教の特色となった。また重要な戒律違反である女犯についても、奈良時代でさえ守られていなかったことが指摘されている。[16]『日本霊異記』の撰者の景戒が、「俗家に居て妻子を蓄え」(下巻、第三八縁)と述べているのは、通常、自度僧としての過去の事実を語っていると解されているが、薬師寺僧となってからの行実を記した文としても理解可能である。[17]ともあれ本章で論じた僧房居住の不徹底が、大筋で正しいとすれば、それは単に出家者の住生活の実態が明らかになったというだけでなく、日本仏教における戒律受容の特質を物語る点で、少なからぬ意義を持つと考える。

(1) 鈴木嘉吉『古代寺院僧房の研究』中央公論美術出版、二〇一六年。
(2) 『日本感霊録』についての基本的な情報は、辻英子『日本感霊録の研究』(笠間書院、一九八一年)参照。
(3) 阪本龍門文庫覆製叢刊『日本感霊録』一九五八年。
(4) 辻英子『日本感霊録の研究』(注2前掲)。
(5) この話の筋については、小倉慈司氏から示唆を得て、初出稿の解釈を改めた。
(6) 鈴木嘉吉『古代寺院僧房の研究』(注1前掲)一〇六頁。
(7) 注1に同じ。
(8) 荻野三七彦「河内国西琳寺縁起」(『美術研究』七九号、一九三八年)。
(9) 東野治之「『招提寺流記』の復原的研究」(『大和古寺の研究』塙書房、二〇一一年)。
(10) 岩城隆利『元興寺の歴史』(吉川弘文館、一九九九年)一六一頁。
(11) 奈良国立文化財研究所編『平城宮発掘調査報告』Ⅵ(一九七五年)。
(12) 鈴木嘉吉『古代寺院僧房の研究』(注1前掲)二四四頁及び二六六頁。
(13) 東野治之『木簡が語る日本の古代』(岩波同時代ライブラリー、一九九七年)第二章。

（14）東野治之『聖徳太子――ほんとうの姿を求めて』（岩波ジュニア新書、二〇一七年）一四一頁。
（15）東野治之『鑑真』（岩波新書、二〇〇九年）一七二頁。
（16）石田瑞麿『女犯』（筑摩書房、一九九五年）三六頁以下。
（17）出雲路修校注『日本霊異記』（『新日本古典文学大系』30、一九九六年）一九一頁注一二では、さらに遡って弁正の例が挙げられている。

〔参考〕『日本感霊録』関係箇所原文

①龍門文庫本第一話

欲隠己咎、於同法至構架、得横死縁（音義省略）
法師聖護者、元興寺僧也。其本居・俗姓、非明了〔也〕。
居住其寺西方北行、自馬道西の第三房高□□（戸屋カ）
也。於同小子房住止勝寧師、以去延暦年〔中〕、□
聖護師及山階寺の若僧、倶共親厚交〔通〕、〔歴〕□
年。于時勝寧師、於小子房、黙然而住す。□□□□（山階カ）
寺若僧、自其僧高戸屋□
房、於中間此綾（音義省略）□
此寧師、欲指示頃、護〔師〕□
自房□□于此寧師、心中思、□

取納之者、不可誤失。〔嘿〕□
白童子乞其座具。護〔師〕□
童子、手空而去。既而〔至〕□
言、一昨、僧之座具、此間忘□
看出人、否耶。

② 龍門文庫本第六話

恒道人、誦般若、摽霊怖怪縁
苾蒭慈寿者、元興寺沙門也。去大同年中、居住
其寺西北馬道以東第二房也。而其房、従
建立伽藍以来、無人而住。所以然者、於房中有霊
鬼等、種々災怪、数々顕現、(音義省略)令人患悩。爰
慈寿師、為試虚実、住於彼室、昼夜、読誦理趣□
若、未曽休廃。

③ 龍門文庫本第十話

祷願四王像消除疫病縁
大法師徳慶者、那良都左〔京〕□
川氏也。其寺新房自南□

性質直、慈悲仁嬢〔譲〕、志意〔和雅〕□
病患、無有苦心。天長年中、□
中諸童子等、皆共病悩。但和上独□
救病童、澡手漱口、(音義省略)参詣中門四天、〔種々誓〕
願而還臥房。然間、日晩漸逮二更。而卒病童、皆共〔驚〕
脅、惆慞惶怖、於和上息大房之裏奔竟〔競〕入来。(中略)寔斯四大天王霊助之使、不可疑之〈同房・比室、共
所伝也〉。

第四章　片岡王寺と百済系氏族

片岡王寺は、上宮王家とも関わる百済系氏族の寺である。近年その性格について異なる見解も出されているが、それが当たらないことを解き明かす。なお本章は、かつて発表した「片岡王寺と尼寺廃寺」(『大和古寺の研究』塙書房、二〇一一年)と重なるところもあり、その部分は努めて簡略にした。あわせて参照されるよう希望する。

一　片岡王寺と甲午年銅板銘

奈良県王寺町の町名は、王寺駅の南にある片岡王寺《かたおかおうじ》に由来する。この片岡王寺は、聖徳太子建立四十六寺の一つに数えられる飛鳥時代の寺院で、法号を放光寺《ほうこうじ》という。この寺は、地理的に斑鳩に近いというだけでなく、その歴史の初期から、法隆寺と浅からぬ縁があった。たとえば片岡王寺に関する最も古い確かな史料は、法隆寺に蔵される観世音菩薩造像記銅板である。これは甲午年(六九四、持統八)に作られた観音像に付けられていた銅板で、現在は像そのものは失われているが、造像の由来がつぎのように記されている。

甲午年三月十八日、鵤《いかるが》大寺の徳聡法師・片岡王寺の令弁法師・飛鳥寺の弁聡法師の三僧、所生の父母の報恩に、敬みて観世音菩薩像を奉《つかえたてま》つる。此の小善根に依り、无生の法忍を得、乃至六道の四生の衆生、倶《とも》に正覚を成さしめん。(表)

族は大原博士。百斉在《な》る王、此の土《くに》にては王の姓なり。(裏)

甲午年三月十八日、鵤大寺徳聡法師、片岡王寺令弁法師、飛鳥寺弁聡法師、三僧所生父母報恩、敬奉観世音菩薩像、依此小善根、令得无生法忍、乃至六道四生衆生、倶成正覚(表)

族大原博士、百斉在王、此土王姓(裏)

すなわちこの観音像は、法隆寺僧の徳聡、片岡王寺の令弁、飛鳥寺の弁聡の三僧が、父母のために造像したことがわかる。この三人は、発願の動機や、法名に聡・弁などの字を共有することからみても、兄弟にちがいない。ここに七世紀末時点での片岡王寺の存在が確認できる。しかもそれだけでなく、この史料は、片岡王寺の性格を物語る点でも、これまでの研究の中で注目されてきた。それは銅板裏面の記載と関係する。

裏面原文の「斉」は「済」に通じ、「百斉」は百済とみて差し支えない。「百斉在《な》る」という語法は、辛亥年観音菩薩造像記(法隆寺献納宝物)の「伯在」などと共通する。明治に始まる古い研究では、裏面の大原博士を個人名ととらえ、彼はこの三僧の父か近親で、百済では王位にあり、倭国に来て百済王の姓氏になっていると解するのが有力であった。三僧は、来日した百済王の後継者、禅広(義慈王の王子)の子息とされたのである。この百済王氏の別れが、大原氏を名乗ったということになる。(1) この解釈は長らく通説であったが、義慈王に直接連なる大原氏は、史料上確認できない。したがって早くから、三僧を百済王一族とみることには、疑問も呈されてきた。(2) 銅板の裏面は、亡命した百済王族が、百済王として遇されたことを語っているだけと考えられる。

つぎの問題は「大原博士」であるが、大原博士という人物も、史料上に見当たらない。そこで再検討の結果提起されたのが、「大原博士」は個人名ではなく、大原史の古い表記とする解釈である。(3) この解釈には、今のところフビトに博士という漢字を当てた確証がない弱点があるが、銅板と同時代の藤原宮出土の木簡にも、フビトと解すべき博士の用例がみえる。また、この時期のカバネの書き方は、大宝令の施行された八世紀以降とは異なり、読み方は同じでも表記が違う例も見いだされる。たとえば奈良時代以降、「朝臣」が普通となるアソンも、八世紀の初頭までは「阿曽美」「阿曽弥」と仮名書きにしたり、「旦臣」の漢字を当てたりすることが行われた。また『令集解』学令2条の『令釈』などを参照すると、史部、史官、博士は、全体としてフビトとみなされたことがわかる。

このように、銅板銘の「博士」をフビトと解することには、一時反対する説が出されたこともあったが、現在では認められてきている。(4) 裏面の「族大原博士」は、「三僧の一族は大原史である」と述べたものであろう。

二　大原史と大原真人

甲午年の銅板銘からは、片岡王寺を含む三つの寺に、大原史出身の僧侶のいたことが知られるわけであるが、そのことは、片岡王寺の壇越《だんおつ》氏族を考える手掛かりになる。この点について古くから取り上げられてきたのが、鎌倉時代後期、正安四年(一三〇二)に著された『放光寺古今縁起』(5)下にみえる大原神殿の記事である。

それは片岡王寺内にあった大原神殿の由来を説いたもので、敏達天皇の孫の皇子六人のうち、二番目の皇子が即位して舒明天皇となるが、臣下となって大原姓を賜わっていた長兄の門部王は、それを怨んでいた。そのため、彼を嫌った舒明の母の指示によって虐待の上、生き埋めにされ、怨霊となって祟るという話である。敏達天皇の孫に門部王という人物はおらず、とても史実とは考えられないが、片岡王寺の中に、中世まで大原神殿という建物があり、大原氏の人物が祀られていたことが知られる。かつて銅板銘にみえる大原博士を個人名と解していた時代にも、この人物が百済系と考えられることを踏まえて、百済系の大原史出身ととらえ、その祖先を祀ったのが、この大原神殿とする説が有力であった。「大原博士」は大原史と考えられる以上、その解釈はますます妥当になったといえよう。これまで注目されていないが、『放光寺古今縁起』は、先の記事とは別に、「当寺鎮守神殿三所」の一つとして、「北御殿地主御霊　大原氏神〈付、北小社〉」を挙げている。寺域内に氏神が祀られていたとなれば、片岡王寺の設立氏族は、やはり大原史と推定される。

ただ、こうした解釈には近年、有力な異論がある。片岡王寺の壇越氏族は、渡来系の大原史氏ではなく、皇族から出た大原真人氏ではないかという説である(6)。これにはいくつかの根拠があるが、まず第一に、片岡の地が、敏達天皇直系の王族の葬られた場所であったことがある。この近郊には、敏達天皇の皇子、押坂彦人大兄王や、その子の茅渟《ちぬ》王などの墳墓が営まれている。また、桜井市で百済大寺跡が発見されて否定説が有力となったが、舒明天皇の百済宮も、かつては片岡と同じ郡内の百済にあったとする考えが通説であった。つまり片岡王寺の造立される前から、このあたりは敏達系王族の勢力範囲だったということになる。

第二に、天平十一年(七三九)、高安王・門部王らの皇族が、臣下となって大原真人の姓を授けられたことがある。この高安王らは、敏達天皇の皇子、押坂彦人大兄王の子、多良王の子孫であった。そうなると、放光寺の縁起に出てきた大原神殿は、この大原真人氏に関わる施設とも考えられ、大原神殿に祀られた敏達天皇の孫の皇子が、前にみたように「門部王」であったことも、偶然ではなさそうにみえる。そもそも『放光寺古今縁起』では、片岡王寺の創建者を、敏達天皇の孫で舒明天皇の皇女、片岡姫王としている。

しかし、片岡王寺を敏達天皇系の寺院とみるには疑問が多い(7)。『放光寺古今縁起』が信頼できないことについてはあとでふれるとして、大原真人氏と大原史氏を厳密に分けて考えることに、そもそも問題がある。七世紀の末ごろまで、多くの外国人が倭国にやってきて定住したが、八世紀代には、多くの渡来系氏族が改姓や系譜の改変を通じて、在来の氏族であるように見せる動きが加速する。その結果あいまいになった氏族の出自を明らかにするため、『新撰姓氏録』のような公的編纂物も登場することになった。敏達系氏族のような外見であっても、本来は渡来系とみられる氏族は、その『新撰姓氏録』からも拾うことが可能である。たとえば、『新撰姓氏録』未定雑姓の部にみえる池上椋人《くらびと》は、その好例である。

池上椋人は、敏達天皇の孫、百済王の末となっているが、そのカバネからみて、渡来系氏族であることは一目瞭然である。敏達天皇の子、多良王をヒントに、百済王という孫王を案出し、これを介して系譜を敏達天皇につなげたものであろう。「百済王」には、この氏の出自が暗に示されている。この架空の人名とみられる百済王は、『新撰姓氏録』(左京皇別)では、大原真人氏や、それと同祖という島根真人と池上真人の祖としてもみえている。先述した池上椋人氏の中にも、一見して渡来系とわかる椋人姓を捨てて、真人姓を冒す一族があったらしいことが推定できる。いずれにしても、こうした大原真人氏を、真の敏達系氏族と受け取るのは、大きな誤りといわねばならない。

このようにたどってくれば、片岡王寺の壇越は、渡来系の大原史氏であると考えてよいであろう。片岡王寺と大原氏との関係は、鎌倉時代まで強固に続いていたと見られ、『放光寺古今縁起』には、天仁元年(一一〇八)時点での放光寺長者として大原常行、俗別当として当則の名がみえるし、これより先、寛徳二年(一〇四五)に、放光寺の別当職をめぐって争った兄弟の僧の父は、「大原氏人」で、興福寺の威儀師に任じた僧能海であった(下巻、当寺鎮守神殿三所の項)。そもそも縁起を著した審盛という僧自体、大原氏出身であることを序文で表明している。たとえそれが大原真人であったとしても、それは大原史氏がカバネを仮冒した結果に他ならないであろう。

なお、大原氏の氏寺をめぐって、同じ王寺町にある西安寺を当てる説もあるが、片岡王寺のように積極的な根拠があるわけではない。西安寺に関して付言するなら、西安寺には久度《くど》寺という別名のあることを注視する必要がある。西安寺からはやや西に離れるが、王寺町には久度神社があり、西安寺はこれと対になる寺院とみるべきであろう。久度神社の祭祀は土師《はじ》氏が行っていたとみる見解が有力であるが(8)、そうとすれば西安寺も土師氏関係の寺であった可能性がある。土師氏は葬送に関わる氏族というイメージが強いが、その支族は多く、外交や軍事で活躍した人物も出ている。また、仏教信仰にも厚く、土師氏関係の寺院として道明寺(土師寺)、喜光寺(菅原寺)は有名であり、七世紀半ばに、河内の西琳寺の造仏に加わった人物も知られている(『西琳寺文永注記』に引く斉明五年の造像記)。西安寺の壇越氏族は、大和川の水運との関わりも視野に入れつつ、こうした方向で探っていくことも期待されよう。この点について興味深いのは、西安寺が天長十年(八三三)に僧綱の管轄下に置かれたことである。吉川真司氏が説かれたように、これは西安寺が都の大寺と同等の寺格を与えられたことを意味する(9)。吉川氏はその理由を、即位した仁明天皇の外戚、橘氏との関係に求められたが、確証があるわけではない。桓武天皇の外祖母、土師真妹《はじのまいも》の本貫が久度にあったという説(10)も考慮すれば、その地にあった土師氏の寺が、優遇を受けたと見ても不合理ではなかろう。現に仁明朝においても、桓武天皇の外戚を顕彰する措置がとられていたことは吉川氏も指摘されたとおりである。

三　片岡姫王と片岡女王

片岡王寺を支えたのが大原史氏であったとすると、その名前は何に基づくのであろうか。そこで『放光寺古今縁起』にみえる片岡姫王が、あらためて問題となる。縁起では、寺の草創について、舒明天皇の第三皇女、片岡姫が、天皇に勧めて、みずからの宮を寺にしたことになっている。しかし、古い史料に、舒明天皇の皇女として片岡を名とする女性がいたことを記すものはない。したがってこの話は信じられないというのが定説であった。しかし、近年これについても再評価しようとする動きがみられる。その主要な根拠とされているのは、天平十九年（七四七）の『法隆寺伽藍縁起并流記資財帳』にみえるつぎの条である（原文は漢文）。
金埿銅灌頂壱具
右、片岡御祖命《みおやのみこと》納め賜う。納むる時を知らず。

ここに灌頂幡の寄進者として現れる片岡御祖命は、通常、聖徳太子の娘であった片岡女王を指すとみられてきた。しかし、皇極二年（六四三）に蘇我入鹿の軍勢によって斑鳩宮が攻められた時、山背大兄王をはじめとする上宮王家一族は全滅したとされることから、これには疑問も出されていた。それをさらに進めて、この人物が「御祖命」と尊称されていることから、片岡御祖命は舒明天皇の母、糠《ぬか》手《で》姫《ひめ》皇女とみる新しい説が出ている。(11)「御祖命」は、天皇の母に対する尊称であるというのがその理由である。その例として、『日本書紀』や『続日本紀』から、つぎのような人物が挙げられている。

1　吉備嶋皇祖母命（吉備姫王　皇極・孝徳天皇生母）
2　皇祖母命（皇極天皇　天智・天武天皇生母）
3　嶋皇祖母命（糠手姫皇女　舒明天皇生母）
4　皇祖母（元明天皇　文武天皇生母）
5　大御祖（藤原宮子　聖武天皇生母）
6　御祖太皇后（光明皇后　孝謙天皇生母）

御祖命はミオヤノミコトと読むが、この新説では、祖母命、祖母、御祖は、文字は異なるが、いずれもミオヤと読むと考え、片岡御祖命も天皇の母と推定する。その上で、該当する人物の候補は、吉備姫王、皇極天皇、糠手姫皇女の三名が想定されるが、天皇となった皇極と、天皇の母であった期間がごく短い吉備姫王ははずれるので、結局、糠手姫皇女が片岡御祖命に他ならないとするのである。

しかし、この解釈には根本的な誤認が含まれている。祖母命、祖母、御祖などと表記は違っても、読みがミオヤであることはそのとおりであるが、1から4に「皇」の字がついていることを見逃すべきではない。すなわちこれらの女性たちは、スメミオヤと呼ばれる存在であった。ミオヤという言葉は、オヤに尊敬の意のミが付いたもので、それだけでは単にオヤに対する敬語表現に過ぎない。現代ではオヤは両親のどちらも言うが、古代の日本語では、オヤは主に母親を指した。これらの女性たちの場合、「皇」を冠することで、はじめて天皇の生母であることが明示される。5や6にはこの「皇」がないが、5の「大御祖」は、『続日本紀』によると、「大夫人」を大和言葉で表したものである。この例では、「夫人」がミオヤにあたり、字面上「大」で天皇の母であることを示し、発音の「オオ」が、その意味を表したといえよう。この関係は、ミコトとオオミコトとの関係と同じである。ミコトは、単に目上の人のお言葉であるのに対し、オオが付くと天皇のお言葉となる。また6は、光明皇后の娘である孝謙天皇自身の言葉の中に現れる表現であることに、注意しなければならない。これは単純に「お母さま」の意味のミオヤなので、「皇」も「大」も必要なかったのである。面倒な説明になったが、これで御祖命が天皇の生母を意味しないことは明らかであろう。前記六名の内、片岡御祖命と同じ意味で使われているのは、6の用例だけである。片岡御祖命はむしろ皇女でない女性であり、それへの敬称として御祖命は使われていると解さなければならない。

法隆寺への寄進者ということから考えると、片岡御祖命は、やはり聖徳太子の娘、片岡女王であろう。太子の一族は、山背大兄王子が入鹿の軍勢に攻められた後、山背大兄とともに、ことごとく死を選んだように思われがちであるが、『日本書紀』では、大兄の「妃妾」と「子弟」とあるだけで、一族全部とは記されていない。この「子弟」は、子や弟を含め、年下の親族を言うのであろう。亡くなった人々を、数字を挙げて記すのは『上宮聖徳法王帝説』の奈良時代に成立したとみられる部分で、そこには「山代大兄及び其の昆弟等、合わせて十五王子等」(山代大兄及其昆弟等、合十五王子等)と出ている。この人数や範囲は、『上宮聖徳太子伝補闕記』では「太子の子孫の男女二十三王」(太子子孫男女廿三王)となり、さらに『聖徳太子伝暦』になると、二五人の個人名を列挙している。死者の規模が徐々に拡大した様子が明らかで、一族が全滅したようにいうのは、史実と離れた伝説である。片岡女王が、法隆寺の再建期まで、御祖命と敬称され、老婦人として生存した可能性は決して低くない。

ではこの片岡女王は、放光寺と無関係かというと、そうではないであろう。「片岡王寺」という寺号は、「片岡王の寺」ということであろうが、その片岡王が、片岡女王であってもおかしくない。某王の寺と命名された寺院は、ほかにも「大別王寺」(敏達六年十一月朔条)がある。奈良時代初めごろまでは、皇族の男女について性別を厳密に書き分けず、男女とも「王」で表すことが多かった(12)。大原史氏が片岡王寺を建立するにあたって、その創建者として戴いたのが、太子の娘、片岡女王だったのであろう。大原史という氏族が、片岡女王を託され養い育てる役割を負っていた可能性は、当時行われた皇族子女の育て方に照らして、大いに考えられることである。『放光寺古今縁起』の草創譚は、この片岡女王の存在に示唆をうけたのではなかろうか。

四 『放光寺古今縁起』の信頼性と斑鳩

近年の再評価にもかかわらず、『放光寺古今縁起』が信頼できない史料であるのは、かつていわれていたとおりである。片岡姫の寺院草創を記す縁起文のなかには、「玄応法師曰」で始まるつぎのような記事がある。

玄応法師曰く、放光仏は、定光仏の異名なり。梵に云う「提和竭」と、或いは云う「提竭羅」と。此《ここ》に翻して錠光と云う。亦云う「燃燈」と、或いは云う「普光」と。亦云う「妙光」と。皆是れ放光仏の名なり。大唐梁朝の漢州徳陽県の善寂寺東廊上に、張僧繇《ちょうそうよう》、観音・地蔵の二尊を図す。彼の像、常に光を放つ。故に放光菩薩と名づく。

玄応法師曰、放光仏者、定光仏異名、梵云、提和竭、或云、提竭羅、此翻云錠光、亦云、燃燈、或云、普光、亦云、妙光、皆是放光仏名也、大唐梁朝漢州徳陽県善寂寺東廊上、張僧繇、図観音・地蔵二尊、彼像常放光、故名放光菩薩

これはいかにも中国仏典の原典に基づく記事のようにみえて、そうではない。内容の多くは、玄応『一切経音義』など辞書の引用であり、「大唐梁朝」以下は、よく似た文章が、醍醐寺本『諸寺縁起

集』に、つぎのように出ている。

放光菩薩の記

大唐の梁朝、漢州徳陽県の善寂寺の東廊の壁上に、張僧繇、地蔵菩薩・観音の各一軀を画く。状は僧の皃の若《ごと》し。彼を斂《おさめ》て坐す時、瞻礼すれば、異光煥発す(下略)。

放光菩薩記

大唐梁朝漢州徳陽県善寂寺東廊壁上、張僧繇、画地蔵菩薩・観音各一軀、状若僧皃、斂彼而坐時、瞻礼異光煥発

放光菩薩記がどういう文献かは明らかでないが、(13)略した部分には、唐での事例が示されている。こうした二次的な資料をつなぎ合わせ、あるいはそれにヒントを得て修飾されたのが、さきの一段であろう。ただ本体の片岡姫をめぐる部分には、なんらかの史料があったのだろうといわれることがある。確かにこの縁起には、著作当時残っていた古い史料を参照したとみられる、資財や役職者の記事もないことはない。(14)しかし創建以降、奈良時代ごろまでの記事がどれほど史実を伝えているかは、十分な検討を必要とする。

とくにここで指摘しておかねばならないのは、この縁起の成立に先立つ鎌倉時代中期には、片岡王寺の創建に関して、全く異なる伝えが存在したことである。すなわち法隆寺僧、顕真の『太子伝古今目録抄』(聖徳太子伝私記)には、太子建立の四十六寺の一つに放光寺を挙げ、つぎのような記述がなさ

れていた（『太子伝玉林抄』巻二〇所引）。

放光寺〈同国。敏達天皇、始め尾輿の子、守屋の違逆に随い、仏法を隠没す。終に太子と蘇我の趣き付け為るに依り、三宝を信じ、感応に依り、大光明を現ず。仍りて推古天皇、天の下を治し、伽藍を立てて放光寺と名づく。此れ敏達天皇の后なり〉。

放光寺〈同国。敏達天皇、始随尾輿子守屋違逆、隠没於仏法、終依為太子蘇我趣付、信三宝、依感応、現大光明、仍推古天皇治天下、立伽藍名放光寺、此敏達天皇后也〉

これは鎌倉時代中期までに成立していた放光寺の縁起を、顕真が引いたものと思われるが[15]、草創を同じく敏達朝に置くとはいえ、『放光寺古今縁起』とは、話の内容がまったく異なっている。この縁起では、敏達天皇が、聖徳太子や蘇我氏に説得されて仏教信仰に帰依するようになったというが、太子はまだ年少であって、この筋書きはもちろん無理であろう。しかし、『放光寺古今縁起』に比べると、一応、敏達朝のいわゆる崇仏排仏の争いが反映され、敏達の遺志を継いだ后の推古天皇が、寺を建てたというあたり、運びは合理的である。「放光」のことも、単に感応とするだけで、『放光寺古今縁起』のように本尊の供養の日などと関連付けないだけ、自然といえよう。この種の縁起が、ともすれば古さを競う傾向にあることを考慮すると、寺の創建を、推古朝よりさかのぼらせて敏達朝に置く『放光寺古今縁起』は、やはり由緒を遡上させるため考え出された新しい縁起とみなければならない。この一事からしても、『放光寺古今縁起』の内容は、成立時点に近い時期に創作された可能性が高いと判断される。

『放光寺古今縁起』には、このように多くの問題があるとはいえ、なんといっても鎌倉時代の成立であり、古代の状況を考える上にも有益な点はある。たとえば、この縁起の巻上では、寺内に四箇別院を置いた理由を次のように説明している。

恒例の法筵、時節の講席、勤修一に非らず。恵日是れ繁し。爰に僧侶の数少なく、人法惟れ乏し。慈日を迎うる毎に、斑鳩寺を請ず。大雨連なること頻りに、洪水流れ湛え、大和河の渡し、船に棹さすことを得ず、止んごと無き御願、自然に緩怠し、恒例の講匠、非時に遅延せり。

恒例法筵、時節講席、勤修非一、恵日是繁、爰僧侶数少、人法惟乏、毎迎慈日、請斑鳩寺、大雨頻連、洪水流湛、大和河渡、不得棹船、無止　御願、自然緩怠、恒例講匠、非時遅延

恒例の法会が少なくなく、参加できる僧侶が少ない時は、その欠を補うために法隆寺から僧を招請したが、大和川の増水で渡河できないこともあり、法会に支障をきたすことがある。それを防ぐため、僧侶の宿泊に当てる四箇別院が設けられたという。法隆寺との連携はおそらく古くから行われ、それに伴う不便もにわかに起きたことではなかったであろう。橋のない大和川を挟んだ往来に現代とは異なる交通事情があった以上、斑鳩地域との交通には制約も大きかったと思われるが、聖徳太子が片岡で飢人に出会ったという片岡飢人伝承をみても明らかなとおり、古来この地と斑鳩の間には深いつながりがあった。それを物語るのが、この一段である。これまでは、片岡地域が独立の文化圏として論

じられる傾向が強かったが、斑鳩地域との関連も総合的に見直してゆく必要があろう。

(1) 平子鐸嶺「法隆寺草創考」(『増訂 仏教芸術の研究』国書刊行会、一九七六年)、田中重久「鵤大寺造像銘の研究」(『以可留我』一―三、一九三六年)。
(2) 福山敏男「四天王寺の舎利、甲午年銘版と片岡王寺」(『以可留我』一―四、一九三七年)。
(3) 東野治之「大宝令前の官職をめぐる二、三の問題――大・小納言・博士・比売朝臣」(『長屋王家木簡の研究』塙書房、一九九六年)。
(4) 加藤謙吉『大和政権とフミヒト制』吉川弘文館、二〇〇二年。
(5) 保井芳太郎編『大和王子文化史論』(大和史学会、一九三七年)附録。王寺町史編集委員会編『新訂 王寺町史』資料編(二〇〇〇年)六八頁以下に転載。
(6) 塚口義信「茅渟王伝考」(『堺女子短期大学紀要』二五号、一九九〇年)、平林章仁「聖徳太子と敏達天皇系王族」(『七世紀の古代史』白水社、二〇〇二年)。
(7) 東野治之「片岡王寺と尼寺廃寺」(『大和古寺の研究』塙書房、二〇一一年)。
(8) 渡里恒信「桓武天皇の出自」(『日本古代の歴史空間』清文堂、二〇一九年)。
(9) 吉川真司「片岡四寺考証――片岡王寺・西安寺・尼寺南北廃寺」(菱田哲郎編『聖地霊場の成立についての分野横断的研究』京都府立大学文学部歴史学科、二〇二二年)。
(10) 渡里恒信「桓武天皇の出自」(注8前掲)。
(11) 吉川敏子「片岡王寺創建者についての考察」(『文化財学報』三四集、二〇一六年)。
(12) 東野治之「長屋王家木簡からみた古代皇族の称号」(『長屋王家木簡の研究』塙書房、一九九六年)。
(13) 北條勝貴「『放光菩薩記』注釈」(小林真由美他編『寺院縁起の古層――注釈と研究』(法蔵館、二〇一五年)参照。

(14) 西岡虎之助「放光寺古今縁起の地理的及経済的考察」(保井芳太郎編『大和王寺文化史論』大和史学会、一九三七年)。

(15) 現存する顕真自筆本『太子伝古今目録抄』(法隆寺献納宝物)では、太子建立四十六寺の記事に欠落があり、この箇所は失われている。

索　引

- 法隆寺関係の語は，「法隆寺」の項にまとめた．
- 単独で出る「法隆寺」「聖徳太子」は採録していない．
- 研究者名は，本文中に出るものを優先した．
- 章・節名に出る語は，それで代表させ，そのページ数を**太字**で示した．

あ 行

か 行

た 行

な 行

は 行

ま 行

や・ら 行

わ 行

図版出典一覧

図 1　法隆寺提供
図 2　ColBase(https://colbase.nich.go.jp/)
図 3　亀田孜，日下八光編『日本絵画館』1，講談社，1970 年
図 4　仙台市博物館他編『法隆寺――祈りとかたち』朝日新聞社，2014 年
図 5　廣岡孝信「二光寺廃寺」(奈良県立橿原考古学研究所編『奈良県遺跡調査概報　2005 年』第 2 分冊，2006 年)
図 6　奈良文化財研究所飛鳥資料館編『はじまりの御仏たち』2015 年
図 7　著者撮影
図 8　北川博邦編『日本上代金石文字典』雄山閣，1991 年
図 9　枚方市文化財研究調査会編『特別史跡　百済寺跡』枚方市教育委員会，2015 年
図 10　〈左〉上野直昭・小川晴暘『上代の彫刻』朝日新聞社，1942 年　〈右〉法隆寺提供
図 12　浅野清『法隆寺』社会思想社，1963 年
図 13　梅原末治『日本考古学論攷』弘文堂書房，1940 年
図 14　小学館編『平成の出開帳　法隆寺秘宝展』小学館，1990 年
図 15　法隆寺昭和資財帳編集委員会『法隆寺の至宝』6，小学館，1986 年
図 16　法隆寺昭和資財帳編集委員会『法隆寺の至宝』8，小学館，1999 年
図 17　法隆寺提供
図 18　永井久美男氏提供
図 19　永井久美男氏提供
図 20　小学館編『平成の出開帳　法隆寺秘宝展』小学館，1990 年
図 21　高田良信『法隆寺子院の研究』同朋舎出版，1981 年
図 22　工藤利三郎『日本精華』第 1 集，1908 年
図 23　文部省『法隆寺壁画保存方法調査報告』1920 年
図 24　東京美術学校編『法隆寺大鏡』別集第 1，1918 年
図 25　春山武松『法隆寺壁画』附図原色版，朝日新聞社，1947 年
図 26　法隆寺昭和資財帳編集委員会『法隆寺の至宝』2，小学館，1996 年
図 27　鄭永鎬編『韓国美術全集』7，同和出版公社・大日本絵画巧芸美術，1974 年

東野治之
1946年生．大阪市立大学大学院修士課程修了．日本古代史専攻．奈良文化財研究所勤務を経て，大阪大学教授，奈良大学教授を歴任．大阪大学および奈良大学名誉教授．東京国立博物館客員研究員．日本学士院会員．杏雨書屋館長．
おもな著書に，『日本古代木簡の研究』『長屋王木簡の研究』『大和古寺の研究』(以上，塙書房)，『遣唐使と正倉院』『日本古代金石文の研究』『日本古代史料学』『史料学探訪』『書の古代史』(以上，岩波書店)，『木簡が語る日本の古代』『正倉院』『遣唐使』『鑑真』(以上，岩波新書)，『聖徳太子 ほんとうの姿を求めて』(岩波ジュニア新書)，『上宮聖徳法王帝説』(校注，岩波文庫)，『貨幣の日本史』『遣唐使船』(以上，朝日選書)，『史料学遍歴』(雄山閣)などがある．

法隆寺と聖徳太子――一四〇〇年の史実と信仰

2023年11月29日 第1刷発行

著 者 東野治之《とうのはるゆき》

発行者 坂本政謙

発行所 株式会社 岩波書店
〒101-8002 東京都千代田区一ツ橋 2-5-5
電話案内 03-5210-4000
https://www.iwanami.co.jp/

印刷・精興社 製本・牧製本

ISBN 978-4-00-061617-1 Printed in Japan